DALIDA

David Lelait-Helo

DALIDA

Éditions SW Télémaque

DU MÊME AUTEUR

Evita. Le destin mythique d'Eva Perón, Payot, 1997.
Maria Callas. « J'ai vécu d'art, j'ai vécu d'amour », Payot, 1997.
Gay culture, Anne Carrière, 1998.
Les Impostures de la célébrité, Anne Carrière, 2001.
Romy au fil de la vie, Payot, 2002 ; rééd. « PBP », 2003.
Sur un air de Piaf, Payot, 2003.
Dalida : d'une rive à l'autre, Payot, 2004.
Poussière d'homme, Anne Carrière, 2006.
Barbara, Payot, 2007.
Le Roman de la chanson française, Éditions du Rocher, 2009.
Sur l'épaule de la nuit, Anne Carrière, 2010.
Si le bonheur m'était conté..., Payot, 2011.
C'était en mai, un samedi, Anne Carrière, 2012.
Si l'amour m'était conté..., Payot, 2013.
D'entre les pierres, Anne Carrière, 2014.
Quand je serai grand, je serai Nana Mouskouri, Anne Carrière, 2016.

La première édition de cet ouvrage est parue en 2004 aux Éditions Payot et Rivages.

Éditions Télémaque, 7, rue Pérignon, 75015 Paris
www.editionstelemaque.com
ISBN : 978-2-7533-0334-8

L'apparence n'est rien. C'est au fond du cœur qu'est la plaie.

Euripide.

Damit Hayaatik. Mennawwarah beweggodkom.

Puisse ta vie se perpétuer. Ta présence nous a illuminés.

Formule de bienvenue égyptienne.

À Apolline, ma nièce jolie.
Que la vie lui soit douce…

PRÉFACE
de Line Renaud

Trente ans...

Trente ans que Dali s'en est allée, c'était hier pourtant, et son souvenir ne m'a pas quittée. Ni même le souvenir de cette première fois où nous nous sommes rencontrées... il y a plus de 60 ans. Avant même qu'elle ne connaisse le succès avec *Bambino* ! Je participais à une émission de radio sur Europe 1 quand Lucien Morisse, le patron, un de mes grands amis, a proposé de me présenter sa dernière découverte. Dans son bureau, j'ai découvert une brune plantureuse, très belle sans sophistication. Elle m'a fait penser à une gitane ! Tout était à faire... Elle était une argile que Lucien avait entrepris de modeler. La chanson latine était en vogue, la France rêvait d'Italie, d'Espagne, Dalida serait la voix du soleil. Elle m'a dit qu'elle m'aimait beaucoup, elle connaissait mes chansons en italien, dont *La sera* qui avait été un très grand succès en Italie en 1953. Dali a très vite rencontré le succès et nous nous sommes souvent recroisées mais c'est bien plus tard, dans les années 70, que notre amitié est née. Un dîner chez une connaissance commune nous a réunies. Ce soir-là, elle m'a présenté l'homme qui partageait sa vie, Richard Chanfray, qui se faisait appeler comte de Saint-Germain. J'ai vu un type qui n'aurait pas fait cinq minutes dans ma vie, un faiseur qui prétendait transformer le plomb en or. Dali, elle, avait tout d'une petite fille naïve, elle l'aimait et s'en trouvait comme ensorcelée. Nous allions ensuite nous revoir à Los Angeles. Elle avait loué une magnifique maison avec Orlando, je me souviens qu'était également présente Jacqueline Stone, la mère du réalisateur Oliver Stone. J'étais alors productrice pour le King's Castle Casino sur le lac Tahoe et tandis qu'en 1980, après mes adieux à la revue, je prenais une année sabbatique en Amérique, j'ai aussi eu l'occasion de monter une série de six émissions du Merv Griffin Show. Merv Griffin était l'équivalent de notre Drucker national, j'avais imaginé pour lui une série de shows de prestige filmés à Paris, y ont figuré Michel Legrand, Catherine Deneuve, Charles Aznavour, Sophia Loren et… Dalida que j'avais également invitée. Elle chantait à bord d'un bateau, sur la Seine ; elle était ravie de chanter pour le public américain. C'est ainsi que nous allions peu à peu nous rapprocher et beaucoup nous confier ; nous sortions ensemble, elle venait à la maison. Elle me disait toujours : « Fais-moi rire ! », elle avait tant besoin de gaité, de légèreté, ses zones d'ombre étaient si profondes. Elle me parlait des hommes de sa vie, persuadée de leur porter malheur, elle évoquait aussi ses désirs de reconversion professionnelle, elle voulait jouer la comédie, quitter la chanson, un virage que j'avais moi-même pris. Dali était belle, très belle mais le temps qui passe la hantait, la terrifiait au plus haut point. Un jour que nous étions allées ensemble dans un spa, on nous a tendu une fiche de renseignements à remplir et elle a refusé d'y indiquer son âge. À cet instant, je m'étais dit qu'elle n'avait pas fini de souffrir. L'ironie dont faisaient preuve les humoristes à son égard, Thierry Le Luron le premier, la heurtait de plein fouet. Je n'étais pas épargnée non plus mais moi, j'étais blindée, Dali ne l'était pas, j'ai souvent dit à Thierry de l'épargner. Il se moquait de son strabisme, une défaillance physique qui était déjà une épreuve terrible pour elle. Elle avait également peur que le succès la quitte. Les traversées du désert, elle en avait eu, et nous en avons tous connu dans ce métier ! Loulou et moi avions même vendu une Ferrari à une époque où ça marchait moins bien. Il ne faut pas avoir peur : les mauvaises passes permettent de trouver un autre chemin, de rebondir ailleurs et plus loin. Quand Dali s'est lancée dans le show à l'américaine, avec ce nouveau spectacle au Palais des sports, je faisais mes adieux à la revue avec l'idée de faire du théâtre. Je lui ai immédiatement dit qu'une excellente habilleuse était indispensable pour réussir les changements de costumes entre les tableaux. C'est ainsi que Jacqueline, qui travaillait avec moi depuis 1966, est entrée à son service, elle y restée jusqu'à sa disparition. Et c'est d'ailleurs Jacqueline qui l'a trouvée sans vie ce terrible dimanche 3 mai 1987. Dalida était une immense star de son vivant et les drames de sa vie, sa fin précoce ont fait d'elle une légende, un mythe qui se conjugue encore aujourd'hui au présent. Pour revivre dans le détail ce destin hors norme, David Lelait-Helo est le meilleur guide. Son écriture à fleur de peau et de poésie est celle d'un homme qui connaît et admire profondément les femmes, et particulièrement les chanteuses. Il fait plus que les décrire, il les comprend et les sublime. Avec un autre livre, un roman, *C'était en mai, un samedi*, n'a-t-il pas fait de Dalida une fantastique et bouleversante héroïne de littérature ? N'a-t-il pas mis au jour les visages secrets et intimes de la star ? Il fallait cette sensibilité d'écrivain pour dépeindre Dalida, une femme fragile, à vif, que l'on n'entendait jamais dire de mal des autres. Elle ne me quitte pas, elle ne nous quitte pas. Elle est de l'étoffe des héros qui éclairent nos chemins...

Line Renaud

J'avais quinze ans ce dimanche de mai. Lors d'un hommage télévisé, je vous ai découverte de blanc vêtue dans vos atours de star, alanguie sur un divan et chantant *Téléphonez-moi*. Par-delà la légèreté de la ritournelle affleuraient votre solitude, votre mal de vivre, et dans toute la candeur de ma jeunesse j'enrageais de ne pas avoir eu vent plus tôt de votre tristesse. Je me disais que si j'avais su, moi, je vous aurais téléphoné. Je ne savais pas encore ce qu'était la vie. Vingt-neuf années se sont écoulées et, ne pouvant plus vous téléphoner, je vous écris.

1

Voyage au bout de la nuit

Ma nuit à moi, ce cercueil.
Louis-Ferdinand Céline,
Voyage au bout de la nuit.

De son château de pierres blanches condamné depuis plusieurs mois déjà aux persiennes baissées et aux volets clos Dalida a levé ce soir le pont-levis, s'interdisant ainsi la visite de ceux qui pourraient encore l'arracher à sa solitude, la soustraire à l'irrésistible appel du vide. Ce samedi 2 mai 1987, entre chien et loup, personne ne passera plus le seuil de sa demeure, ni ne troublera les rites auxquels elle consacrera ses prochaines et dernières heures. Elle en a décidé ainsi. De sa maison si haute, perchée au sommet de la butte Montmartre, elle a depuis vingt-cinq ans l'habitude de voir à ses pieds s'éveiller, grouiller puis s'endormir ce Paris qui a fait d'elle une reine. À l'époque gallo-romaine déjà, deux temples, l'un dédié à Mercure, l'autre à Mars, s'étaient partagé la Butte. On le sait bien, de l'Acropole au mont Palatin, c'est sur les hauteurs qu'entre ciel et terre les divinités élisent domicile. Pourtant, des terrasses et balcons de sa tour d'ivoire Dalida ne ressent plus le désir de promener son regard sur le monde d'en bas. C'est au creux de son antre, de sa « chaussette » comme elle dit, qu'elle se réfugie. Au-dedans d'elle-même, au plus fragile de son âme en souffrance, au fin fond de son temps des avants et dans un recoin exigu et sombre de sa maison, jadis lieu de vie et de lumière.

En ce lendemain de jour férié, le quartier de la Butte a revêtu ses habits de silence, le printemps tarde à naître sous une brume insistante et dans une froidure piquante, à quelques jours des saints de glace. Depuis hier, Dalida ne cesse de penser à ce coup de téléphone de François, le dernier homme, celui auprès de qui, depuis de longs mois, elle a tant voulu croire une fois encore à l'amour. Avec lui et Roland Ribet, le fidèle imprésario et ami, elle aurait dû se rendre ce soir au théâtre Mogador pour assister à une représentation de *Cabaret* dans une mise en scène de Jérôme Savary. Mais hier, alors qu'en ce 1er Mai férié tous les amoureux de France paressaient main dans la main, Dalida a reçu, elle, le coup de fil de trop, le coup de grâce. En quelques mots, François a annulé la soirée d'un ton presque badin. Pour l'amoureuse, c'est une larme de trop dans une coupe déjà bien pleine.

Ce samedi 2 mai, Dalida quitte sa chambre plus tôt qu'à son habitude. A-t-elle seulement dormi ? Avant de paraître devant son personnel et devant Jacqueline, tout à la fois son habilleuse et sa dame de compagnie, elle décroche son téléphone pour annuler auprès de Roland leur sortie au théâtre. La fatigue de son dernier show en Turquie deux jours plus tôt, la nécessité de se coucher de bonne heure pour une séance photos le lendemain…

Elle déroule un chapelet de bonnes raisons au-dessus de tout soupçon et fait montre d'un même aplomb lorsqu'elle appelle Graziano, son grand ami et le patron du restaurant tout proche où elle a ses habitudes. Elle lui parle d'aller à Rungis dès lundi, histoire de fleurir la terrasse pour fêter le printemps. En vue de la séance photos prévue le lendemain dimanche, elle reçoit à seize heures le journaliste et ami Denis Taranto et le photographe Emmanuel Auger. Elle prie Denis de monter seul dans sa chambre. Elle le reçoit pieds nus, sans maquillage, simplement enveloppée d'un peignoir rose. On règle les derniers détails, on choisit les robes, on s'embrasse et on se dit à demain. Un à un, les acteurs de la journée s'effacent, une à une les portes se referment. À dix-neuf heures, Orlando, le frère de la chanteuse, appelle Denis Taranto et, en raison du temps frais annoncé pour le lendemain, reporte la séance photos : Dali doit entrer en studio dans quelques jours, on ne peut prendre le risque d'un coup de froid. Ensuite, le personnel est congédié : elle n'a plus besoin de ses services pour aujourd'hui, dit-elle – pour toujours, pense-t-elle. Il ne reste plus que Jacqueline, mais elle aussi doit sortir ce soir : un dîner chez des amis.

« Ne m'attends pas à ton retour, couche-toi. Nous souperons après le spectacle, je vais rentrer tard… » déclare Dalida à son amie qui ignore tout de l'annulation de la soirée à Mogador.

Et d'ajouter qu'on ne la réveille pas le lendemain avant dix-sept heures ; elle assure avoir tant besoin de sommeil.

Au volant de son Austin, sous le regard de Jacqueline, Dalida feint alors de quitter la maison pour rejoindre le théâtre. Sa voiture emprunte les petites rues sinueuses qui s'enroulent autour de la maison de la rue d'Orchampt, tandis que Jacqueline s'en va à son dîner. Mais quelques minutes plus tard, la petite Austin est de retour, elle s'engouffre dans la rue Lepic où se trouve l'entrée de service de la maison ainsi qu'une boîte à lettres en façade du bar La Divette du Moulin. Dalida laisse glisser une enveloppe… une lettre à François. Quelques pas encore et elle ferme derrière elle la porte de sa maison.

Dans la cuisine aux meubles orange où elle a tant aimé concocter ses salades et accueillir en toute simplicité ses amis, elle enferme Rajah, son petit carlin adopté trois semaines plus tôt, afin qu'il ne vienne pas gratter à sa porte. Son regard caresse une fois encore le salon, il se faufile au hasard de ce décor à l'orientale peaufiné avec tant de goût et de patience. La pénombre frôle les nombreux miroirs fumés et les grands oiseaux de métal sculptés par Richard, le dernier homme de la maison, semblent se ternir, s'endormir, privés de lumière. Pour la dernière fois la moquette épaisse couleur chocolat porte les pas de la maîtresse de maison. Fuyant ces peintures bigarrées la représentant dans toute sa superbe, Dali se sert un grand verre de whisky et s'engage dans l'escalier. Elle ferme la porte de sa chambre et s'engouffre dans son boudoir, ce lieu de silence et d'obscurité où dernièrement elle se réfugiait pour taper le carton avec Jacqueline. C'est là que se trouve l'armoire à pharmacie avec à l'intérieur son trésor de guerre : quatre boîtes de somnifères, cent vingt comprimés.

Avec soin, comme chaque soir de sa vie, l'artiste face à son miroir brosse lentement sa chevelure de feu ; avec un coton humide, elle libère son visage des fards et se pare d'un pyjama de satin blanc. Elle trace sept mots, « Pardonnez-moi, la vie m'est insupportable », sur une feuille de papier qu'elle pose sur sa table de chevet déjà encombrée de petits bouquets de ce muguet si odorant qu'admirateurs et amis lui ont fait parvenir la veille. Lentement, sûrement, sans larme aucune, plutôt soulagée et déjà ivre d'une nouvelle liberté, Dalida avale les nombreux comprimés noyés dans le whisky. Pour avoir de près, déjà, frôlé les ailes de la mort, elle sait combien l'alcool décuple l'effet des drogues. Avec rigueur, elle installe les coussins qui porteront son sommeil et se câle le dos contre eux, non sans disposer minutieusement ses cheveux d'or autour de son visage. Ses yeux balaient sa chambre faiblement baignée de la lumière de la lampe de chevet, et elle qui depuis toujours ne peut s'endormir sans une veilleuse saisit l'interrupteur et fait le noir. Enfin le noir !

Au fil de minutes longues comme l'éternité, elle s'engouffre dans le monde des ombres. Se mêlent les visages des acteurs de sa vie, les regards innombrables qui tant de fois ont lui dans l'obscurité de théâtres d'ici et d'ailleurs, les ribambelles de strass et les valises de stress, les pays du bout du monde traversés à pas de géant, et puis tout ce brouhaha qui tape contre ses tempes, les chansons tour à tour graves et légères, les vivats, les cris de son père trop violent, les siens lorsqu'elle a découvert le corps sans vie de Luigi Tenco. L'éblouit ce soleil d'Égypte qui lèche la peau jusqu'à la brûlure, retrouvé au soir de sa vie le temps du *Sixième Jour*, son film testament. Glissent en elle, confus, diffus, sa première vision de la neige sur le macadam de Paname ce soir de Noël 1954, les senteurs de cardamome et le goût si sucré des baklavas de Choubra, l'effluve poudré d'Habit Rouge de Guerlain découvert à son arrivée à Paris. L'âme est une mémoire immense, un puits sans fond.

À l'heure du grand passage, dans sa maison de pierre, là même où, dans le deux pièces en rez-de-jardin, Céline écrivit *Voyage au bout de la nuit*, Dalida refait enfin le chemin qui mène à Yolanda, cette gosse de Choubra qui, tel Dieu, devait en six jours créer tout un monde et au septième à jamais se reposer.

2

Rue Khamra Weya à Choubra

Un saïd perdu dans une grande rue du Caire
avise un brave homme qui passe et lui demande :
– Pardon, monsieur, où se trouve
le trottoir d'en face ?
– Mais... en face, lui répond l'autre.
– Non ! J'en viens et on m'a dit que c'était ici !
Petite histoire cairote.

Le XIXe siècle est sur le point de s'achever et l'Italie ne parvient toujours pas à s'arracher à une misère tenace. Unifié depuis les années 1860 sous la couronne de Victor-Emmanuel II, le pays survit, écorché par une terrible crise économique. Le pain se fait si rare que les boulangeries se voient assiégées comme autant d'imprenables forteresses. Tandis que l'inflation et le chômage poursuivent leur course galopante, le peuple d'Italie enfle dans les rues, dénonçant avec force sa famine. En réponse à ce torrent d'affamés en révolte, celui du sang que fait couler une armée chargée de mater la rébellion. À Serrastretta, son petit village de Calabre, sur cette terre brûlée par un soleil vorace, le jeune Giuseppe Gigliotti ne manque pas une miette de ce spectacle de désolation. Difficile, lorsqu'on a seize ans et toute sa vie à forger, de croire encore à des lendemains meilleurs sur un sol qui ne daigne pas même vous nourrir. Il ne restera pas au pays, comme ses quatre frères, à veiller en silence cette terre qui se meurt. Le salut est ailleurs, il faut partir, se persuade-t-il.

En cette fin de siècle endeuillée, des enfants du pays, en grappes, rejoignent ces imposantes embarcations accrochées à la baie de Naples. Les plus riches ont pris leur billet pour l'Amérique. Les autres scrutent la Méditerranée : c'est moins loin, donc moins cher. Le Liban, la Syrie, l'Égypte font miroiter les plus belles promesses. L'avenir est en Orient, assurent les hommes du village. Pourtant, il est déjà trop tard pour eux. On ne renonce pas comme ça à ses arpents, à ses amis de toujours. Mais Giuseppe, fort de la merveilleuse inconscience de ses seize ans, ne retient, lui, que les récits enflammés à propos d'une terre d'Égypte sous protectorat britannique ; elle regorge d'or, de minerais, et le coton pousse en un claquement de doigts. Il en oublierait même que dix ans plus tôt une épidémie de choléra a emporté vingt-huit mille âmes et contraint les autorités à incendier des quartiers entiers du Caire.

En 1893, le jeune Gigliotti entrevoit enfin les minarets du Caire : al-Qahira, ainsi baptisé parce qu'en 969, lorsqu'on en posa la première pierre, la planète Mars, el-Qaher en arabe, était dans sa phase ascendante ; Le Caire, que l'on nomme encore avec fierté Oum el-Dounia, la Mère du monde. Que de promesses contenues dans ces glorieuses appellations, au fil de ces routes de poussière que se disputent des chariots brinquebalants et des conducteurs bruyants mais toujours rieurs ! Se dressent vers le ciel d'innombrables minarets – mille, dit-on –, se mêlent des odeurs d'épices, de miel et d'agneau rôti. Au détour d'un mur d'enceinte séculaire et d'un étal de fortune, un joueur d'oud, ce luth à manche court, laisse échapper des sons graves ; plus loin s'envoleront à tire-d'aile les mélopées plaintives du qanoun et de la rababa, cithare et viole d'Égypte.

C'est ainsi, en cette terre de tolérance où vivent en paix musulmans, juifs et chrétiens, où l'on parle grec, italien, anglais et arabe, que Giuseppe devient tailleur… et meurt vingt-quatre ans plus tard à l'aube de la quarantaine. Il a épousé Rosa et a eu trois fils, Venicio, Eugenio et Pietro. Ce dernier a seize ans à la mort de son père. C'est lui qui part à la recherche de sa mère pour lui annoncer la terrible nouvelle. Rosa a en effet quitté il y a peu son mari et ses fils pour filer le parfait amour dans l'alcôve d'un autre *signore*. C'est qu'elle aime tant jouer de ses charmes, pousser la chansonnette une main sur la hanche et battre des cils quand un beau larron passe par là… Cabotine, aussi vive et brûlante qu'une flamme, Rosa se rêve artiste. Une de ses sœurs a d'ailleurs épousé Ruggiero Duse, qui n'est autre que le cousin d'Eleonora Duse, la tragédienne rivale de Sarah Bernhardt. Peu importe que l'illustre comédienne n'ait jamais reconnu cette parenté et qu'elle ait envoyé promener ce pauvre garçon si fier de se présenter à son auguste cousine tandis qu'elle se produisait à l'Opéra du Caire. On ne déménagera pas pour autant le portrait de la diva qui trône dans le salon de Ruggiero : la famille, c'est sacré !

Pas mauvaise femme pour deux sous, Rosa si fatale et rêveuse range ses épines et renonce à sa passade amoureuse pour retrouver ses fils et veiller sur eux. Si Pietro souffre bien souvent des frasques de sa mère, il n'en est pas moins lui aussi fantaisiste et artiste. Depuis l'âge de quatre ans il s'applique à l'art du violon mais, contrairement à Rosa, il assortit ses dons artistiques d'une extraordinaire rigueur, au point de devenir bientôt l'un des meilleurs virtuoses de la capitale. Un grand talent doublé d'un regard de velours : voilà qui ne manque pas d'émouvoir la jolie Giuseppina, une jeune Italienne on ne peut plus vertueuse à qui sa mère, Elena, a transmis le sens de la religion et des valeurs morales. Et pour cause ! Celle-ci n'a que trop souffert des « honteuses » circonstances de la naissance de sa fille. Elle doit la protéger, peut-être même la venger. En un séducteur bien né et aux belles manières qui poussait avec charme la *canzonetta*, Elena a vu l'homme idéal ; mais une fois séduite et acquise au bon plaisir du bellâtre, elle s'est retrouvée seule et enceinte. Si elle a alors quitté l'Italie pour l'Égypte, ça n'était pas pour conquérir son eldorado, mais bien afin de fuir. Échapper aux jugements, se dérober aux langues de vipères, à la sentence des bienpensants qui jettent la première pierre, convaincus de n'avoir, eux, jamais fauté. Sa fille Giuseppina sous le bras, Elena a fait table rase de sa vie d'avant, déclarant à son arrivée au Caire que le père de son enfant était mort. À force de ténacité et d'intelligence, elle a fait son chemin. De gouvernante du puissant Nahhas Pacha, bientôt Premier ministre du roi Farouk, elle n'a pas tardé à devenir son assistante puis la précieuse conseillère tirant en coulisses les ficelles de la chose publique. Rigoureuse, disciplinée à l'excès, Elena a choisi de dissimuler les blessures d'un premier amour meurtri sous une armure d'austérité, renonçant par là même à sa vie de femme.

Giuseppina, elle, fille modèle aux civilités accomplies, ne reste pas pour autant de glace lorsque Pietro croise sa route, faisant danser avec maestria l'archet sur son violon. Dans cette Italie du Caire, tous se connaissent, Elena et Rosa, deux femmes ayant élevé seules leurs enfants, plus que quiconque. Comme le veut la coutume, on se met bientôt d'accord sur les conditions des noces. Après tout, Pietro, jeune premier violon de l'Opéra, est un bon garçon promis à un bel avenir, pense Elena. Aux yeux de Rosa, Giuseppina est l'épouse rêvée, douée de tous les courages, de dons culinaires et d'un solide coup d'aiguille lorsqu'il s'agit de coudre les vêtements de son entourage. Sans compter qu'elle se pliera volontiers à l'autorité de son homme et que de surcroît sa mère offre en dot au jeune couple une jolie maison.

Dans les rues enlacées du quartier populaire de Choubra que balaie une poussière ocre, entre les maisons de couleurs tendres aux terrasses et fenêtres offertes au soleil et à la joie, soufflent des brises venues d'Italie, de France, de Grèce. Les arts de vivre de chacun s'échangent et s'enrichissent, depuis la façon de coudre une étoffe jusqu'à la science du cumin ou de la cardamome. On se reçoit, on se vient en aide, on se chante les refrains de son pays natal. Italiens, Grecs, Juifs et Français préparent ensemble les mets traditionnels d'Égypte, le foul medamas, ce plat de fèves mijotées, le babaghanou, une préparation d'aubergines dans laquelle on trempe le pain, ou encore les sambousaks, beignets dorés fourrés au fromage. Que l'on soit ici ou ailleurs, on s'offre au coin du faubourg des zalabias, ces petits gâteaux au miel dont le crépitement de la friture et les effluves sucrés sont si doux aux passants.

Dans la maison blanche de Choubra, les Gigliotti fondent leur famille. Comme c'est souvent le cas en Méditerranée, on se réjouit que le premier enfant soit un fils : Orlando – un prénom dont le petit dernier de la famille, Bruno, fera bien des années plus tard son nom d'artiste. Cristina Yolanda naît trois ans après son frère aîné, le 17 janvier 1933 à vingt et une heures. Naissance douloureuse et difficile qui nécessite l'usage des forceps. Yolanda est une fille d'Orient, ses cheveux sont épais et aussi noirs que le jais, son visage, massif et large, est taillé dans le granit d'Égypte. Craintive, elle recherche sans relâche la présence de sa mère et refuse tout net le sevrage que celle-ci tente de lui imposer. Elle crie de toutes ses forces lorsque Peppina doit s'absenter mais babille et sourit dès qu'elle reparaît. Yolanda a dix mois quand sa mère remarque que les yeux de son bébé sont enflammés. Le médecin diagnostique une légère ophtalmie et requiert qu'on lui bande les yeux pendant quarante jours, après quoi, assure-t-il, il n'y paraîtra plus. À peine conviée au grand spectacle de la vie, l'enfant en plein éveil se voit donc condamnée à la nuit noire. Peppina s'exécute, même si elle doit prendre sur elle pour infliger une telle punition à sa fille. Au supplice, le bébé se débat avec rage, crie à pleine voix, pleure à perdre le souffle et arrache violemment ce morceau de tissu qui la prive des couleurs et reliefs du monde. Désemparée, sa mère doit lui lier les mains. Cette longue obscurité laissera son empreinte dans le cœur et l'âme de la petite. Chez les Anciens, la nuit n'était-elle pas la fille du Chaos, celle qui engendrait le sommeil et la mort ? Pour oublier cette trop longue nuit, Yolanda recherchera un jour la lumière, s'en fera des robes et s'inventera des cheveux d'or plus blonds que les blés. Elle jouera avec le feu, ceux de la rampe, et plus jamais n'éteindra sa lampe de chevet.

Quarante jours se sont enfin écoulés et l'heure de la libération est venue. Mais ce que découvrent les parents empressés est absolument terrifiant. L'infection s'est aggravée et un strabisme convergent torture le regard du bébé. Fou de peine et de colère, Pietro promet d'avoir la peau du maudit médecin tandis que Peppina réconforte Yolanda, que la lumière si soudaine fait atrocement souffrir. Un spécialiste estime toutefois que la situation n'est pas désespérée ; il assure qu'à dix-huit mois on pourra opérer l'enfant et la guérir ainsi de cette coquetterie malvenue, prédiction bientôt avérée puisque avant son deuxième anniversaire Yolanda aura le regard corrigé. Toutefois, des maux de tête tenaces la font souffrir, elle doit bien souvent se protéger des rayons trop francs du soleil, et Dieu sait si celui d'Égypte est ardent. Quand elle est fatiguée, elle sent de nouveau son regard lui faire faux bond, elle s'habitue à cligner des yeux, à baisser la tête pour échapper aux quolibets autant qu'à la lumière directe. Les enfants, entre eux, ne sont pas très tendres. Elle a quatre ans lorsque le médecin conseille une nouvelle opération. Le résultat s'avère plus probant que deux ans auparavant mais Yolanda devra faire preuve d'une grande rigueur et se plier aux exercices de rééducation nécessaires à un parfait rétablissement. Il lui faut aussi chausser les verres épais qu'on lui a prescrits et du même coup se voir affublée de l'humiliant sobriquet de « Quat'z'yeux ». La naissance de son petit frère, Bruno, est une nouvelle agression elle craint de voir sa mère lui échapper. Son père, elle le fuit bien souvent, il parle si fort qu'à son oreille d'enfant ses mots parviennent comme des cris. Parce qu'il rentre tard de l'Opéra, il faut faire silence tout le jour afin de ne pas troubler le sommeil du virtuose. Si les bruits de la rue ou de la maison viennent à le réveiller, il bondit avec fureur au balcon et d'un seul éclat de voix fait fuir tous les gamins du quartier, qu'il effraie. Ce père, Yolanda l'adore et le hait tout à la fois. Pourtant, de Pietro elle a hérité le tempérament colérique. Comme lui, elle crie son mécontentement et fulmine si on lui résiste, jetant ses poupées par la fenêtre et ses lunettes à terre. Mais de sa mère elle tient déjà la générosité, la tendresse et l'humanité.

Elle n'est guère heureuse ; elle se dérobe aux regards et à l'image que lui renvoient les miroirs. Elle n'aime pas l'air sombre que lui donnent ses cheveux épais et ses sourcils fournis, elle se rêve plus douce avec de beaux yeux verts, peut-être comme ceux de ces poupées que, de rage, elle malmène. Son univers de jeu se cantonne plutôt à celui d'Orlando, son frère aîné, et son repère affectif ce sont les jupes de sa mère. Lorsque Peppina part au marché, elle s'accroche aux barreaux du balcon et regarde au loin s'évanouir la petite silhouette aux formes généreuses. « J'avais l'impression d'être abandonnée. Dans tout être humain il y a un petit garçon ou une petite fille qui pleure », dira-t-elle bien des années plus tard.

Les sœurs franciscaines de l'institution Maria Ausiliatrice vont sécher les larmes de Yolanda. Elle aime cette école où on lui enseigne l'arabe littéraire, le français, l'italien et l'anglais. Elle se réchauffe à la tendresse des religieuses et contemple souvent avec envie la statue de la Madone qui trône au beau milieu de sa niche fleurie et parfumée. Elle aime se réfugier à l'église Sainte-Thérèse : se répandre en prières lui paraît bien plus intéressant que de repasser ses leçons.

Pour lui faire oublier ses grosses lunettes et la fragilité de son regard, Peppina, couturière experte, lui taille avec talent de très jolies robes, les agrémente de quelques froufrous et fantaisies qui font la différence avec celles des autres fillettes. Ses beaux atours ne freinent pas Yolanda dans l'exercice des jeux de la rue qu'elle affectionne tant ; elle prend part à des parties de football endiablées dont elle sort échevelée, la jupe souillée de cette poussière ocre que traîne dans sa course folle le souffle chaud du désert. Si les jeux de garçons et les courses de vélo la séduisent, la magie du grand écran et la magnificence de ses idoles ne la ravissent pas moins. Aussi le cinéma de plein air où officie comme projectionniste son oncle Eugenio devient-il le lieu de tous les miracles. Sur la toile de nuit apparaissent d'abord les actualités et le dessin animé, puis le chef-d'œuvre du jour, élu parmi des kyrielles de comédies romantiques, frivoles et musicales, de mélodrames ou de péplums.

Depuis la création en 1935 du studio Misr, le cinéma égyptien connaît un boom extraordinaire ; on met un film en boîte en deux ou trois semaines tant il faut répondre vite à la demande d'un public toujours plus pressant. Les Cairotes se damneraient pour fouler le tapis rouge du cinéma Métro ou voir s'ouvrir encore et encore sur l'écran de leurs rêves le triple rideau de velours pourpre du Rivoli. Les salles du Caire s'appellent aussi Diana, Odéon ou Miami… L'été, on les choisit durant la journée pour leur fraîcheur ; le soir on leur préfère les cinémas-jardins qui, l'hiver venu, redeviendront des pistes de patin à roulettes. Au cinéma, Yolanda s'enthousiasme pour les danses de Taheya Carioca et de Samia Gamal, pour les chants enflammés de Farid el-Atrache et d'Oum Kalsoum. Et que dire des exploits dramatiques de Leila Mourad, capable d'enchaîner à plaisir plaintes affectées et roucoulades énamourées au fil d'intrigues d'opérette ? Mais aux gloires locales la fillette préfère décidément les vamps hollywoodiennes, par exemple Ava Gardner, dont elle a lu qu'une seule photo dans la vitrine d'une boutique avait suffi à mettre en émoi tous les dirigeants de la Metro-Goldwyn-Mayer. Au firmament de ses fées de cinéma se tient, superbe et irréelle, Rita Hayworth. La rousse incendiaire Rita, Margarita Carmen Cansino de son vrai nom, fille d'un danseur espagnol d'immense renommée et qui dès l'âge de quatre ans faisait ses premiers pas de deux aux côtés de son père. Rita la flamboyante qui sous les traits de Gilda roule des hanches dans son fourreau noir et joue de ses mains, longues et fines, dans des gants de satin.

Le faisceau de lumière constellé de poussière d'étoiles qui relie le projecteur à l'écran est pour Yolanda un fil magique, ce fil d'Ariane qui la conduira jusqu'à ses rêves. Elle s'imagine autre, puissante, enfin affranchie de ses lunettes et de ses frustrations. Elle met en scène les soldats de plomb d'Orlando et s'arrange toujours pour que ses troupes sortent victorieuses. Elle improvise un décor dans la cuisine et imite ses camarades de classe, offrant ainsi à sa mère de revivre un peu de sa journée d'école – et surtout de grands éclats de rire. Et puis bientôt elle chante, avec une prédilection pour l'imitation des chanteurs de l'Opéra où officie son père. Elle interprète même des airs de *Rigoletto*, avec déjà une curieuse tessiture, grave et dramatique, bien plus proche du baryton que de la soprano. À l'école des sœurs de Maria Ausiliatrice, elle ne manque jamais de participer aux spectacles de fin d'année et, même aphone, se produit sur scène, sa gestuelle parfaitement huilée, tandis qu'en coulisses une religieuse lui donne sa voix. Premier play-back ! Yolanda n'aime rien tant que jouer des épisodes de la Bible. Ces récits glorieux, grandiloquents et mystiques la font frissonner. L'Égypte des pharaons ne la laisse pas moins éblouie : elle contemple médusée les cimes des pyramides qui au loin semblent chatouiller le ventre du ciel et faire barrage aux vents du désert. Yolanda rêve encore…

La réalité détourne brutalement la petite fille de ses songes. Pour les enfants, la guerre n'existe vraiment que lorsqu'elle frappe à la porte de la maison. Un soir, elle est bien là, la guerre, incarnée par deux types venus chercher

Pietro. En cette année 1940, le roi Farouk, encouragé par les Anglais bien que l'occupation britannique ait pris fin quatre ans plus tôt, engage son pays sur le chemin de la guerre. La communauté italienne se met à craindre pour son salut. Assimilés à l'État fasciste de Mussolini, les Italiens d'Égypte doivent être à leur tour neutralisés, les voici ennemis sur leur propre terre. Pourtant, il y a si longtemps que le delta du Nil est leur pays ! Déjà bien avant le Risorgimento nombre de négociants génois et vénitiens s'y étaient installés. Au XIXe siècle, Alexandrie et Le Caire avaient ouvert leurs portes aux Italiens. Ils étaient dix-huit mille au début de l'occupation britannique en 1882, les voici trois fois plus nombreux à l'aube de la Seconde Guerre mondiale. Ils sont artistes, ébénistes, marbriers, typographes, architectes, avocats ou médecins et ne connaissent plus de l'Italie que la langue, les chansons et la cuisine qu'on leur a transmises. Leur terre, c'est bien l'Égypte.

Ce soir de 1940, Yolanda voit pourtant son père emmené Dieu sait où. Passent alors des heures et des jours sans plus de nouvelles de Pietro. Enfin, Peppina est avertie que son mari est interné aux portes du désert, dans un camp réservé aux opposants italiens, puis à son tour l'oncle Eugenio est enlevé aux siens. Tandis que le violon de Pietro sommeille tristement dans son étui de velours, son épouse s'attelle à sa machine à coudre et, défiant la fatigue, travaillant jour et nuit, confectionne avec talent des vêtements de bébés pour des grands magasins. Une fois par mois, Peppina, seule ou flanquée de sa progéniture, s'engouffre dans le désert pour rendre visite à son mari. Là, sous un soleil cruel, la désolation ! Le visage du musicien sans musique est amaigri, marqué par l'injustice, les privations et l'emprisonnement. À la maison, on s'habitue envers et contre tout à l'absence. Les mois et puis les années s'écoulent sans Pietro. Les femmes italiennes de Choubra s'unissent et s'entraident, les enfants apprennent à grandir sans père.

Ce n'est qu'en 1944 que les Anglais rendent enfin leur liberté aux Italiens captifs. Après quatre années loin des siens, le violoniste retrouve son foyer. De ce temps volé il ne dira mot, comme s'il avait enfoui au plus profond de lui le souvenir des vexations et du désespoir, mais il est sujet à des accès de fureur. Il devient alors violent et insultant puis s'excuse et fait silence. Le renoncement semble avoir gagné Pietro ; l'homme aura semé son énergie et ses désirs aux portes du désert, enterré sa vie dans le sable brûlant. Parce que l'Opéra n'a pas rouvert ses portes, le virtuose de jadis doit, son violon sous le bras, courir le cachet de cabarets en dancings pour accompagner de son instrument l'un de ces interprètes de ritournelles à la mode qu'il honnit plus que tout. S'écoulent deux années au fil desquelles il semble s'égarer, comme grignoté par une torpeur tenace, deux années de liberté sous caution, jusqu'à une mort soudaine provoquée par une congestion cérébrale à l'aube de ses quarante et un ans.

Yolanda n'a pas treize ans, et cette mort vient jeter un voile sur son adolescence. Elle est la proie d'émotions contradictoires : la culpabilité due au soulagement d'échapper aux cris et aux sautes d'humeur de Pietro, la douleur de l'absence d'affection masculine, et puis surtout le doute : doit-elle haïr ce père ou vénérer son souvenir auréolé ? Elle en oublierait presque qu'en dépit de son tempérament ombrageux et colérique Pietro n'a jamais eu d'yeux que pour elle. À sa façon, sans mot dire, comme ces pères d'Orient que les mots tendres écorchent.

Yolanda ne pleure pas. Elle veut museler la petite fille attristée qui sommeille encore en elle et écrire son histoire à la première personne à l'encre de ses rêves. Une seule certitude commence à habiter ce quotidien trop terne : elle sera quelqu'un.

3

La plus belle d'Égypte

Il fallait être inconsciente pour partir d'Égypte
avec une valise pleine de rêves, sans argent.
Je voulais devenir quelqu'un.
Aussi loin que vont mes souvenirs, j'ai eu le goût
du théâtre, du spectacle, de la mise en scène.
Dalida à Michel Drucker.

À tire-d'aile, Yolanda s'échappe du temps de l'enfance. Dans ce miroir qu'elle esquivait jadis, elle voit se dessiner le galbe avantageux de ses hanches, la courbe généreuse d'une poitrine ferme, et sur ses épaules rondes et musclées danser les boucles épaisses de sa chevelure de jais. Seules les maudites bésicles déséquilibrent cette harmonie nouvelle. Elle peut compter sur sa bonne copine Miranda pour y remédier. Sur son conseil expert, elle les retire : après tout, peu importe que le monde soit plus flou s'il est moins cruel ! Et voilà qu'il se montre même bienveillant et admiratif, tout au moins pour ce qui est de la gent masculine. Yolanda sent en effet se poser sur elle les regards de ces messieurs, et si elle se dérobe bien entendu à leurs offres, elle s'en trouve au moins réconciliée avec elle-même.

Miranda, si jolie et coquette, est son modèle. Yolanda admire son charme et ses airs de ne pas y toucher, elles ont leurs secrets de filles, leurs éclats de rire coquins sur le chemin de l'école. Au fond du cartable, des revues à la mode qu'on s'échange presque sous le manteau et dont les pages regorgent de recettes de beauté et de potins sur les vedettes. Yolanda aimerait tant leur ressembler. Cultivant tour à tour candeur et audace, Miranda lui dévoile son art de la séduction. Des heures durant on discourt de la longueur des jupes ou de la façon de tracer le trait de crayon sur les paupières. L'adolescence est une bien longue attente, on guette le jour où à son tour on fera siens ces petits pots d'argent contenant le khôl dont depuis des siècles en Égypte on se pare à l'aide de batonnets de bois tendre. L'école en offre enfin l'occasion à la fille de Peppina. Pour un spectacle de fin d'année elle revêt en effet les atours de la déesse Isis : à elle les yeux charbonneux et la démarche souple d'Isis, qui symbolise l'amour et la puissance nourricière. Elle ne pouvait rêver mieux à l'heure de devenir femme.

Elle a jeté ses lunettes aux orties et ne s'en porte que mieux. Depuis, tout semble lui sourire, et même Carlo. Le beau Carlo aux yeux d'azur est l'objet de toutes ses pensées. Elle a renoncé aux jeux de la rue avec ses frères et presse maintenant sa mère de reproduire les jolies robes de quelque starlette en vogue. Plus pieuse que jamais, elle court à l'église Sainte-Thérèse, mais cette fois c'est pour se recueillir devant l'autel de l'amour. Adossée contre la pierre froide, elle guette la venue de Carlo. Son cœur bat la chamade à la seule pensée que bientôt leurs mains timides se frôleront pour échanger les billets doux du jour. Elles s'effleurent mais bientôt se séparent : ainsi vont les premières amours.

Yolanda a bien des consolations, en particulier le spectacle de fin d'année de l'école qu'elle prépare des mois durant. Après la hiératique Isis de l'Égypte des pharaons elle campe une mère sacrifiée dans *Lumière et ténèbres*, une épopée dramatique inspirée du martyre des premiers chrétiens. Dans sa toge de satin noir resserrée autour de sa taille de guêpe, le regard sombre, ses longs bras tendus exhortant le ciel à protéger sa fille, elle est une nouvelle fois une tragédienne d'exception. Elle sait que là est son avenir.

Sur ce chemin encore incertain, une petite annonce dégotée par Miranda dans le *Journal d'Égypte :* on recherche des prétendantes au titre de « Miss Ondine ». Il s'agit de défiler en costume de bain. Depuis la création du bikini cinq ans plus tôt, en 1946, par Louis Réard, les femmes en raffolent et les belles d'Égypte ne sont pas les dernières. Le bikini a eu l'effet d'une bombe, au point que le couturier a choisi de donner à son vêtement d'une petitesse record le nom de l'atoll océanien où l'armée américaine expérimente ses armes atomiques. Et dire qu'il n'y a pas si longtemps les baigneuses hésitaient à s'éloigner de la rive de peur de couler à pic sous le poids de leurs vêtements !

Miranda la malicieuse a d'ores et déjà décidé de concourir, et d'un simple regard elle encourage bien sûr sa copine à la suivre. Celle-ci pense à sa mère, à ses lamentations si elle savait sa fille jambes et ventre nus sur un podium. Mais après tout, comment pourrait-elle l'apprendre ? Et puis il y a quand même moyen de gagner un de ces maillots de bain à la mode. Une fois la décision prise, les deux comparses, tout excitées, mettent au point leur stratagème : Yolanda demande à Peppina l'autorisation de passer la nuit de dimanche chez Miranda tandis que cette dernière formule la même demande auprès de sa mère. Personne ne se doute de rien. Chacune des deux coquines a roulé au fond de son sac sa plus belle robe et camouflé son rouge à lèvres le plus carmin. Sous une porte cochère repérée au préalable elles se retrouvent pour s'habiller, non sans craindre d'être surprises par un badaud, et achèvent leur petite diablerie par une séance de maquillage. Inondées d'un parfum emprunté à leurs mères, les voilà parties pour la grande aventure.

Lorsqu'elles pénètrent dans la luxueuse auberge des Pyramides, Yolanda, intimidée par le faste des lieux, est prise de panique. Et si elle gagnait ? Si on la prenait en photo et que la nouvelle revenait aux oreilles de sa mère ? Elle veut soudain s'enlaidir, échapper à toute chance d'être élue ou, pis, photographiée. Quelle idée saugrenue ! se ravise-t-elle ; il y a tant d'autres belles filles. Comme un poisson dans l'eau, Miranda, elle, se pavane joyeusement et rattrape sa copine sur le point de fuir. « Nous avons défilé sur la scène plus mortes que vives, l'air sinistre, raides comme des piquets », se souviendra longtemps Yolanda. Et pourtant, le jury l'appelle pour lui remettre le deuxième prix. Hagarde, elle saisit le cadeau couronnant son élection, rien de moins qu'une superbe paire de talons hauts dorés, ses premiers. Quelques minutes plus tard, c'est au tour de Miranda d'être appelée : elle est nommée deuxième dauphine, ce qui lui vaut un foulard. Les photographes se pressent et prient les lauréates de poser devant leurs objectifs. Malgré une vaine tentative de fuite, Yolanda se retrouve en bikini, la moue boudeuse, harponnée par les voleurs d'images. Du haut de sa candeur, elle les prie bien sûr de ne pas publier les clichés et s'en retourne presque rassurée au bras de son amie. Elles rient de se voir si belles et royalement récompensées, serrant au fond de leurs besaces les trophées de leur gloire.

Le lendemain, tout Choubra est en émoi. On ne parle que de la fille Gigliotti qui, toutes jambes dehors, seulement vêtue d'un bikini, s'affiche dans les quotidiens cairotes. Yolanda, cette si charmante apprentie sténodactylo, quasiment nue ! N'est-ce pas incroyable ? La nouvelle traverse les patios et nourrit la conversation des baouabs, ces portiers d'immeubles omniscients qui, assis sur leur siège, égrènent leur chapelet et régalent le voisinage de leur méditation… et de leurs ragots. À la maison, le petit dernier, Bruno, se réjouit, lui, de voir ainsi célébrée cette sœur qu'il admire tant. La mère et son fils aîné, autant dire le chef de famille, ne voient pas de cet œil les fredaines de Yolanda. Peppina décide qu'elle doit protéger sa fille de sa trop grande beauté. À cet instant, ne regrette-t-elle pas de lui avoir promis, au temps de son enfance douloureuse, qu'elle aussi, un jour, serait jolie ? Elle convoque avec empressement un coiffeur et le prie de rendre plus décente cette crinière sombre qui affole les hommes. La jeune fille a beau supplier sa mère de lever son châtiment, elle sent ses boucles épaisses tomber une à une à ses pieds. Peppina, pourtant, n'assume pas bien longtemps ce supplice qu'elle vient d'infliger. Au bout de quelques heures elle mêle ses sanglots à ceux de la victime. Toutefois elle ne peut s'empêcher de craindre pour sa fille, de trembler lorsqu'un regard insistant se pose sur sa silhouette et que des sifflements saluent sa démarche chaloupée. Elle peine encore à comprendre que la chrysalide est désormais un somptueux papillon, que le temps de l'enfance s'éloigne pour la plus grande joie de Yolanda, qui n'a déjà que trop attendu. Si longues sont les années passées à espérer le vrai début de la vie, à humer quelque soupçon de liberté quand l'adolescence vous séquestre encore !

Sérieuse et d'une moralité irréprochable, la jeune Gigliotti doit aussi rattraper les années que lui ont volées ses complexes, gommer de sa mémoire les surnoms blessants pour enfin écrire sa vie sur du papier glacé. Empruntant à la beauté de Rita Hayworth ou à l'insolence de gitane de la Lollobrigida qui chavire les cœurs dans *Fanfan la Tulipe*, elle se crée un style : jupe moulante, chemisier apprêté et large ceinture comprimant la taille, sans oublier des boucles d'oreilles chargées de lourdes breloques qui s'entortillent dans les mèches de cheveux qu'a bien voulu lui laisser le coiffeur.

Ayant sondé les arcanes de la sténodactylographie, la belle a fini par lâcher les études pour un vrai travail. La voilà secrétaire de monsieur Matouk, lequel veille aux destinées d'une petite entreprise d'import-export de produits pharmaceutiques. Yolanda peut ainsi mettre à profit sa connaissance des langues étrangères… et son élégance naturelle. Mais quel ennui tout de même que cette machine à écrire ! Tant d'heures perdues à tapoter tristement les touches de cet engin de malheur ! Elle si courageuse et volontaire manque cette fois d'ardeur à la tâche. Alors, quand ses rêves, tels de mauvais génies, la chatouillent, elle abandonne son poste et pousse la chansonnette. Les collègues se réjouissent quand cet arc-en-ciel déchire la grisaille du bureau, mais quelques jalouses mal intentionnées ne manqueront pas de faire part au patron des agissements oisifs de l'employée, et force est de constater qu'à son clavier elle n'est pas une championne. On lui indique le chemin de la porte et elle ne se fait pas faute de l'emprunter, même si elle n'était pas peu fière de ramener à sa mère sa maigre paie.

Puisque ses charmes semblent convaincre bien davantage que sa maîtrise de la machine à écrire, elle se rend chez Donna, la grande maison de couture de la capitale, et propose ses services comme mannequin. Son allure féline, cette sensualité à fleur de peau que l'on ne trouve qu'autour de la Méditerranée et sa chevelure qui Dieu merci a repoussé avec vigueur sont des armes redoutables. Yolanda ferait passer la moindre défroque pour un fourreau de haute couture ! Mais une ombre ne cesse de la hanter, de la faire douter encore et toujours : ses yeux. Une lumière trop franche la fatigue, et de nouveau son regard la trahit. Persuadée que son physique – un mètre soixante-huit, quatre-vingt-quinze centimètres de tour de poitrine et de hanche et cinquante-deux de tour de taille – sera le passeport pour son voyage vers la gloire, la jeune fille de dix-neuf ans décide de recourir à une nouvelle intervention chirurgicale. Elle dissimule sa peur et rejette avec force les réminiscences de l'enfance ; elle ne veut plus craindre la longue obscurité des lendemains d'opération. Rien décidément ne saurait plus interrompre sa course.

Elle affiche la beauté tapageuse, presque indécente, d'une vamp. Elle est affranchie et fière, pourrait-on penser, mais au-dedans d'elle-même se terre une petite fille à qui les sœurs ont enseigné une irréprochable moralité, une âme fragile que les doutes étreignent. Yolanda doit fixer la ligne d'horizon pour ne pas se recroqueviller sur elle-même et trébucher. Les hommes la croient femme fatale quand elle ne demande qu'à aimer d'un amour idéal et candide. Elle peut leur sembler aussi libre et légère qu'une bulle de savon, pourtant elle est grave et tourmentée.

Il est loin le temps du premier frémissement d'amour auprès de Carlo, de billet doux en mot tendre dans la fraîcheur de l'église Sainte-Thérèse. À présent c'est Armando qui la ravit, un jeune ingénieur architecte de cinq ans son aîné. Dans ses yeux bleus elle se jette à cœur perdu, elle veut l'aimer à en perdre le souffle. Et quel bonheur lorsqu'il lui propose de chanter à ses côtés au sein du petit orchestre amateur qu'il a créé avec quelques amis ! Ils seraient promis au plus tendre avenir si la mère du garçon n'en avait pas décidé autrement : une si belle fille, que les feux de la rampe attirent comme un insecte fou, ne saurait être une épouse. À cette ferme opposition l'amoureux se rend. À mots couverts, avant de s'enfuir, Armando évoque un travail en Arabie saoudite, il promet de revenir bientôt, de s'écrire souvent… Rien que du vent ! Yolanda guettera des missives qui n'arriveront jamais avant de faire son deuil de cet amour mort-né.

Partir. Ce mot résonne de plus en plus fort dans son esprit. Un jour ! se rassure-t-elle. Elle veut s'évader, conquérir et découvrir. Chaste et fragile, elle joue à cache-cache avec les casse-cœurs, leur donne le bras mais plus jamais son amour. On se prête compagnie mais on ne s'offre rien d'autre que du bon temps. Après qu'aux premiers jours de 1952 de sanglantes émeutes antibritanniques ont enflammé Le Caire et alors qu'en cette fin de juillet très agitée le roi Farouk, balayé par le coup d'État de Nasser, fuit l'Égypte, on se réfugie dans les quartiers d'une jeunesse encore dorée. Là, au rythme des musiques venues de France, on se prélasse en toute insouciance en sirotant de l'orangeade avec la vague prétention de refaire le monde. Pourtant l'Égypte n'est plus la même ; torturée, elle cherche à faire peau neuve. Sous Farouk, deux cents familles se partageaient le pays et mesuraient leur fortune au nombre d'heures ou de jours que mettait le train à traverser leurs terres. L'Égypte était alors une sorte d'Extrême-Europe ; certains Anglais avaient rêvé que s'enlacent le Nil et la Tamise, que Le Caire aligne son heure sur celle de Big Ben. Mais loin des villes et des Européens qui les possèdent, il y a toujours ces Égyptiens de souche qui répètent les mêmes gestes depuis des millénaires, les fellahs qui travaillent leur lopin de terre au rythme de la crue, les felouques qui glissent lentement sur le fleuve.

Le nationaliste et populiste Gamal Abdel Nasser a proclamé la république. Passé maître dans l'art du discours et sauveur des foules en liesse, il exhorte bientôt le peuple à prendre en main les rênes du pays. Les Européens ont tout à craindre et peu importe qu'ils aient fait souche depuis plusieurs générations. L'unité arabe les repoussera aux portes de l'Europe. Yolanda, comme beaucoup de jeunes Égyptiens d'origine européenne, ne pense pas encore que les heures sont comptées, que le pays de son enfance s'efface peu à peu. Insouciante, elle aime l'Égypte tout en rêvant d'Europe. À trop feuilleter les magazines en vogue elle s'imagine que toutes les filles de Paris sont des gravures de mode qu'habille le génie de Jacques Fath et de Christian Dior. Assise à sa machine à coudre, Peppina s'efforce de donner vie à ces robes qui attisent toutes les convoitises de sa fille. Dans le poste de radio familial craquent délicieusement les refrains de Piaf, Gréco et Aznavour, et l'on se surprend à chanter Paris.

Yolanda veut faire l'artiste, sa mère a fini par se ranger à son désir fou. Le projet est encore incertain, la demoiselle parle de cinéma, quelquefois de chanson, et Peppina garde pour elle ses inquiétudes. Elle comprend que sa fille brûle d'un feu singulier, qu'elle ne guette pas le mariage mais une reconnaissance tout autre, plus vaste, démesurée, qu'elle cherche son chemin de lumière bien loin des sentiers battus. Aussi la soutient-elle lorsqu'elle décide de se présenter à l'élection de Miss Égypte 1954. Une nouvelle fois, il a suffi d'une petite annonce dans un journal pour persuader Yolanda de relever le défi. Ayant pris goût aux podiums de la maison Donna, elle n'aime rien tant que la scène, ces rangées de regards accrochées à sa sihouette. Ce concours est l'occasion rêvée d'enfin se frotter à la célébrité tant convoitée. Contrairement à ce qui s'est passé lors de l'élection d'il y a trois ans, la candidate n'a plus à se cacher, elle ne tremble plus de trahir la confiance de sa mère. Fièrement, elle se présente vêtue d'un bikini à imprimé panthère que recouvre une cape assortie. Parce qu'elle a le sens du geste, elle sait la faire glisser avec grâce le long de sa sculpturale silhouette. Une large culotte enserre ses hanches généreuses et marque sa taille si fine, le soutien-gorge dépourvu de bretelles dégage ses épaules couleur miel. Public et jury retiennent leur souffle. Quelques minutes plus tard, Yolanda Gigliotti est Miss Égypte. En contrebas de la scène se tiennent, attentifs et troublés, trois hommes, un Égyptien, un Américain et un Français. Trois hommes de cinéma. Le premier, Niazi Mustapha, recherche une actrice pour son prochain film, *Un verre, une cigarette*, le deuxième vient de découvrir la doublure idéale de Rita Hayworth pour un péplum tandis que le troisième, Marc de Gastyne, est en quête d'une vamp espionne pour son film *Le Masque de Toutankhamon*.

Le déclic tant attendu est imminent, ce grand pas en avant pour enfin devenir quelqu'un est en passe d'être franchi. Si la vie est un manège, il tourne assurément autour de ces trois hommes, se réjouit Miss Égypte. Niazi Mustapha lui offre ainsi son premier vrai rôle, celui d'une infirmière européenne dont le charme vénéneux envoûte le grand patron, un médecin égyptien. Elle s'apprête à croiser l'œil de la caméra pour la première fois quand on suggère qu'elle se trouve un pseudonyme. Qui d'autre que les Italiens pourraient en effet articuler sans peine « Gigliotti » ? Le film *Samson et Dalila* de Cecil B. De Mille rencontrant alors un très beau succès, Mustapha propose « Dalila », d'autant que l'héroïne, Hedy Lamarr, ressemble un peu à Yolanda. Cette dernière réfléchit un instant, se remémore les récits bibliques qu'à l'école elle appréciait tant, l'histoire de Dalila qui au nom de l'amour avait convaincu Samson de lui révéler le secret de sa force surhumaine. Cette femme victorieuse de la vigueur des hommes ne manque finalement pas de séduire la future actrice : désormais elle sera Dalila.

Ce nouveau nom est idéal pour celle qui dans *Un verre, une cigarette* incarne la redoutable séductrice dont quelques battements de cils et déhanchements provocants suffisent à faire chavirer un docteur aussi respectable que marié. Affublée d'une blouse d'infirmière fort suggestive et d'une sorte de cornette censée retenir son épaisse chevelure, elle est quelques scènes plus loin une femme fatale qu'un fourreau noir habille comme une seconde peau. Elle ondule telle une liane entre le piano à queue noir, les convives en habit de soirée et le médecin, objet de ses ardeurs ; elle chante en italien *Desiderio di un'ora*, une incantation amoureuse que son jeu de jambes savamment orchestré ne fait que rendre plus sensuelle encore. L'humiliation est telle pour l'épouse du médecin convoité que s'ensuit dans les toilettes pour dames un pugilat épique au terme duquel Yolanda la séductrice se retrouve à terre et trempée.

À cette même époque, l'Américain qui l'a remarquée à l'élection de Miss Égypte lui demande d'être la doublure lumière de Rita Hayworth dans *Joseph et ses frères*, un de ces grands films bibliques dont raffole alors Hollywood. Quel honneur pour elle qui depuis si longtemps admire et imite l'élégance et la gestuelle de Gilda ! Dans le même temps, un jeune premier, fils d'Égypte lui aussi, un certain Michel Chahloub, bientôt connu sous le nom d'Omar Sharif, se réjouit d'avoir décroché le rôle de Joseph. Mais c'est sans compter avec les frasques sentimentales de miss Hayworth qui, éperduement amoureuse de Dick Haymes, va le suivre au Mexique, reléguant le film au placard. (Il sera tourné plus tard sous le titre *Terre des pharaons* avec Joan Collins dans le rôle principal.) Après seulement quelques jours de tournage en Haute-Égypte, Yolanda et Omar se retrouvent privés de leur superproduction hollywoodienne. Cela n'empêche pas les deux apprenties vedettes de se rencontrer, ni Omar d'inviter Yolanda à dîner. Bien des années plus tard, il confiera lui avoir donné un baiser dans la voiture, ce qui, semble-t-il, n'a pas plu à la belle.

C'est maintenant au tour du Français Marc de Gastyne d'embaucher Dalila pour *Le Masque de Toutankhamon*, sa nouvelle réalisation après une épopée consacrée à Jeanne d'Arc. Le visage taillé au couteau de la jeune femme, son regard sombre et sa sensualité naturelle lui semblent directement hérités de l'Égypte ancienne – ou plus exactement de l'idée qu'il s'en fait. Ainsi, bien que pas une seule goutte de sang égyptien ne coule dans ses veines, Yolanda se retrouve au sud du pays, en Haute-Égypte, vêtue d'une djellaba sombre brodée d'or, le temps d'une exotique danse des sept voiles. Qu'importe l'attente, si longue, entre deux scènes : la jeune actrice se nourrit de cette atmosphère de création. La seule idée que l'on puisse donner vie à un monde, à des personnages et à une histoire hors du temps et du réel n'en finit pas de la réjouir. Elle contemple le jeu des projecteurs et des caméras, observe la mise en scène et la ronde des figurants qui de-ci, de-là se promènent en costumes d'époque. Gaie comme un pinson, elle engage facilement la conversation et chante souvent de sa voix caressante. À force d'entendre ses rengaines d'Italie ou de France, Marc de Gastyne, visiblement séduit, lui conseille de se rendre à Paris, persuadé qu'elle y sera appréciée et, qui sait, reconnue. Sans mot dire elle retourne au Caire, mais elle n'en pense pas moins. « J'attendais. Je ne savais pas quoi mais, oui, j'attendais quelque chose », se souviendra-t-elle.

Sa prestation dans *Un verre, une cigarette* a beau convaincre le public et même encourager la compagnie Zarpanelli à lui signer un contrat de cinq ans, c'est dans une autre direction qu'elle cherche. Les rôles d'outrageuses intrigantes d'un cinéma de guimauve, même s'ils peuvent lui ouvrir les portes de tout le monde arabe, n'ont pas le visage de ses rêves secrets. Les mots de Marc de Gastyne ne la lâchent pas. Elle pense à Paris. Le réalisateur revient d'ailleurs à la charge, il lui parle de son ami le colonel Vidal et de ses velléités d'imprésario. Ce dernier serait même prêt à lui payer son billet d'avion et à prendre sa carrière française en main. Le mot « partir » danse à nouveau dans l'esprit de Yolanda : elle a pris sa décision, elle fera le voyage jusqu'à Paris.

Tandis que ses yeux s'emplissent d'étincelles, ceux de Peppina ruissellent de larmes. Pour elle, Paris est une ville où la nuit ne tombe jamais et dont les filles sont plus souvent de joie que de bonne famille. Si ses vingt et un ans se profilent à l'horizon, mademoiselle Gigliotti ne peut pour autant partir sans la bénédiction de sa mère. La famille au grand complet se réunit pour décider de son avenir. Peppina, son fils aîné et l'oncle Eugenio font comme toujours peser la balance du côté de la raison tandis que la cousine Rosy et Bruno, le cadet, rêvent déjà à la gloire de la petite. La visite de Marc de Gastyne et ses airs de monsieur contribuent finalement à apaiser les craintes. L'enthousiasme et l'opiniâtreté de Yolanda finissent par l'emporter. D'ailleurs, pourrait-on interrompre la course du soleil ?

4

Trois hommes à Paris

La chance, nous la faisons. Elle passe,
il faut la reconnaître. Moi, j'attendais tellement
que je l'ai reconnue et je suis partie.
Ma mère était en larmes, toute la famille pleurait.
Pensez-vous, au Caire, partir pour Paris
c'était devenir une fille de joie pour ma mère.
Dalida à Ève Ruggieri.

À l'heure de réunir ses vingt-cinq mille anciens francs d'économies et de déposer dans sa petite valise les quelques robes cousues avec amour par sa mère, les escarpins d'or de la première victoire et les coupures de presse illustrant ses exploits, Yolanda sent son cœur se serrer. En cette veille de Noël 1954, dans la maison de Choubra, on feint de festoyer mais l'heure est aux adieux déchirants. Comme une longue litanie se répètent les rassurantes promesses et les recommandations inquiètes. En pays méditerranéen on ne fait rien à moitié, les éclats de joie n'ont d'égal que les plaintes de désespoir. La jeune femme elle-même tremble mais s'applique à ne montrer qu'assurance et confiance. Elle promet de revenir vite si les vaches sont trop maigres mais n'en pense rien : elle se sait tenace jusqu'à l'extrême. Dès que la réussite sonnera à sa porte, c'est à tous les siens qu'elle l'ouvrira, elle les fera venir dans la Ville lumière. Cette promesse-là, elle sait qu'elle la tiendra.

Elle s'éloigne des siens venus l'accompagner à l'aéroport pour se rapprocher de la passerelle du Constellation Air France. Dieu seul sait quand elle les reverra. Dans son décolleté palpite la médaille de la Vierge que Peppina lui a fait jurer de ne pas retirer. Elle sait qu'elle ne doit pas se retourner. Elle respire une dernière fois l'air d'Égypte et s'engouffre dans l'appareil. Assise aux côtés de Marc de Gastyne, qui se montre toujours rassurant, elle chasse les assauts de mélancolie qui assèchent sa gorge. L'avion décolle. Au fil des heures, sur du papier blanc, elle fait courir une signature de star, esquissant des « Dalila » de toutes sortes, comme en quête du sésame qui lui ouvrira les portes.

Alors qu'elle foule le sol du Bourget, un tapis de neige se déroule sur son passage. Cette neige qu'elle n'avait jamais vue que sur grand écran, la voilà qui crisse sous ses pas hésitants. Par la fenêtre du taxi en route pour les Champs-Élysées où demeurent les Gastyne défilent la plaine lisse et triste puis les maisons carrées de banlieue si sagement disposées le long de la route. Enfin, Paris se dévoile, comme pris entre les flocons cotonneux et un immense canevas de guirlandes de lumière. En ce jour froid de Noël, la ville paraît ensommeillée, comme alanguie sur son drap de neige. Les Parisiens réunis en famille auront préféré la chaleur de leurs logements au froid du dehors.

Yolanda découvre l'appartement de ses hôtes puis, n'y tenant plus, va se mêler aux rares badauds de l'avenue des Champs-Élysées. Elle serre son manteau de laine contre elle et relève son col châle. Il lui faut battre ce pavé tant de fois rêvé, perdre son regard ébloui dans les vitrines, contempler les sculptures des immeubles en pierre de taille. Elle est à Paris. D'un côté l'Arc de triomphe, de l'autre un peu d'Égypte surprise à gratter le ciel gris de Paris, l'obélisque de la Concorde, dont on dira un jour que l'on préférerait le rendre à sa terre d'origine plutôt que de se séparer de la Gigliotti.

Soucieuse de ne pas gêner le quotidien des Gastyne, la toute nouvelle Parisienne s'enquiert d'un petit coin à elle. Le colonel Vidal, chargé de soutenir sa jeune carrière en échange d'un pourcentage sur chaque contrat, lui offre ainsi le gîte au huitième étage du 67, rue de Ponthieu, à deux pas des Champs-Élysées, dans une petite chambre de bonne. Qu'importe que ce soit sous les toits ? Yolanda se réjouit au contraire que le ciel de Paris soit son voisin du dessus.

Seule, ce 17 janvier 1954, si peu de temps après son arrivée, elle devient majeure. Difficile d'apprivoiser la solitude si loin de chez soi, de se tenir droite face à un avenir plus qu'incertain. Le doute s'immisce un instant, un frisson de peur la fait tressaillir, mais la détermination l'emporte toujours. Dans ses lettres, elle rassure sa mère et ses frères. Avec force détails, elle décrit sa petite chambre près de la plus belle avenue du monde et relate des rencontres encourageantes ; elle fait bien sûr l'impasse sur les repas de fortune quand son si maigre budget les lui permet, les sandwiches sur le pouce et le café bien chaud pour résister au froid de l'hiver.

Forte, croit-elle, de sa petite notoriété égyptienne, de quelques lettres de recommandation et d'une poignée de contacts de Vidal, elle quitte dès le matin sa chambre en quête d'une figuration ou d'un défilé, bien mise et pomponnée comme toujours, un peu trop à l'orientale, peut-être, comparée à l'élégance parisienne. Si son titre de reine de beauté lui vaut une couverture de *Cinémonde* qui la montre simplement vêtue de sa petite tenue léopard, la candide comprend bientôt qu'à Paris sa réputation de

Miss Égypte ne pèse pas plus lourd qu'une bulle de savon et que des cohortes de filles superbes prennent chaque jour d'assaut les bureaux de production de la capitale. Instinctive et d'une irréprochable moralité, elle pressent les manigances des producteurs de pacotille et passe son chemin. On convoite ses faveurs et aussitôt elle se dérobe, quitte à perdre l'embauche rêvée. Yolanda n'est pas de ces filles-là ! Alors, bien sûr, les chances d'engagement s'amenuisent chaque jour davantage, tout comme d'ailleurs les gages dispensés par le colonel qui s'avère être un bien piètre imprésario.

C'est à lui toutefois qu'elle doit un conseil qui risque bien de changer le cours de sa vie.

« Et pourquoi ne chantes-tu pas ? » lui souffle-t-il après que Marc de Gastyne lui a vanté la chaleur de sa voix. Elle s'était rêvée actrice mais, constatant non sans dépit que le cinéma semble se pratiquer à l'horizontale, elle tend maintenant l'oreille à la proposition de Vidal. Lorsqu'il lui dégote un rendez-vous avec Roland Berger, un professeur de chant, elle s'exécute. Et puis les journées commencent à être longues, autant se lancer dans un apprentissage utile. L'homme est dur, aussi talentueux qu'impulsif. Il aime le timbre de Yolanda, la couleur chaude de sa voix, son inépuisable énergie, mais déplore son absence de technique, sa méconnaissance de la langue ; il ne se gêne pas pour le lui dire, sans trop de tact d'ailleurs. Avec violence et sans patience, il lui ordonne de chercher sa voix dans le ventre, de tenir ses graves et son souffle. Elle pourrait lâcher prise mais s'accroche plus encore quand croissent les difficultés et les attaques. Il est nerveux et tyrannique, elle est orageuse et tenace. Entre deux gammes, ce sont autant d'explosions et de claquements de porte. Et cependant une sorte de tendresse les lie. Au fond d'elle, l'élève le remercie de lui dispenser son enseignement à faible coût et lui se réjouit de voir éclore un nouveau talent au fil de leurs séances.

Vidal, pour sa part, répète en boucle que la mode est aux voix à accent. En effet, depuis le triomphe de Luis Mariano dans *Andalousie*, *Le Chanteur de Mexico* et *La Route fleurie*, le public se repaît de voix roucoulantes et ensoleillées. La chanson réaliste qui pleurniche sur la noirceur de vivre et celle, intellectuelle, qui rive gauche flirte avec l'existentialisme ne semblent plus de mise. La France veut des vacances et applaudit tout ce qui fleure bon l'exotisme. La guitare, le tambourin et la mandoline l'emporteront vite sur les plaintes de l'accordéon. On s'amourache de l'Italie, de l'expresso, des pizzas et des chaussures à bout pointu. On veut rire et danser, chanter à tue-tête. L'heure est à la *canzonetta*, aux espagnolades, et depuis quelques semaines, sur les ondes et chez les disquaires, triomphe une certaine Gloria Lasso. De sa Barcelone natale cette Rosa María Alexandra Pilar Inés Gloria Coscolin a surgi, transformant son nom à rallonge après avoir vu Gary Cooper lancer un « lasso ». Elle a enregistré *Étrangère au paradis*, un refrain qui est désormais sur toutes les lèvres.

Ni une ni deux : sur les conseils du colonel Vidal voilà Dalila aux portes des cabarets à quémander un engagement. Sa voix n'est pas totalement domptée mais l'accent aux couleurs de soleil s'enroule à plaisir aux rengaines à la mode et la plastique de la demoiselle est une invitation non négligeable à la douceur de vivre. Toutefois, les portes peinent encore à s'ouvrir devant elle. On lui reproche sa voix trop proche de celle de Rina Ketty qui vingt ans plus tôt triomphait avec *J'attendrai*, on lui rebat les oreilles avec

Gloria Lasso : « Elle occupe déjà le créneau de la chanson méditerranéenne, il n'y a pas de place pour deux ! »

Les mois s'écoulent et Yolanda n'en finit pas de tirer le diable par la queue. Elle croit en la chance, elle sait qu'elle passera et qu'il faudra alors la reconnaître et la saisir, pourtant celle-ci se fait toujours désirer. Pas question néanmoins de reprendre l'avion pour Le Caire. Dans son sac elle conserve le billet de retour mais jure de ne pas s'en servir, de ne pas succomber à l'épuisement de l'instant. Certaine qu'elle doit encore lutter et ne pas rentrer vaincue en Égypte, elle ravale ses larmes amères et finit par vendre ce fil d'Ariane qui la lie encore aux siens et à sa vie d'avant : lorsqu'elle dépose le billet sur le comptoir de la compagnie aérienne, c'est comme un saut dans le vide, un geste fou qui exprime à la fois une farouche détermination et l'inconscience de sa jeunesse.

Soucieuse de s'affranchir de Vidal et de creuser seule son sillon, elle quitte la rue de Ponthieu pour se réfugier dans une chambre de bonne plus exigüe encore, rue Jean-Mermoz. Pour voisin elle a un jeune homme beau à se damner, un brun ténébreux au regard saphir et à la sensualité sauvage. Alors qu'ils se croisent sur le palier, il se présente : « Je m'appelle Alain Delon. » De retour d'Indochine il cherche lui aussi la gloire. Il court les auditions des studios de cinéma, ils échangent quelques mots, des tuyaux parfois, et partagent à plusieurs reprises leur pitance – des œufs durs, se souviendront-ils. En tout bien tout honneur. Ils n'ont pas le cœur à l'amour. Survivre, se débattre entre ses rêves et la dure réalité, c'est une tâche à plein temps.

Enfin convaincu d'avoir donné quelques armes à Yolanda et constatant que sa voix est maintenant plus assurée, Roland Berger persuade le patron d'un cabaret chic du huitième arrondissement, le Drap d'Or, d'auditionner sa protégée. L'homme est perplexe : le public se réjouira-t-il des roucoulades de cette inconnue à l'heure où il apprécie tant celles de Gloria Lasso dont il a fait en quelques mois la reine des ondes ? Toutefois, la beauté de la jeune femme l'encourage à se raviser. Bien sûr il y a cette voix à la fois tendre et rocailleuse, mais aussi cette silhouette avenante que la perte d'une petite dizaine de kilos au fil des mois passés à Paris a rendue plus sculpturale encore. Elle sait s'habiller, se mouvoir et parer son chant d'une gestuelle aussi gracieuse qu'efficace. Sur un coin de table on se met d'accord pour un maigre salaire ; c'est au moins de quoi manger, et surtout un premier pas vers le public de la capitale. Par nécessité et presque par hasard, Yolanda, qui rêvait de faire l'actrice, se retrouve ainsi chanteuse.

Les cabarets parisiens s'observent toujours mutuellement du coin de l'œil, chacun lorgnant les artistes de l'autre et s'efforçant de les débaucher. C'est ainsi que Jacques Paoli, qui dirige la Villa d'Este, un club chic du quartier des Champs-Élysées, la remarque et lui signe un petit contrat en lever de rideau, mille cinq cents anciens francs par soir, juste pour quelques chansons, quand les spectateurs dissipés et impatients attendent l'entrée en scène de la vraie vedette, de celle pour qui ils ont fait le déplacement, Juliette Gréco ou Charles Aznavour. Dalila, c'est ainsi qu'on la présente, s'avance et chante devant un de ces publics particulièrement difficiles qui dînent et conversent sans guère se soucier de la prestation des artistes. Entre les bruits de fourchettes et les palabres, quelques applaudissements, une attention distraite, c'est déjà ça… Mais Yolanda est tenace. De soir en soir, elle les travaille au corps ces spectateurs rebelles, elle jongle avec les notes et joue de sa grâce pour agripper leur regard. Le charme opère et l'on commence à la suivre dans son voyage, on fait silence et l'on prête l'oreille. Pour entendre à nouveau Dalila, la brune d'Égypte, on revient à la Villa d'Este, on y entraîne ses amis en leur promettant une belle soirée. Yolanda conquiert doucement mais sûrement.

Se tissent aussi des liens avec des habitués du lieu. Elle rencontre entre autres Alfred Machard, le scénariste du film de Vittorio De Sica *Demain il sera trop tard*. L'homme plaisante à propos de son nom de vedette, il prédit, amusé, que bientôt devant elle les hommes trembleront pour leur chevelure, et l'exhorte finalement à changer une voyelle de ce « Dalila ». « Pourquoi pas un *d* à la place du deuxième *l*, *d* comme Dieu le père ! » s'esclaffe-t-il. DA-LI-DA, c'est comme un cri de ralliement avec cette même syllabe qui ouvre et ferme le mot, un vrai slogan en rythme ! Enfin un nom rien qu'à elle, vierge de tout passé et de toute référence, un nom cousu main auquel elle peut désormais donner une histoire.

Une année se sera bientôt écoulée depuis son arrivée à Paris. La nouvelle Dalida n'a rien oublié des mois de galère de Yolanda, elle sait que rien n'est encore gagné. Son salaire n'a rien de mirifique, sans compter qu'il faut aussi payer le pianiste et s'acheter au moins deux robes pour ne pas porter chaque soir la même. Néanmoins, telle une fourmi, elle a économisé assez d'argent pour passer les premiers jours de l'année 1956 en Égypte. Rien ne saurait compter plus que de revoir les siens. Les journaux du Caire vendent déjà la peau de l'ours, on écrit que Miss Égypte est la nouvelle reine de Paris. Si Peppina n'apprécie guère que sa fille ait perdu quelques kilos, elle se réjouit de la retrouver si radieuse. Combien de fois a-t-elle tremblé à la lecture de ses lettres, cherchant entre les lignes les signes de son découragement ? Dans ses courriers, Yolanda avait beau se montrer rassurante, énumérer les belles rencontres et les engagements, Peppina a deviné que la vie n'était pas aussi rose ; souvent elle a couru à l'église Sainte-Thérèse pour protéger sa fille de ses prières.

Cette Dalida qui revient au pays a un peu changé ; pour ses amis d'Égypte elle est désormais une Parisienne. On admire ses cheveux lissés, l'étoffe de ses habits. Des heures durant elle parle de Paris et chante rien que pour ses proches les rengaines de ses soirées à la Villa d'Este. Toujours soucieuse de rassurer sa mère, qui associe les cabarets aux lupanars éclairés d'une lumière rouge, elle raconte la visite de Farid el-Atrache, la plus grande star d'Égypte, ou encore celle du roi Farouk, se gardant bien de signaler qu'elle l'a giflé parce qu'il avait eu un geste déplacé. Mais il est déjà l'heure de quitter la petite maison de Choubra, Paris n'attend pas.

Boulevard des Capucines, grâce au talent et à la passion aveugle d'un certain Bruno Coquatrix, le cinéma Olympia est redevenu depuis le 5 février 1954 un musichall, ce qu'il était à sa création en 1893 lorsque la Goulue l'avait inauguré. Coquatrix, acoquiné avec la nouvelle radio qui monte, Europe 1, n'a aujourd'hui qu'un seul désir : débusquer de nouveaux talents pour les programmer en ses murs et les faire découvrir au plus grand nombre. C'est à cette fin qu'il crée « Les numéros un de demain », une émission en direct de l'Olympia retransmise à la radio. Jacques Paoli de la Villa d'Este n'a pas manqué de parler de Dalida à Coquatrix, qui décide de la programmer dans son grand concours. Ce jour d'avril 1956, la jeune femme sait qu'elle joue là une carte maîtresse.

Tandis que Dalida s'apprête à s'élancer sur la scène, deux hommes, Eddie Barclay, jeune producteur, et Lucien Morisse, directeur artistique d'Europe 1, dînent non loin de là au Bar romain, dans la rue Caumartin, qui jouxte le théâtre. Dans ces petites alcôves parées de fresques évoquant les délices de Capoue, on refait le monde devant le meilleur steak tartare de Paris servi par le patron, Lucien Papillon, dit César. Au terme d'un après-midi printanier baigné d'un premier soleil, les deux convives s'abandonnent à la nonchalance de l'instant. Eddie voudrait paresser encore un peu, achever la soirée au cinéma devant l'un de ces films américains qu'il affectionne tant. Lucien, lui, entend bien se rendre à l'Olympia pour y découvrir les talents glanés par Coquatrix. Pas question de se séparer là sur un coin de macadam, c'est aux dés que se jouera la soirée. Lucien l'emporte et l'on se dirige vers l'Olympia.

Après deux numéros tristes à pleurer, dans sa toge de satin blanc, celle-là même qu'elle portait à la Villa d'Este, Dalida se jette dans l'arène et lance les premières notes de sa chanson, *Étrangère au paradis*, le succès de Gloria Lasso. « Prends ma main car je suis étrangère ici, perdue dans le pays bleu… » Sa main tendue que découpe la lumière d'un projecteur perce l'obscurité. La chanteuse a déjà ce don de tirer chaque spectateur de sa passivité ; pour un peu, chacun lui prendrait la main, persuadé que c'est bien à lui et à lui seul qu'elle s'adresse. Trois hommes, ce soir, sont bien décidés à le faire. Ils sont trois comme ceux qui, en Égypte, l'avaient placée devant l'œil de leur caméra. Bruno Coquatrix, d'abord, qui dans l'écrin rouge sang et bleu nuit de son Olympe voit rayonner de mille feux la promesse d'un grand talent, mais aussi Eddie Barclay et Lucien Morisse, les deux jeunes gens qui par un malencontreux lancer de dés auraient pu manquer ce rendez-vous avec le destin.

Eddie – Édouard Rouault de son vrai nom –, trente-cinq ans, fils de bistrotier auvergnat, n'aime rien tant que le cinéma américain et son piano, sur lequel il joue sans connaître aucune note de musique ses airs de jazz favoris. Il n'a que dix-huit ans lorsqu'il monte son premier orchestre avec un certain Henri Salvador à la guitare et au chant. Ivre de fête et de sons, il crée un club de danse bientôt si célèbre qu'il doit instituer une carte de membre, une première ! Pour faire plus américain, il adopte une petite moustache à la Clark Gable et s'affuble du nom de Barclay, qui n'est autre que celui d'un marchand de l'avenue de l'Opéra chez qui il achète ses chemises. Main dans la main avec Nicole, sa femme, et toujours un œil vers cette Amérique fascinante où les innovations fourmillent, Eddie fonde en août 1951 la première compagnie de production discographique purement française. De l'autre côté de l'Atlantique, Columbia vient de lancer le microsillon trente-trois tours tandis que RCA a mis au point le quarante-cinq-tours. Barclay est aux aguets, il lorgne avec envie ces nouveaux formats, persuadé qu'ils portent la musique de demain au creux de leurs sillons. Nicole rapporte des États-Unis cent kilos de matrices de bronze sur lesquelles sont gravées les prouesses musicales des plus grands jazzmen du moment. On commence par stocker la production dans la salle de bains du studio de la rue Pergolèse avant de la livrer aux clients en triporteur. Eddie sait que son idée est la bonne lorsqu'il croise le chemin de Lucien Morisse, lequel veille sur Europe 1, la jeune radio en plein essor. Barclay a besoin que ses disques soient diffusés et Morisse que sa radio révèle de nouveaux talents.

À ce duo de choc vient s'ajouter un troisième larron, Bruno Coquatrix et son Olympia. Disque, scène et diffusion : voilà une nouvelle trinité qui ne saurait passer inaperçue dans le petit monde du spectacle. Il ne reste plus qu'à dénicher les artistes.

Sa prestation terminée, Dalida a rejoint la coulisse accompagnée de ces applaudissements bien élevés qui ne laissent rien présager de miraculeux. Elle s'apprête à réunir ses affaires, laissées dans sa loge, quand au détour du couloir obscur paraissent deux hommes. « Mademoiselle Dalida ? » apostrophe Lucien tout en lui tendant sa carte de visite. En toutes lettres : « Lucien Morisse, directeur artistique d'Europe 1. » Il voudrait l'entendre encore, parler avec elle. Rendez-vous est pris rue François-Ier dans les locaux de la station.

En route pour le siège d'Europe 1, la chanteuse se remémore les traits de ce Lucien Morisse, son visage osseux, presque disgracieux, ses cheveux crépus blonds comme une auréole de lumière, son regard azur assurément doux et bienveillant. Elle ne sait pas encore combien la vie a malmené ce jeune homme de vingt-sept ans. Juif, fils unique d'un père fourreur originaire de Pologne et mort en déportation, il porte les meurtrissures de la guerre. Derrière ses rires éclatants et sa gouaille si croustillante, ce titi parisien aux faux airs de lutin malicieux dissimule des zones d'ombre, d'obsédantes pulsions de mort. Les prédictions de son astrologue Françoise Rey sont un refuge lorsque la douleur est trop vive ; à trois reprises elle le détournera de l'appel du suicide. Pour gagner sa vie, dès treize ans il cousait des ballons de football pour un magasin de sport, puis il est allé travailler à la discothèque de la RTF, au palais Berlitz, où de sa plus belle écriture il devait noircir des étiquettes de classement. Son chemin l'a ensuite conduit dans les studios et a fait de lui, à dix-sept ans, le plus jeune producteur de radio. Pierre Sabbagh n'a alors pas manqué de le remarquer et de le présenter à Louis Merlin qui venait de créer Europe 1.

Lucien attend de pied ferme la visite de Dalida. Sur son bureau, la partition de *Barco negro*, un fado ô combien mélancolique de la grande Amalia Rodriguez. Il imagine déjà une version française interprétée par la jeune Égyptienne, mais quelle n'est pas sa déception lorsque celle-ci apparaît. « Je fus horrifié : elle avait des boucles d'oreilles qui brinquebalaient le long de son cou, des médailles en collier qui crissaient comme des gris-gris et une jupe dont les couleurs se battaient en duel », racontera-t-il. Le défi n'en est que plus tentant. Grand alchimiste aux doigts de fée, il imagine déjà avec fébrilité ce qu'il pourrait accomplir. Il faudra faire d'elle une vraie Parisienne, atténuer son maquillage de diva orientale, chasser les couleurs vives et les bimbeloteries de sa garde-robe.

Il se montre froid. Sans vraiment regarder Dalida il lui tend la partition. *A capella*, la voix claire, tout en battant le rythme sur le bord du bureau elle s'empare de la chanson avec force et conviction. Morisse ne sourcille pas, il la prie d'étudier la partition et lui promet une audition devant Eddie Barclay avant de la congédier sans plus de chaleur. Elle se retire pourtant le cœur léger, persuadée d'avoir franchi un cap. Lucien pressent, lui, qu'il vient de remplacer Gloria Lasso, dont il a façonné un an plus tôt le succès avec *Étrangère au paradis*.

Alertés par Morisse, Barclay et Coquatrix s'empressent d'agir. Tandis que le producteur propose à Dalida un maigre contrat fixant des royalties à hauteur de quatre pour cent, le directeur de l'Olympia, qui dirige aussi la scène du casino de Cabourg l'y embauche en supplément de programme. Pas question de mettre la charrue avant les bœufs, c'est sur les planches qu'un artiste forge ses armes et non dans un studio d'enregistrement. La jeune artiste ne craint pas l'effort, chaque soir elle va dompter ce public qui n'est pas venu pour elle et finira toujours par le soumettre.

Sans se soucier des oiseaux de mauvais augure qui juraient sa perte, Europe 1 a émis ses premières émissions le 7 janvier 1955. Partie à la conquête d'un jeune auditoire jusqu'alors acquis à Radio Luxembourg, la station renonce aux traditionnels speakers à l'élocution guindée pour s'entourer de meneurs de choc tels que Pierre Bellemare avec « Vous êtes formidables » et « Seul contre tous » ou encore Pierre Dac et Francis Blanche, dont l'émission « Signé Furax » fait se tordre de rire la France entière. Dans son bureau de la rue François-Ier, Lucien Morisse s'agite sans relâche pour donner vie à des programmes innovants susceptibles de concurrencer « La famille Duraton », « Reine d'un jour » ou le « Quitte ou double » de Zappy Max qui sont mis en boîte à deux rues de là, dans les studios de Radio Luxembourg, 22, rue Bayard. Les jeux et les divertissements sont une chose, mais à cette radio il manque encore une voix, une vedette qui accroche le jeune public, d'autant que l'artiste maison, Gloria Lasso, semble déjà avoir fait son temps.

Désormais persuadé que Dalida sera sa nouvelle carte maîtresse, Lucien convient avec Eddie de lui faire au plus vite enregistrer son premier disque. Eddie, qui bouillonne d'impatience à l'idée de lancer sur le marché son nouveau format, le fameux quarante-cinq-tours, convoque sans plus attendre leur nouvelle recrue. Rendez-vous est pris au studio l'Armorial pour le 28 août 1956. À la hâte, *Barco negro* a été adaptée en français et devient *Madona* sur un arrangement de guitare flamenco. Pour ce super quarante-cinq-tours, Dalida enregistre trois autres titres, *Flamenco bleu*, *Guitare flamenco* et *Mon cœur va*. Ce dernier est signé d'un certain Charles Dumont, qui connaîtra le succès cinq ans plus tard grâce à ses compositions pour Édith Piaf, parmi lesquelles *Mon Dieu* et *Non je ne regrette rien*. Le cordon n'est pas encore coupé avec le répertoire de Gloria Lasso et l'Italienne se voit contrainte, sur les conseils de Lucien, de donner dans les espagnolades.

Pygmalion dans l'âme, Morisse ne jure plus que par Dalida, elle est sa créature. La modeler devient sa plus tenace obsession, il corrige ses intonations, nuance ses éclats de voix, tandis que l'épouse de Barclay veille à corriger l'allure de la vedette en herbe. Il faut atténuer son maquillage trop marqué, lui dénicher des vêtements un peu plus parisiens, enrichir sa conversation. Dalida, pourtant, ne consent qu'à moitié à renoncer à ses atours de fille du soleil. Chassez le naturel, il revient au galop. Si elle daigne se séparer de sa quincaillerie de gitane qui lui valait les railleries de ses protecteurs, elle n'abandonne pas totalement ses audacieuses tenues. Ainsi adopte-t-elle des robes courtes dont l'encollure dégage avec hardiesse ses épaules ; la jupe bouffante très resserrée à la taille ne manque pas non plus de valoriser sa silhouette. Pas question de renoncer à l'épais trait de rimmel qui souligne ses paupières ni même d'assagir la cascade de cheveux sombres qui se jette dans l'arrondi de ses épaules. L'apprentie vedette sait déjà qu'elle ne doit pas transiger sur ce qu'elle est. Eddie et Lucien comprennent d'ailleurs jour après jour qu'elle est un personnage à part entière. Sa voix de rocaille, sa démarche chaloupée, son regard charbonneux et jusqu'aux plis de ses étoffes moirées proclament son identité de fille d'Orient. C'est ce trésor qui saura nourrir les rêves du public, il n'est plus l'heure de le contester.

De concert, Morisse et Barclay imaginent pour leur chanteuse une promotion qui fera bien des émules : le matraquage. Cette première chanson, *Madona*, ils vont la programmer en boucle sur les ondes d'Europe 1 à des heures stratégiques, au petit matin avant que les auditeurs ne rejoignent leur travail, au déjeuner puis plusieurs fois le soir. Il faut toucher au cœur le public, les publics ! Des enfants aux ménagères, en passant par les ouvriers et leurs patrons…

Si, au milieu des années 1950, la France ne compte encore qu'une dizaine de milliers d'écrans de télévision, les postes de radio, eux, sont, omniprésents. Dans un coin de chaque salon se tient, magistrale, l'imposante TSF sertie de bois – de loupe pour les plus chics. En pensant à ces auditeurs qui pour la plupart ne connaissent pas le visage de ceux qui parlent ou chantent dans le poste, Eddie Barclay a une idée lumineuse : il faut en finir avec les pochettes de disques immaculées. Une photo de l'artiste doit y figurer. Bouche pulpeuse et gourmande, regard surligné de khôl, cou dénudé, épaisses boucles sombres, le tout dans des teintes sépia : pour la première fois, le visage de Dalida s'expose. Pour les journalistes qui la découvrent, elle est déjà « l'Orchidée noire ».

La première fois qu'elle entend sa voix à la radio, après que Lucien l'a prévenue de l'imminente diffusion de son disque, elle ne se reconnaît pas. Le public ne manque pas à son tour de s'interroger, on se demande même s'il s'agit d'un homme ou d'une femme. Les graves de son timbre semblent dérouter les auditeurs ; Morisse et Barclay se frottent les mains, il est toujours bon d'attiser la curiosité. Qu'importe si les ventes du disque stagnent, il faut persévérer, imposer coûte que coûte cette voix qui surprend. Eddie prolonge pour quatre années le contrat qu'il avait d'abord signé pour un an. Deux mois se sont à peine écoulés depuis le premier enregistrement que déjà Dalida grave quatre nouvelles chansons, dont *Le Torrent* sur une musique d'Italie et *La Violetera* qui, créée en Espagne par Sara Montiel, remporte tous les suffrages.

Avec soin, elle emballe ses deux premiers disques et imagine la joie des siens à Choubra lorsqu'ils découvriront dans le colis le visage de leur Yolanda sur papier glacé, sa voix gravée dans les sillons de la galette. Et la maison est bien en fête ce jour-là après le passage du facteur. Fou de joie, Bruno, le petit frère, s'empare aussitôt des disques et les porte à la radio du Caire. Son enthousiasme est si communicatif que les huit chansons de Dalida trouvent bientôt leur place sur les ondes égyptiennes. Las de passer son temps à guetter leur diffusion, Bruno achète son premier Teppaz, ce petit électrophone contenu dans une mallette, outil magique entre tous, et c'est tout Choubra qui résonne maintenant du chant de la fille Gigliotti.

Dalida se languit de tous les revoir, de les serrer dans ses bras et de leur conter ses prouesses, mais elle a encore bien trop à faire pour s'éloigner de Paris. Ne se pourrait-il pas aussi qu'un homme l'y retienne ?

Et si, insidieusement, entre deux séances d'enregistrement, l'amour avait fait son nid ?

5

Mademoiselle Bambino

La chanson est la sève de l'âme
Et le remède des malades.
Elle guérit les cœurs souffrants,
Énigme suprême des médecins
Elle occulte l'obscurité nocturne
Et illumine les yeux des aimés.
Un tout petit peu, un tout petit peu,
Chante-moi et prends mes yeux.

Chante-moi un tout petit peu,
paroles de Mahmoud Bayram Ettounsi,
musique de Zakaria Ettounsi,
chanté par Oum Kalsoum.

Aux premiers jours de cette année 1956, le 5 janvier, Mistinguett s'est éteinte. Le Maroc et la Tunisie ont accédé ces dernières semaines à l'indépendance et, non loin de là, le dernier soldat britannique a quitté le sol d'Égypte juste avant que Nasser n'annonce la nationalisation du canal de Suez dans un discours enflammé prononcé devant cent cinquante mille Cairotes. Une page se tourne.

Il y a deux ans, le premier modèle français de juke-box est sorti de l'usine Marchand de Levallois, et le Teppaz commence à envahir les chambres d'adolescents. Mais Dalida, elle, attend toujours son hymne, la chanson incontournable qui fera d'elle une grande vedette. Morisse et Barclay, aux aguets, se sont lancés dans une course contre la montre. Avant tout le monde, il leur faut dénicher cette ritournelle obsédante et tenace qui une fois dans le creux de l'oreille ne se laissera plus déloger.

Loin des désordres du monde, les rossignols du moment, Luis Mariano, Tino Rossi, Dario Moreno, Marino Marini et quelques trios de cha-cha-cha rivalisent d'astuce pour imposer la rengaine la plus ensoleillée.

Interprètes et producteurs arpentent l'Italie et l'Espagne en quête de ces airs sucrés tant en vogue, on prend des options sur des succès locaux et l'on concocte des adaptations françaises émaillées d'assonances en *i* et en *a* qui fleurent bon la Méditerranée. Les mots « sérénade », « fado », « madone », « mantille » ou « flamenco » ponctuent tous les couplets.

De plus en plus nerveux, Barclay a dépêché Philippe Boutet, l'un de ses éditeurs, à Naples où se tient le festival de la chanson napolitaine. Ce dernier s'en revient visiblement satisfait avec *Guaglione (Gamin)*, un grand succès de Marino Marini sur une musique de Fanciulli. De la mandoline, du soleil, des accents mélancoliques et un refrain gai : la recette idéale. Eddie a enfin mis la main sur ce qu'il cherchait et Boutet, qui pensait avoir débusqué le prochain tube de Gloria Lasso, doit se rendre à l'avis du patron et céder sa trouvaille à Dalida, qui n'est pourtant à ses yeux qu'une débutante. Jacques Larue, auteur de *Cerisier rose et pommier blanc*, appelé à la rescousse dans la plus grande discrétion, se voit chargé de l'adaptation française. Les vers un à un se déroulent…

Les yeux battus, la mine triste et les joues blêmes,
Tu ne dors plus, tu n'es que l'ombre de toi-même…

Il manque encore un titre, un leitmotiv. S'impose *Bambino :* voilà un mot italien compréhensible pour tous, un mot tendre et entraînant à la fois. Dalida, tout comme ses protecteurs, est emballée par cette nouvelle chanson. Elle la reprend en jouant de ses doigts fins qui feignent de gratter la mandoline. Parce que l'on craint qu'un autre adepte des reprises de standards italiens ne s'empare du trésor, elle entre en studio dans le plus grand secret le 28 décembre 1956. Toujours très soucieux de la pochette du disque, Eddie Barclay décide cette fois de se passer du seul visage de l'artiste au profit d'une mise en scène. Il organise des prises de vue avec deux jeunes garçons susceptibles d'incarner le fameux *bambino*. L'un d'eux sera retenu, mandoline contre la poitrine, tandis que la chanteuse, la taille comprimée et la poitrine orgueilleuse dans son caraco blanc, adossée à un mur pittoresque savamment décrépi comme on imagine en rêve que le sont ceux de Naples, lève les yeux vers le ciel et pose une main tendre sur l'enfant.

Tout est enfin prêt. Barclay lance le quarante-cinq-tours dans les bacs et Morisse martèle le titre à toute heure du jour sur les ondes de sa station. Aussitôt le public mord à l'hameçon. La voix de l'artiste se répand comme une traînée de poudre, on scande son nom avec délice et ce « Da-li-da » s'arrondit en bouche avec de faux airs de mot tendre. La fille d'Égypte et son public commencent à se livrer à un émouvant cœur à cœur. En ce printemps 1957, la jeunesse française attrape un coup de soleil. La mine réjouie, elle se pavane fièrement, emboîtant le pas à ses idoles incendiaires, la blonde Brigitte Bardot, dont les formes sacrilèges s'affichent dans *Et Dieu créa la femme*, et la brune Dalida, qu'un *bambino* énamouré propulse au firmament de la gloire. Au diable les nattes et les petits cols Claudine de Marie-Josée Neuville, et vive les décolletés pigeonnants et les coiffures moutonnantes ! Alors que depuis quelques semaines seulement *Bambino* sillonne les ondes sans relâche et flirte déjà avec les deux cent mille exemplaires vendus, les jeunes filles se rêvent aussi échevelées que Bardot et Dalida réunies. En arrêt devant la photo de l'Italienne qu'elles ont religieusement affichée à l'intérieur du couvercle de leur Teppaz, elles chargent leurs paupières du khôl le plus sombre, leurs lèvres d'un carmin aussi luisant qu'une confiture de fraises, et serrent leur ceinture d'un cran ou deux. Rentrer son ventre, bomber le torse avec orgueil et battre des cils avec ingénuité, tout un art pour ces séductrices en herbe. Morisse et Barclay se réjouissent d'une telle déferlante et leur chanteuse obéit au rythme de la machine de guerre qu'ils ont mise en place rien que pour elle. Ainsi consent-elle à embellir la vérité en contant aux journalistes comment, tranquillement attablée à une trattoria napolitaine, elle a saisi au vol la douce mélodie de *Guaglione* – petite invention dont elle se sent aussitôt coupable.

La débutante apprend vite. Pas question de s'en laisser conter, de renoncer à sa vérité pour le bon plaisir des uns et des autres ou de se laisser endormir par les effluves de la gloire. Imprévisible, elle refuse même vertement l'engagement que lui propose Bruno Coquatrix en supplément au programme de Georges Guétary. Le chanteur d'opérette vient en effet d'enregistrer *Bambino* et compte bien empêcher Dalida de chanter son morceau de bravoure. Elle a déjà tourné les talons lorsque le maître des lieux, quelque peu amusé et non moins charmé par l'aplomb de la demoiselle, la rattrape au vol et l'inscrit au programme précédent, celui de Charles Aznavour, du 27 février au 19 mars 1957, déjà doté d'une flopée de clowns, danseurs et autres duettistes. Avec pour seul répertoire quatre chansons, elle fait un tabac. Le public ne veut plus la laisser sortir de scène. À trois reprises elle reprend *Bambino* sous les vivats des spectateurs venus applaudir Aznavour puis, dans sa robe de mousseline turquoise, s'efface tandis que s'embrassent les pans rouge sang du rideau.

L'artiste est de ces artisans qui ne connaissent ni sécurité ni repos. Chaque jour, dans le secret de son atelier, il parfait son ouvrage. Chaque soir, en pleine lumière, il ensemence, comme pour la première fois, le sillon qu'il a creusé la veille. Dalida le sait et ne craint pas l'effort. Elle se réjouit d'être engagée en vedette américaine à Bobino et de partir en tournée d'été avec Annie Cordy. De soir en soir, elle peaufine son chant et sa gestuelle. D'entre ses doigts fins et agiles semblent s'échapper vers le ciel de nuit des volées d'oiseaux. « Quand elle parle au *bambino*, nous le voyons. Quand elle chante *La Violetera*, on sent les violettes », écrit la journaliste Jacqueline Cartier. Même les plumes acérées des critiques de spectacles tant redoutés se font de velours sous la caresse de son chant, sauf celle de Paul Giannoli, pour qui « la première agression de Nasser contre la France ce n'est pas le canal de Suez, c'est Dalida ».

Le 19 septembre 1957, après que *Bambino* a triomphé tout l'été, elle retrouve l'Olympia trois semaines durant en vedette américaine de Gilbert Bécaud. Le premier soir, elle reçoit un disque d'or pour trois cent mille exemplaires vendus de son tube et se voit affublée des titres de « Miss Quarante-Cinq-Tours » et de « mademoiselle Bambino ». Ce succès tant espéré quand il faisait faim dans le froid de sa mansarde, la chanteuse le serre fort au creux de sa main. Dans la salle, sa mère, que la fureur des fans venus acclamer Bécaud effraie, que la vie décidément si trépidante de sa fille inquiète.

Battons le fer pendant qu'il est chaud ! Dalida ne se repose pas sur son premier succès et enregistre *Tu n'as pas très bon caractère*, *Le Ranch de Maria*, *Buenas Noches mi amor* ou encore *Quand on n'a que l'amour*, une chanson qui vient de permettre à un certain Jacques Brel de s'imposer sur les ondes. Pendant ce temps, Lucien et Eddy sont à l'affût d'un nouveau *Bambino*, du titre miracle qui une fois encore fera exploser les ventes de disques. Une ritournelle aux accents de Méditerranée, avec un brin d'amour et beaucoup de soleil. Ce refrain-là arrive enfin, c'est *Gondolier*. Tandis que la guerre d'Algérie tourmente la France, que l'exil déchire le cœur des pieds-noirs, Dalida, d'un geste gracile et aussi léger que le zéphyr, feint de manier avec maestria la rame de la gondole vénitienne. Au son de la mandoline, la belle étrangère, cheveux d'ébène, dents de perle et bouche gourmande rouge sang, ondule avec superbe, emportant dans sa danse, avec les frous-frous moutonnants de ses jupons blancs, les soucis d'une France bouleversée.

Elle n'est pas femme à se noyer dans le reflet de sa beauté, de même qu'elle ne s'enivre pas de l'élixir de son propre succès. Trop peu sûre d'elle pour parader la fleur au chapeau, elle cherche dans le regard de l'autre une approbation, une tendre reconnaissance. L'autre, c'est Lucien Morisse. Il est son créateur, l'artisan attentif et protecteur qui encourage aussi vivement qu'il moleste. Dans ses yeux azur d'oiseau égaré, elle décèle tant de fragilité qu'elle rêve de lui plaire. Au fil des jours passés en studio ou en coulisses, des nuits consumées à refaire le monde, tous deux s'apprivoisent. Pour mieux masquer les lames de fond qui lui traversent l'âme, Lucien cultive le bon mot avec une irrésistible drôlerie. Dalida rit à gorge déployée ; elle n'est pas dupe pour autant, la gravité du garçon est palpable, tapie au coin d'un sourire, à peine voilée par quelque fanfaronnade. Longues et belles sont ces heures égrenées ensemble en toute innocence. Mais Morisse est marié et papa, se dit-elle, comme pour se détourner de quelque sentiment interdit. La franche camaraderie a néanmoins des faux airs de parade amoureuse. Toutes les occasions sont bonnes pour se retrouver, qu'importent l'heure et le jour. Une partition à travailler, une émission à préparer… Silencieuse, la chanteuse ne peut s'empêcher d'espérer que son pygmalion lui voue des attentions plus tendres et intimes, qu'il se déclare enfin. Elle épie ses maladresses, interprète ses regards et finit toujours par se désoler, tout à coup persuadée qu'il ne voit en elle rien d'autre que son artiste. Elle s'habitue tristement à ce qu'en toute courtoisie il la dépose au seuil du petit appartement qu'elle loue rue Balzac. Mais un soir, enfin, il reparaît peu de temps après l'avoir quittée, un livre de mots croisés à la main. Il connaît son goût pour cette gymnastique de l'esprit et lui propose un entraînement nocturne. À peine a-t-elle le temps de lui faire remarquer l'heure tardive qu'il clôt ses lèvres d'un baiser.

De cet amour de femme la chanteuse se nourrit avec gourmandise. Dans l'élan naissent de nouvelles chansons, toutes des triomphes. « On sait qu'une chanson est bonne quand les gens la chantent dans la rue », déclare Dalida. De fait, ses airs sont sifflés par les ouvriers, chantonnés par ces dames et repris par leurs filles : *Le Jour où la pluie viendra*, de Bécaud, *Histoire d'un amour*, adaptée par Francis Blanche d'une célèbre chanson latino-américaine, *Guitare et tambourin*, *Hava Naguila*, à la fois en hébreu et en français sur des paroles de Charles Aznavour, *Les Gitans* ou *Come prima* qui, au même titre que *Bambino* et *Gondolier*, caracolent en première place des hit-parades. Autant de succès qui lui valent de recevoir en cette année 1958 les Bravos du Music-Hall en même temps qu'Yves Montand et l'Oscar de Radio Monte-Carlo. Un comble pour celle qu'une radio concurrente a propulsée au sommet de la gloire ! On lui demande même d'apparaître aux côtés d'Eddy Barclay dans le film *Brigade des mœurs* – qui ne laissera pas une trace impérissable. Suivra bientôt le tournage de *Rapt au deuxième bureau*, guère plus mémorable.

Un peu plus de deux années se sont écoulées depuis le lancement retentissant de *Bambino*. Dalida a déjà enregistré quatorze quarante-cinq-tours de quatre titres chacun et trois disques grand format, elle a parcouru des milliers de kilomètres en tournée et brûlé les planches de l'Olympia et de Bobino en supplément de programme, en vedette américaine ou anglaise. C'est dire si elle est un phénomène. À l'automne 1958, l'heure est venue de lui offrir pour la première fois un passage en vedette sur une scène parisienne. Ce sera Bobino lors de sa réouverture aux premiers jours d'octobre. Plutôt que de jeter sa chanteuse dans l'arène, Lucien Morisse a patiemment observé ses progrès, tant dans la qualité de sa voix que dans la richesse de sa gestuelle. Elle lui apparaît rodée, aguerrie et parfaitement prête à tenir un public en haleine dans un tour de chant complet.

Vêtue d'une robe de velours écarlate créée par Jean Dessès – bustier sans bretelles, taille comprimée et jupe abat-jour –, Dalida s'approche du micro. Les mille trois cents spectateurs du music-hall de la rue de la Gaîté ne sont venus que pour elle, rien que pour la fêter. Au fil de ses tubes couleur de soleil, elle les réchauffe et les égaie. Avec *Tu m'étais destiné*, adapté du standard américain de Paul Anka, pinçant la corde dramatique, elle surprend et saisit. Avec *Les Gitans*, l'épaule offerte, la pose arrogante et le regard brûlant, elle finit de les envoûter. Ce sont toutes les diseuses de bonne aventure et les bailadoras de flamenco qui semblent surgir. Le lendemain de la première, la presse loue la force du sortilège. « La chanson de charme a sa chanteuse de choc. Crinière à la Samson et voix capable d'ébranler un plafond de musichall, c'est Dalida. [...] Admirons les ingénieurs qui conçoivent des micros capables de résister à un pareil ouragan », se réjouit Paul Carrière dans *Le Figaro*.

Lucien a quitté femme et enfant et rejoint sa chanteuse dans le duplex très cosy qu'elle s'est acheté rue d'Ankara, dans le seizième arrondissement, avec une salle de bains Arts déco des plus spacieuses, un bel escalier de marbre noir reliant les deux niveaux et de luxueuses boiseries dans la salle à manger. Dalida se plaît à peaufiner la décoration de son appartement : moquette azur, bibelots chinois, table ronde laquée noire, chaises en bois blanc tapissées de velours sombre... et toujours de belles compositions florales. Elle s'imagine en maîtresse de maison modèle attendant, chaussée de ses pantoufles de vair, le retour de son homme, elle se voit en rêve exercer des talents culinaires qu'elle n'a pas. Sa vie est tout autre.

Lucien et elle courent d'un gala en province à un plateau de télévision et ne connaissent d'autre refuge que le studio d'enregistrement où main dans la main ils donnent vie à des chansons. Elle doit aussi apprendre à compter avec l'ardeur des admirateurs, le poids des regards, et renoncer à sa liberté si chère. Bien loin du fantasme d'une vie paisible, elle se livre tout entière à son public, non sans violence parfois, comme ce jour où, à Valenciennes, quelques féroces aficionados, des ciseaux à la main, se sont jetés sur elle pour lui voler des mèches de cheveux. Pour plaire à son public et à « Lucien le miracle », comme elle appelle son compagnon, elle se veut parfaite et s'impose une discipline redoutable. Chaque spectacle est une mécanique rigoureusement huilée qu'un grain de sable suffirait à enrayer. Gare aux petits imprévus susceptibles de déchaîner les incontrôlables fureurs de la chanteuse.

L'étranger la réclame, l'Italie et l'Égypte attendent la visite de l'enfant prodige, mais aussi l'Allemagne et même l'Amérique. Au fil de ces voyages et hommages, la pression monte encore d'un cran. Au lieu de l'apaiser, de la réconcilier avec elle-même, le triomphe la ronge autant qu'il la motive. Se disputent en elle deux forces contraires, d'un côté la satisfaction d'avoir décroché son inaccessible étoile, de l'autre la crainte de se brûler les ailes, de décevoir. Ses appréhensions ne la condamnent pourtant pas à l'immobilisme. Avec l'aplomb du petit soldat, elle ne bat pas en retraite et se prête au jeu des conquêtes. Après une première visite sur la terre de ses ancêtres, l'Italie, où *I Zingari*, l'adaptation italienne des *Gitans*, est déjà numéro un, et un détour par Berlin où sa version allemande de la chanson de Bécaud *Le Jour où la pluie tombera* rencontre un succès colossal en quelques semaines seulement, mademoiselle Bambino débarque en Amérique.

Norman Grantz, qui veille entre autres aux intérêts d'Ella Fitzgerald, croit en Dalida. C'est après l'avoir découverte au cours d'un séjour en France qu'il l'a priée de lui rendre visite à New York. Le 26 décembre 1958 elle est au rendez-vous. Depuis sa belle chambre surplombant Central Park, par les fenêtres embuées elle contemple les gratte-ciel qui semblent avoir déchiré, de leur sommet pointu, les entrailles de la terre puis le ventre du ciel. Entre les arbres effeuillés du parc slalomment des chapelets de sportifs emmitouflés. Les sirènes des voitures de policc retentissent en chœur, les taxis jaunes égaient le macadam gris que percent des aérations de métro fumantes. Les jours suivants, Dalida peine encore à se réchauffer. Les attentions charmantes de l'imprésario, les rencontres passionnantes n'y font rien. Elle se sent comme dissoute dans cette démesure. Le contrat que lui tend Grantz n'est pas pour la rassurer : un engagement pour quinze ans et la promesse de faire d'elle la diva des films musicaux, rien que ça ! Et au passage, l'abandon de toute liberté. Répertoire, rôles, coiffures, tenues de scène seront sous le contrôle absolu d'une armada de professionnels endurcis. Elle plie bagage et prend la poudre d'escampette. Elle a jusqu'alors été l'artisan de son succès et entend bien le rester.

Quelle joie, après le froid de l'hiver new-yorkais, de passer ce début d'année 1959 en Égypte ! C'est un retour de star qui a mobilisé journalistes, photographes et admirateurs. « La voix du siècle », titre le *Journal d'Égypte*, tandis que la jeune génération se lamente de ne pouvoir assister aux deux récitals qui affichent déjà complet. On relate non sans émotion comment la Parisienne – « notre Dalida », écrit un journaliste – s'est empressée de déguster les délices de la cuisine égyptienne. Le temps d'un week-end elle se produira le premier soir au cinéma Rivoli, célèbre depuis qu'il accueille Oum Kalsoum et son public en transe chaque premier jeudi du mois, et le deuxième au cinéma Kasr el-Nil. En quatorze chansons, toutes en français, l'enfant de Choubra scelle un pacte d'amour avec son pays natal. Le rideau se referme et Yolanda se réfugie dans les bras de sa mère. En quelques clichés on immortalise les retrouvailles : Peppina, Yolanda et ses deux frères attablés joyeusement à l'hôtel Hilton ; Yolanda, en robe blanche à bretelles et ballerines, prenant la pose à dos de chameau près d'un fellah sur le site de Guizèh, entre le Sphinx et les pyramides.

Quelques jours plus tard, Beyrouth puis Athènes l'acclament. D'une rive à l'autre de la Méditerranée, la vague Dalida déferle. On la réclame en Israël et en Turquie, tandis que dans les souks d'Algérie on affiche sa photo aux côtés de celle du général de Gaulle. Quant aux compteurs des dix mille juke-box parsemés dans toute la France, ils indiquent qu'elle est de loin la chanteuse la plus écoutée. Chaque appareil compte au moins deux de ses titres, elle est même la seule femme à concurrencer les Bécaud, Anka et Distel et à avoir son fan-club. Son palmarès d'exception lui vaut d'être choisie par Bruno Coquatrix pour inaugurer au Théâtre de l'Étoile une nouvelle formule de spectacle intitulée « Music-hall juke-box ». À cette grande soirée de gala du 27 septembre 1959 se presse le Tout-Paris – tout au moins une bonne partie : les absents assistent au concert de Frank Sinatra qui est de passage à Paris. On n'a d'yeux que pour la brune Dalida et la blonde Bardot accompagnée de son amoureux Jacques Charrier.

La chanteuse impose sans cesse de nouveaux tubes : *Ciao, ciao, bambina*, *Tout l'amour*, *Ce serait dommage*, *Love in Portofino* ou encore *La Chanson d'Orphée*, tirée du film *Orfeo Negro*. Dalida la star annexe toujours plus de territoires à son empire musical, tandis que Yolanda la femme se promet d'être maman dans trois ans et de se retirer de la scène dans dix. Le désir d'être une épouse continue de la tarauder mais la fait fuir dès qu'une date de mariage est avancée. Le divorce de Morisse vient d'être prononcé et la voilà au pied du mur. Lucien s'impatiente, les journalistes plus encore. De rumeur en report, ils ironisent à propos de ces noces qui se font attendre et surnomment le couple « les éternels fiancés ». La lenteur de l'administration égyptienne qui doit faire parvenir à Dalida ses papiers d'état civil lui rend un fier service : c'est un répit supplémentaire avant le grand saut. Quand les précieux documents arrivent enfin à bon port, elle prétexte l'opposition de Félix Marouani, son imprésario, en raison d'un calendrier trop chargé. Elle ne doute pas d'aimer Lucien, mais est-ce vraiment pour de bonnes raisons ? « Il est non seulement l'homme mais le miracle de ma vie », confie-t-elle, expliquant combien il lui a donné confiance en elle, comment il lui appris à s'habiller, à choisir son répertoire, à dominer son tempérament ombrageux et ses colères torrentielles. Mais l'amoureuse rêveuse attend plus de légèreté et de folie d'une romance. À vingt-six ans elle aspire à quelque insouciance alors que Lucien ne lui assure qu'une existence ordonnée, confinée, protégée dans la tour d'ivoire de la rue d'Ankara ou en vacances d'hiver, le temps de quelques jours volés au travail. Il serre sa taille et sa main de toutes ses forces par crainte que sa créature ne lui échappe, balayée aux quatre vents de la gloire. Tous ces regards de convoitise posés sur elle, ce jeu de séduction tout feu tout flamme qui la lie au public sont de bien grands dangers pour un homme amoureux. Elle joue avec la perle qu'elle porte à l'auriculaire, offerte par Lucien, et s'interroge : est-il l'homme rêvé, celui qui saura la consoler du rendez-vous manqué avec son père, des colères sombres de Pietro qui parfois encore résonnent dans sa mémoire ? Mais l'action l'emporte toujours sur la contemplation. L'Iran, le Japon et la Hollande attendent sa venue, il faut chanter.

À l'instant de fouler la scène, Dalida est une autre,

légère et libre, affranchie de ses chimères et rendue ivre par la miraculeuse rencontre avec le public. Le retour au plus sombre des coulisses, derrière la loupiote du régisseur qui danse au sol, est une épreuve douloureuse. Elle n'aime que la lumière des projecteurs et les regards brillants d'envie de ses adorateurs. Après le spectacle, seule dans sa loge écrin, il lui faut de nouveau s'amarrer à la vraie vie en espérant le rendez-vous du lendemain. L'attente est noyée dans le jeu jusqu'au bout de la nuit. Les casinos ont des allures de théâtres avec leur moquette épaisse qui porte ses pas feutrés, les riches dorures et les miroirs biseautés qu'embrasent mille feux. Dalida est joueuse. Toujours ce goût du frisson, de l'émotion suprême pour mieux déjouer les pièges de l'ordinaire et du banal. Plutôt tout perdre avec superbe que gagner sans panache, plutôt mourir que vivre sans passion.

Voilà quatre ans qu'elle rafle toutes les récompenses, que son chant nourrit les juke-box de l'Europe. En cette année 1960, avec *L'Arlequin de Tolède*, *C'est un jour à Naples*, *O sole mio*, *Romantica* et *De Grenade à Séville*, la belle confirme l'identité italo-hispanique de son répertoire mais lui donne aussi un peu de sang brésilien avec *Dans les rues de Bahia* et des racines grecques avec *Les Enfants du Pirée*. Cette dernière chanson est née à Athènes quelques mois plus tôt, au petit matin, sous les doigts fébriles du compositeur Manos Hadjidakis et entre les lèvres d'une certaine Nana Mouskouri dont la voix d'or caressera bientôt toute l'Europe. Le film *Jamais le dimanche* a remporté la palme d'or au festival de Cannes et sa chanson *Ta Pedia tou Pirea* a envahi les ondes, interprétée par Melina Mercouri. Tandis que la vague grecque déferle sur le monde, Lucien Morisse présente la chanson à Dalida et la lui fait aussitôt enregistrer en français. Dans le plus grand secret, alors que le rideau vient de tomber sur le gala qu'elle donnait en province, elle rentre à Paris, passe la nuit à poser sa voix sur la bande-orchestre et remonte dans la voiture pour honorer son tour de chant du soir. Après ce nouveau coup de poker, elle se retrouve numéro un des ventes de disques en France. Suivent les versions italienne, allemande et même grecque pour un triomphe de dimension européenne.

Néanmoins, sa redoutable intuition, son instinctive connaissance du public lui font sentir que le vent pourrait bien tourner. On se détourne peu à peu de la Méditerranée pour jeter un œil du côté de l'océan. Le rock and roll venu d'Amérique intrigue et fascine. Mandolines et tambourins auraient-ils fait leur temps ? Guitare électrique et batterie en seraient-elles à sonner le glas des refrains ensoleillés ? Au milieu des années 1950, Bill Haley, d'abord connu d'un public averti pour son répertoire country et western, a explosé avec *Rock Around the Clock*. Le quarante-cinq-tours de cette chanson, extraite du film de Richard Brooks *Graine de violence*, s'est vendu aux États-Unis à un million et demi d'exemplaires. À Paris, seul le Golf Drouot diffuse le disque. Des jeunes en blouson noir accourent pour se déhancher sur ces rythmes jugés diaboliques par certains. En Amérique, le jeune Elvis Presley n'est plus filmé qu'en gros plan tant ses ondulations du bassin sont jugées contraires à l'ordre moral. Au Golf Drouot toujours se pressent les jeunes de la bande de la Trinité, dont un certain Jean-Philippe Smet, bientôt rebaptisé Johnny Hallyday, Jacques Dutronc ou encore Claude Moine, leader des Chaussettes noires et futur Eddy Mitchell.

1960 marque ainsi un tournant. Si les sœurs Étienne

triomphent aux Invalides et Catherine Sauvage à l'ABC, si Jacqueline Boyer remporte l'Eurovision avec *Tom Pilibi*, la jeune génération, elle, se bouscule au portillon pour imposer sa musique venue d'outre-Atlantique. Le 13 février, une séance de dédicaces de Richard Anthony qui présente son disque *Nouvelle Vague* provoque une telle émeute que la police doit intervenir. Le 18 avril, parrainé par Line Renaud, le jeune Johnny Hallyday fait sa première apparition télévisée dans l'émission « À l'école des vedettes ». Il chante *T'aimer follement*, un titre que Dalida a sorti deux mois plus tôt. Les reprises ont beau être très courantes à cette époque, Lucien Morisse est furieux de cet emprunt. Il ne manque pas de passer le titre du petit nouveau sur ses ondes mais proclame : « C'est la première et dernière fois que vous l'entendez ! » Joignant le geste à la parole, il brise en deux le vinyle. Cela n'empêche pas le jeune artiste de faire sur scène des débuts tonitruants quelques mois plus tard, le 20 septembre à l'Alhambra, lors de la première de l'humoriste Raymond Devos. À l'orchestre, un public médusé par ce qu'il voit et entend et aux balcons tous les habitués du Golf Drouot venus soutenir leur copain prodige. Le gosse de dix-sept ans, qui a des cheveux blonds comme les blés et des yeux turquoise à faire se damner une sainte, interprète *Laisse les filles* et *Souvenirs, souvenirs* en s'accompagnant à la guitare avant de tomber à genoux et de se rouler par terre. On craint que le balcon ne s'effondre sous les vivats d'une jeunesse survoltée tandis que dans leurs fauteuils d'orchestre les spectateurs hébétés ont la sensation que le dégénéré qui leur fait face est pris d'une crise de démence. « Le music-hall de papa et de grand-papa est mort ce soir », affirment certains sur le trottoir de l'Alhambra avant d'attraper le dernier métro.

Attentive, Dalida amorce le virage en enregistrant *Itsi bitsi, petit bikini*, une rengaine dans l'air du temps, entraînante et amusante, qui twiste bien sans pour autant s'éloigner du répertoire méditerranéen qui a fait son succès. Elle semble rajeunir. Elle abandonne les chignons à étages pour des couettes ou des nattes qui lui donnent un air espiègle, se débarrasse de ses jupons et décolletés plongeants d'un autre temps pour revêtir des petits pantalons corsaires et des blouses Vichy, elle troque ses talons aiguilles de femme fatale contre des ballerines d'adolescente. Désireuse d'évoluer, de s'évader de la chanson légère, elle enregistre *Milord*, la chanson de Moustaki créée par Piaf, en allemand et en italien. Après le succès rencontré outre-Rhin par sa reprise du *Jour où la pluie viendra* de Bécaud, elle se hisse de nouveau en tête des ventes en mai 1960 en Allemagne avec *Milord*. Elle commence à se tailler une réputation de chanteuse à textes, française qui plus est. Définitivement parisienne, elle apparaît aussi le 31 décembre 1960 dans le grand show de fin d'année de la télévision sous les traits d'une meneuse de revue. Les jambes nues, le justaucorps constellé de paillettes, les épaules parées d'un bouquet de plumes, elle descend le grand escalier et, remplaçant ses *r* roulés par une gouaille toute parisienne, elle entonne l'hymne de Mistinguett, *Je suis née dans le faubourg Saint-Denis*.

Quelques portes ont claqué et le ton a souvent monté entre les deux « éternels fiancés », bisbilles que bien entendu la presse n'a pas manqué de chroniquer jour après jour, mais tout cela est oublié puisque enfin, c'est officiel, Dalida et Lucien Morisse se marieront le 8 avril 1961. Sur fond de *24 000 Baisers* et de *Garde-moi la dernière danse*, en tête des hit-parades, les amants terribles se sont bel et bien décidés, après cinq années d'amour, à officialiser leur union.

Par un doux matin de printemps, à la mairie du seizième arrondissement, Yolanda Gigliotti, dans une robe d'organza à imprimé fleuri bleu, rose et mauve avec manteau assorti signé Balmain, s'apprête à devenir madame Lucien Morisse. Tandis que photographes et reporters venus en nombre immortalisent dans la bonne humeur ce rendez-vous du bonheur, une ombre plane : l'absence du petit frère de la mariée. Les minutes défilent et toujours pas de Bruno à l'horizon. En l'absence de Peppina, retenue au Caire pour la vente de la maison familiale en vue de son installation définitive à Paris, Dalida a souhaité la présence du cadet. « Commençons sans lui, ça lui apprendra pour la prochaine fois ! » s'exclame-t-elle, une bourde qu'elle étouffe aussitôt en mettant la main sur sa bouche.

Il est 11 h 40, quand Bruno fait son apparition. L'adjoint au maire peut enfin procéder au rituel. Face aux trente invités triés sur le volet, il ouvre son grand livre noir et énonce les commandements du mariage. Une couronne de micros a beau entourer la mariée, on entend à peine le « oui » de la chanteuse, pourtant habituée à donner de la voix. Avec difficulté, Lucien glisse l'alliance à l'annulaire gauche de sa promise tandis que celle-ci essuie une petite larme. Combien de fois, petite fille, n'a-t-elle pas rêvé de ce jour ? Et tant pis si elle a dû, vivant « dans le péché », renoncer à la robe blanche.

Eddie Barclay, le témoin, a personnellement veillé à la décoration de l'extérieur de la mairie : il a fait disposer une ribambelle de guirlandes auxquelles ont été accrochés des quarante-cinq-tours. Quand les nouveaux mariés ressortent, ils sont accueillis par une pluie de serpentins et de confettis, ainsi que par l'orchestre de Raymond Lefèvre qui entonne les plus grands succès de la chanteuse.

Yolanda n'a pas le temps de profiter de ses noces, Dalida la rattrape déjà et exige qu'elle cède à l'appétit du public et se prête au jeu des photographes. Une séance de prises de vue a été prévue à la foire du Trône. Le soir, enfin, entourée d'une vingtaine d'amis proches, loin des bousculades et des cris, mademoiselle Bambino et son pygmalion de mari se réfugient à l'auberge de la Moutière à Montfort-Lamaury. Leur amour, pourtant, a commencé de mourir.

6

Le temps des idoles

Si je me suis battue debout contre les ombres
Et cachée dans la nuit pour étouffer ma voix,
Des bravos et des larmes seront ma récompense.
Pour un rideau qui tombe, un autre qui se lève,
Demain et dans mille ans je recommencerai.
Voilà pourquoi je chante,
paroles de Pascal Sevran,
musique de Jeff Barnel, 1978.

« La première lune après le mariage est de miel, celles qui la suivent sont d'absinthe », dit un proverbe arabe. De cette lune de miel qui désigne le premier mois du mariage, quand, entre les époux, tout n'est que tendresse et douceur, la vedette ne goûte pas le moindre quartier. Le public n'attend pas, elle repart à sa rencontre pour une nouvelle tournée. Le soir, seule dans sa chambre d'hôtel après le spectacle, elle repense à l'amour reçu deux heures durant tandis qu'elle était si tendrement offerte aux regards admiratifs. Comme celui de Lucien lui semble maintenant ténu, fragile et lointain, étranglé par cet anneau d'or qui lui serre le doigt. À vingt-huit ans Dalida n'est pas une femme que l'on met sous cloche, et pas davantage une amante que les tiédeurs du quotidien pourraient contenter, bien qu'elle tente souvent de s'en persuader. Si elle s'efforce de se conformer au modèle de l'épouse et de contenir les révoltes qui l'animent, elle n'en aspire pas moins à de plus grandes réjouissances et à des sentiments exaltés. Une tyrannique exigence la contraint sans cesse à s'élever, à découvrir, à apprendre. Une quête qu'elle n'identifie pas encore l'encourage à bousculer ce qu'elle a construit, jusqu'à se mettre en péril. Elle a pris l'habitude de résister à cette petite voix insidieuse et s'enchaîne à sa raison pour ne pas faillir. Mais il est des liens qui, trop fragiles, finissent par se rompre.

Un mois s'est écoulé depuis son mariage quand elle gagne le sud de la France, flanquée d'Eddie Barclay. Pendant le festival de Cannes, artistes de tous bords se rejoignent sur la côte. Smokings et fourreaux noirs pailletés sur les marches rouge sang du palais, nuits blanches et petits matins embrumés… Une *dolce vita* pour enfants gâtés de la gloire. On lit l'avenir dans les bulles de champagne et au creux de la nuit naissent des projets dont bon nombre, tels des éphémères, meurent à l'aube. Dalida a rêvé de cinéma et ses films ont été des flops, le dernier, *Parlez-moi d'amour*, comme les autres. Le succès est finalement venu là où elle ne l'attendait pas. Au cours des soirées cannoises elle s'enivre des vapeurs de ce petit monde du cinéma qui passe son temps à inventer des histoires. Ces affabulateurs fous et géniaux l'amusent et la font rêver. Avec une bande d'amis elle se rend au Whisky à Gogo, une boîte de nuit sélecte. Un homme s'avance bientôt vers elle et sans savoir qui elle est lui demande une danse. Il est beau à tomber à la renverse avec ses yeux clairs de prince russe, ses cheveux blond cendré ramenés en arrière et sa bouche fine si parfaitement dessinée. Il suffit d'une poignée de secondes durant lesquelles quelques notes de musique supplient leurs deux corps de se frôler. Il s'appelle Jean Sobieski, peintre et aristocrate polonais. Les ravages de ses charmes défraient davantage la chronique que ses peintures n'excitent la critique, à ce qu'on dit. Ce type-là est une torche vive ; avec ses yeux si doux, son teint hâlé et la grâce de sa silhouette élancée, il incarne la beauté du diable.

Dalida flaire le danger, elle tourne les talons, se dérobe à cet appel du désir. Jean la rattrape dans sa course, l'appelle à Paris, la rejoint en tournée. Elle ne résiste plus. Auprès de cet homme il lui semble qu'elle découvre la passion, plus rien n'a d'importance que lui. Les si nombreuses paroles d'amour de ses chansons prennent soudain sens et s'éclairent d'une autre lueur. Chaque mot, de chair et de sang, respire enfin, chaque note palpite contre sa poitrine. Mais le combat intérieur redouble. Dans son âme, deux femmes se mènent la vie dure. Tandis que l'une exulte et vibre des mille cordes de son attachement, l'autre se déchire, condamne sa faiblesse et souffre d'avoir sali son mariage. Elle se déteste d'infliger pareille trahison à son mari, même s'il n'en sait rien encore, Lucien son sauveur, le maître de son succès. Un fil la retient encore à lui mais, elle le sait, ce n'est plus de l'amour. Elle cherche ses mots, lui viennent complicité, respect, amitié... Morisse, lui, n'identifie pas encore la nature de son infortune. Sans doute l'habitude après six ans de vie commune, ou bien le surmenage, pense-t-il lorsqu'elle se dérobe à ses tendres approches.

Avec Lucien Dalida a caressé et embrassé ses rêves de gloire, acquis les instruments d'une réussite bourgeoise. Ce confort l'étouffe aujourd'hui. À l'inverse, Jean Sobieski lui donne à partager sa fureur de vivre. Soudain, elle s'imagine libre et sans chaînes, affranchie d'elle-même et des regards, tout offerte à l'instant présent et à ses débordements. Ils s'aiment d'un amour immature et compulsif. Leurs sentiments fusionnels ne tolèrent pas la moindre séparation sous peine d'orage. Il la présente à ses amis, des dilettantes aux velléités artistiques, des êtres fantaisistes et charmants. Il l'accompagne à ses spectacles. Discrètement tapi dans l'obscurité de la coulisse, Jean regarde sa bien-aimée se prêter au jeu du désir avec son public. Après le dernier rappel, ils s'envolent enfin, fiers et fous, pour échapper aux assiduités d'une presse aux aguets et ne pas attirer sur eux les soupçons d'un mari délaissé. Puis ils se séparent et parfois se déchirent, quand la chanteuse souffre trop de vivre cet amour dans la dissimulation et le mensonge.

Lorsque la réalité du monde devient trop cruelle pour les amants terribles, ils la fuient et se retrouvent dans la propriété que possède la famille de Jean à deux pas d'Arles, au cœur de la sauvage Camargue. Dans le désordre humide et rebelle d'une nature généreuse où les chevaux à la crinière blanche écorchent et labourent la quiétude des marais salants, ils se convoitent délicieusement et se conquièrent à perdre le souffle. Dans un sursaut, le réel et la chanson rappellent à l'ordre l'amoureuse enivrée. Alors qu'il faut quitter ce jardin d'amour, elle s'interroge sur les lendemains de son idylle. Les paparazzi mettent fin aux mensonges qui la rongent. En livrant en pâture à la presse cannibale les clichés de sa romance, ils forcent l'aveu. À Lucien, rompu de douleur, elle ne parvient pas encore à dire les mots. Silence pesant. La fille franche et honnête qu'elle a toujours été paie sa trahison au prix fort, mais cet amour-là elle ne peut le combattre. Pour lui elle pourrait perdre la face, vendre son âme au diable.

Follement épris, Lucien est prêt à oublier l'écart de sa jeune épouse : il la prie de revenir rue d'Ankara. Il faut bien que le corps exulte, tente-t-il encore de se consoler. Mais Dalida aime. Elle passe à l'appartement, rassemble ses vêtements, quelques disques, récupère le téléviseur et son pick-up. Le mobilier somptueux, les bibelots de prix chinés avec zèle, elle s'en moque. Elle laisse les lieux entièrement meublés à Morisse et part s'installer avec Jean Sobieski dans un duplex du quinzième arrondissement acheté quelques mois plus tôt pour sa mère et ses frères. Elle est trop entière pour revenir sur sa décision.

« L'affreux jojo, dans l'affaire, c'est moi. J'ai trompé Lucien, il a souffert », confesse Dalida dans les pages de *Paris-Jour* le 16 septembre 1961. Elle répète à qui veut encore l'entendre qu'elle lui gardera à jamais toute son amitié. Mais cet émouvant mea-culpa n'apaise pas les esprits, le public gronde. L'enfant chérie s'égare : lui pardonnera-t-on ? Dans les bistrots on déblatère, on suppose que le mari trahi barrera la route à sa chanteuse. Entre le scandale sentimental et la déferlante des yé-yé sur les ondes, c'est sûr, Dalida ne passera pas l'hiver ! Mais si ces derniers mois elle a pris le large et quelque peu négligé son métier, son instinct de survie, en cette rentrée 1961, s'éveille soudainement. L'amazone s'en vient reconquérir son public. À mains nues et seule. « Je me lance dans le rock, à fond… J'enregistre de nouvelles chansons. *Bambino*, c'est fini ! » s'exclame-t-elle. *Avec une poignée de terre*, *Tu peux le prendre*, *Protégez-moi, Seigneur* et *Comme une symphonie* sont réunies sur un nouveau quarante-cinq-tours. Entre-temps, Lucien n'a pas manqué de proposer deux de ces titres à Johnny Hallyday et Richard Anthony, les porte-drapeaux de la nouvelle vague. Si ce n'est pas vraiment la guerre, c'est au moins chacun pour soi ! Les versions des deux idoles des jeunes sont allégrement matraquées alors que celle de Dalida est mise au placard. On préfère diffuser *Bambino*, *Gondolier*, *Romantica*, *Love in Portofino* plutôt qu'*Avec une poignée de terre*. À moins de trente ans, la chanteuse appartient déjà au passé, pour beaucoup elle est la voix de la nostalgie.

Pas question pour elle de se laisser enterrer vivante : elle doit à son tour entrer dans la danse de la modernité. Cette danse, c'est le twist. C'est à Régine que revient le succès de cette danse américaine. Elle en a découvert les pas en observant à l'Alhambra les répétitions des danseurs de *West Side Story*. Elle s'est empressée de faire venir de New York le quarante-cinq-tours *Let's Twist Again* pour le passer en boucle au Jimmy'z, le club dont elle a en charge l'animation. Sans trop de conviction, Dalida s'efforce de faire sienne la mode du twist et enregistre *Achète-moi un juke-box* sur des paroles de Charles Aznavour. Avec autodérision elle chante « Papa, achète-moi un juke-box pour écouter Johnny Hallyday, Elvis Presley et les Chaussettes noires » tandis qu'une deuxième voix, celle du public, interroge : « Et Dalida, elle est encore là ? » Elle gesticule avec grâce sur ces rythmes en vogue mais son regard semble éteint, elle ne croit guère en cette Dalida échevelée et déhanchée. On la découvre à la télévision vêtue d'une petite jupe droite et d'un pull de laine à manches courtes ; contre sa poitrine s'agitent de longs sautoirs sur le tempo endiablé de sa nouvelle chanson. Où est passée la chanteuse glamour des refrains méditerranéens ?

En fin d'après-midi, la jeunesse s'accroche à ses transistors pour ne pas perdre une miette de l'émission « Salut les copains » de Daniel Filipacchi sur Europe 1. Les idoles règnent en maîtres, elles sont les amis rêvés, les camarades du goûter d'après l'école, Richard Anthony, Johnny, les Chats sauvages et bientôt, beaucoup plus dangereux pour

Dalida, l'incontournable tiercé gagnant au féminin : Françoise Hardy, Sylvie Vartan et Sheila.

Dans la presse la polémique grandit. On tient d'une plume acerbe la chronique de sa chute annoncée, on parle d'un chemin de croix qui ne fait que commencer pour cette vedette qui pourtant depuis cinq ans n'a pas quitté une seule fois les « charts », le plus souvent avec plusieurs titres en même temps. Décision est prise de répondre à l'offensive. Dalida annonce son passage en vedette à l'Olympia à partir du 7 décembre 1961 et débute une grande tournée en province pour roder ce nouveau spectacle. Tout au long des semaines qui précèdent le grand soir, la cabale enfle encore, nourrie de tous les ragots possibles. De-ci de-là on soutient qu'elle a exigé le départ de sa première partie, Richard Anthony, tant elle craint le succès du twist. La réalité est tout autre puisque c'est elle qui a choisi le garçon et l'a imposé dans son spectacle. À Toulon, le public l'aurait sifflée, Jean Sobieski aurait essuyé une gifle et l'on s'en serait pris aux pneus de sa voiture. Dans les bistrots toulonnais on affirme connaître de source sûre toute la vérité du drame. « Dalida injuriée et sifflée alors qu'on lui jetait des papiers à la figure », assurent les uns, tandis que les autres l'ont vue détaler à vive allure dans les coulisses, les yeux baignés de larmes.

En réalité, les vingt villes qu'elle a honorées de sa visite lui ont réservé un accueil triomphal. Il aura suffi qu'épuisée après quatorze chansons elle refuse un rappel lors de son tour de chant à Toulon pour que les mauvaises langues se délient. Paris rattrape au vol le scandale venu du Sud pour nourrir la cabale déjà en cours. Parce qu'il s'agit bien d'une cabale. D'un complot, murmure l'artiste. Les radios organisent des référendums : Dalida passerat-elle l'hiver ? Les auditeurs se déchaînent, les uns jurent que tel un couperet assassin le rideau de l'Olympia tombera sur sa tête et sa carrière, les autres que mademoiselle Bambino a plus d'un tour dans son sac. « Pourquoi veut-on tuer Dalida ? » interroge *Paris-Presse* dans ses pages. Un autre journal parle de « chant du cygne ». Il y a là quelque chose des joutes qui opposent en d'autres théâtres la Callas et la Tebaldi. Un vrai drame à l'italienne ! Une chose est sûre, les ventes de disques s'en ressentent très sérieusement à quelques jours de la première à l'Olympia. La chanteuse passe de la deuxième place des hit-parades en octobre, avec *24 000 Baisers*, à la vingtième en novembre.

« J'ai eu une chance trop insolente pour que l'on accepte aisément de m'en offrir une nouvelle sur un plateau doré », tempère Dalida. Elle donne le change et masque ses peurs tenaces derrière des journées entières de répétition, elle peaufine chaque note et son jeu de scène dans les moindres détails. On la harcèle. Des coups de fil anonymes la tirent du sommeil, lui promettent la fin de sa carrière. Son batteur la lâche à quelques jours de la première tandis que la perfidie de nombreux journalistes continue de battre son plein. Il n'empêche, le service des réservations du music-hall annonce que la vedette se produira à guichets fermés.

7 décembre 1961. Dans les coulisses de l'Olympia la pression est à son comble. Dalida a brossé avec patience ses cheveux nouvellement teintés de reflets auburn, c'est un moyen pour elle de vaincre sa peur. Elle passe sa robe mauve clair. Comme d'habitude, buste moulé et jupe bouffante. À l'entrée du théâtre, un prédateur qui brandit son micro comme un harpon interroge les spectateurs anonymes et les invités de marque : « Vous êtes pour ou contre Dalida ? » Charles Aznavour s'insurge, promet de ne plus

répondre de lui si l'on s'attaque à son amie pendant le spectacle. « On a été très cruel avec elle, je viens pour l'applaudir », déclare Henri Salvador, tandis qu'un monsieur X qui a menacé de procès si son nom était révélé peste : « Étant invité, je ne sifflerai pas, mais j'ai le droit de souhaiter la mort d'une chanteuse qui me crève le tympan depuis plusieurs années. » Gloria Lasso est elle aussi au rendez-vous, elle qui déclarait en juillet 1960 : « Dalida chante faux et chantera toujours faux ! » et a semé des phrases assassines telles que « Dalida ? Je ne connais pas cette dame ! » ou « Dalida va comprendre sa douleur » à quelques semaines de l'Olympia. Autant de délicieuses attentions auxquelles l'artiste attaquée répond : « Madame Lasso aurait pu faire une vraiment belle carrière si je n'avais pas existé. » Le cri des hyènes ne saurait couvrir le chant des sources. Dalida fait de ce proverbe arabe sa devise.

En coulisses on a livré une composition florale d'un goût douteux, une couronne mortuaire dont le bandeau de satin délivre son terrifiant message : « À la chanson défunte ! Vive Édith Piaf ! » Un journaliste venu là comme on couvre un conflit armé se demande si dans cette mise à mort, mi-corrida mi-chasse à courre, l'Égyptienne sera la biche ou le taureau. Mais avec cette force qui tient de l'instinct de conservation Dalida se jette dans l'arène bien décidée à livrer combat. « Moi qui suis très traqueuse, c'est la première fois de ma vie que je suis rentrée sur scène je ne sais pas comment, mais sans trac », se souviendra-t-elle quelques années plus tard au micro de Pierre Tchernia.

De ses lèvres tremblantes s'échappent *24 000 Baisers* et des mains des spectateurs des applaudissements courtois. La deuxième chanson n'a pas raison de la tiédeur ambiante, pas plus que la troisième. D'un salut noble et élégant l'artiste répond aux égards juste polis qu'on lui adresse avant d'entamer une chanson italienne adaptée en français par Jacques Plante et enregistrée quelques mois plus tôt mais encore inconnue : *Je me sens vivre.* Rien d'un refrain à la mode mais tout d'une confession :

Mes yeux ne sont faits que pour voir ton réveil,
Mes lèvres ne servent qu'à bercer ton sommeil,
Mon épaule est formée pour le creux de tes bras,
Et mon corps, tout entier, pour dormir avec toi. [...]
Je me sens vivre parce que je t'aime.

Dalida vient de crier son amour. Grâce à ce chapelet de mots et de notes magistralement égrené le public a tout compris de sa flamme. Mieux, il l'a ressentie. On lui pardonne soudain l'infidélité et le divorce. Morisse, qui le matin même lui a fait parvenir un billet – « Chante avec passion, comme toujours. Ton ex. » – se lève comme un seul homme et applaudit à tout rompre. La salle le suit. Si un jour elle a trahi Lucien, elle vient là de tenir sa plus belle promesse. « Dalida a retourné ses deux mille spectateurs comme autant de crêpes étalées dans autant de fauteuils », écrira Claude Sarraute dans *Le Monde* du lendemain.

Un mois durant, elle triomphe à l'Olympia. Le public ne l'a pas lâchée, ce n'est pas encore pour cette fois. Au creux de l'obscurité il a frémi sous les ondulations de sa voix. Elle est heureuse. Toutefois son nom s'efface peu à peu des charts. En janvier 1962 elle se place en dix-huitième position avec *Achète-moi un juke-box*, elle est à la septième place en février pour finalement disparaître en mars. Son absence des hit-parades va durer quatre ans.

C'est Johnny Hallyday qui se place désormais en tête avec *Retiens la nuit* et aussi en deuxième position avec *Viens danser le twist*. Parfois, jusqu'à cinq quarante-cinq-tours de cette idole figurent au classement. Autour de lui gravitent Richard Anthony, Petula Clark, Sylvie Vartan, Françoise Hardy. Dalida a beau enregistrer *La Leçon de twist*, on préfère s'arracher la version des Chaussettes noires.

Si ses ventes ne sont plus ce qu'elles étaient, c'est qu'elles ont jusqu'alors battu tous les records. Néanmoins *Le Petit Gonzalès*, *Que sont devenues les fleurs ?* ou *Le Jour le plus long*, la chanson du film du même nom, et dont un certain Claude Lelouch signe le scopitone, se taillent en cette année 1962 une part de lion dans la guerre que commencent à se livrer les grands de l'industrie discographique.

Mais pour Dalida, que le yé-yé ennuie, le mieux est encore de prendre la poudre d'escampette. Elle ne craint pas de voyager, de s'essayer à d'autres publics, dans des langues différentes. La voilà en Italie où son succès est toujours plus retentissant. Le village calabrais de ses ancêtres, Serrastretta, fait d'elle sa citoyenne d'honneur. Sous une pluie fine, la population scande le nom de la fille du pays, les uns accoudés aux fenêtres, les autres, sous leurs parapluies, massés dans le convoi qui la suit. Sur les murs, on a placardé des « *Benvenuta Dalida* », sur la place on a tendu des calicots. Depuis le balcon municipal le maire prononce son discours avec emphase : « Il n'y a pas un coin en Calabre et en Italie où l'on ne parle de vous. Dans les écoles, les bureaux, les usines, les campagnes, tous connaissent Dalida, la grande Dalida, la première, la seule, l'unique, la Dalida calabraise de Serrastretta. » Telle une souveraine, quoique échevelée et serrée dans son imperméable trempé, elle salue la foule venue l'acclamer. « Toutes ces belles manifestations, je ne les oublierai jamais ! » lance-t-elle. Quelques mois plus tard elle recevra en Italie, à Cortina d'Ampezzo, l'Oscar mondial du succès du disque.

À Saigon, au Vietnam, l'accueil n'est pas moins chaleureux, on découvre enfin en chair et en os celle dont la voix a déjà envahi les ondes de tout le pays. C'est un peu de France qui débarque au fin fond de l'Asie. Jean Sobieski est du périple, comme souvent lorsque sa compagne est en tournée. Pour beaucoup il est « monsieur Dalida », son porteur de bagages et son tendre secrétaire. De ce jeune peintre on connaît décidément très peu le coup de pinceau…

Il arrive que la jeune femme doute de la vérité de son amour. Et si tout cela n'était qu'un feu de Bengale ? se répète-t-elle. Lorsqu'elle apprend le remariage de Morisse avec la comédienne Agathe Aems, elle s'en persuade plus encore. Péché d'orgueil ou soudaine prise de conscience ? Difficile de donner un sens à ses émotions. Soudain, Lucien manque à sa vie. Elle se sent seule, en proie à une torpeur terrifiante. Comme engourdie, les membres lourds, elle pense au chemin de lumière parcouru auprès de son ex-mari, à ces racines qu'ils avaient fait croître ensemble au plus profond de la terre. Elle s'accuse aujourd'hui d'avoir piétiné et meurtri ce bel arbre fier à l'ombre duquel elle avait si souvent trouvé repos et secours, puisé des forces nouvelles. Sa romance avec Jean lui semble alors bien pâle et fragile, mais il suffit que les yeux si bleus et bienveillants de l'amant la caressent pour qu'elle s'apaise, et pour l'heure ils ont même le projet de vivre ensemble.

Mince et fragile comme un fil, bordée de hauts murs et accrochée aux flancs de Montmartre, voilà la rue d'Orchampt. Au 11 *bis* s'élance vers le ciel une demeure de pierre haute de quatre étages, tarabiscotée et incrustée de balcons, de terrasses et même d'une tour. Lorsqu'elle pousse la large et haute grille de fer et gravit les petites marches arrondies du parvis, Dalida sait qu'elle vient de trouver son refuge. C'est dans cette même rue, au 75 *bis*, que monsieur Dutilleu a découvert son don de passe-muraille. (Inutile de chercher ce numéro puisqu'il n'existe que dans l'œuvre de Marcel Aymé.) Au pied de Montmartre, sous les hautes fenêtres de l'hôtel particulier, s'étend Paris. Sa rumeur diffuse monte jusqu'au jardin sans en troubler la quiétude. Au contraire, on se sent comme protégé, assis sur un nuage de pierre et de lierre, de feuillage et de fleurs, pour contempler le spectacle du monde qui, en contrebas, se joue à guichets fermés. Infatigablement.

C'est en mai 1962 que Dalida s'installe au 11 *bis* de la rue d'Orchampt. Sans guère de meubles. Sur les larges dalles de la salle à manger, noires et blanches comme le clavier d'un piano, une très longue et rustique table digne de l'austère Escurial, bordée de chaises hautes, un vieux grimoire ouvert sur un chevalet de bois sombre... La nouvelle propriétaire a voulu un décor sobre, presque sévère, aux antipodes de la bonbonnière qu'elle s'était aménagée rue d'Ankara. Cette maison et son aménagement seront les ultimes liens entre Dalida et Jean. Elle veut croire qu'en ce nid si haut perché dans le ciel de Paris se réuniront les oiseaux égarés qu'ils sont devenus l'un pour l'autre. Toujours ce fichu fantasme du couple parfait, cette tentation du confort matrimonial et en même temps l'irrésistible appel du vide. Son séjour en Extrême-Orient pour le tournage d'un nouveau film, *L'Inconnue de Hong*

Kong, aux côtés de Serge Gainsbourg, finit de l'affranchir des contes qu'elle s'invente… et de cette idylle.

Quand un an plus tôt elle s'est sentie lasse de la pression du métier, de la routine de sa vie de couple, la fraîcheur de Jean l'a séduite, envoûtée même. Les nuits blanches et la bohème l'ont alors tentée. Il lui parlait d'une idéale vie à deux, de dîners aux chandelles, de promenades main dans la main, de vacances au soleil sur des plages désertes. Ensemble, tous les matins seraient les premiers du monde. Elle s'est rêvée insouciante et aussi légère qu'une plume. Mais Dalida n'est pas cette femme-là. La lourde porte du 11 *bis*, rue d'Orchampt se referme sur cet amour impossible. Autour de son grand lit désert dansent toujours les voiles blancs qu'elle a fait poser. Elle continue de faire des rêves de petite fille guettant son prince charmant mais retourne à une solitude qui finalement ne l'a jamais quittée. Une solitude profonde et existentielle, la paroi sombre d'une caverne sur laquelle dansent confusément des silhouettes effrayantes venues d'un autre âge, sans nul doute d'un passé enfoui. Dalida ensevelit cet amour perdu dans un repli de sa mémoire – « un très joli souvenir », dira-t-elle.

Le clan Gigliotti se reforme autour du silence laissé par le départ de Jean. De leurs éclats de rire et de voix, de leur infinie tendresse, Peppina, ses deux fils et la cousine Rosy emplissent la grande maison vide. La chanteuse leur a demandé de venir s'installer auprès d'elle. Bruno a pris le prénom de son frère aîné, Orlando, depuis qu'en Égypte il a débuté une carrière de chanteur avec la rengaine populaire *Mustapha*. Dès son arrivée en France il a continué d'enregistrer plusieurs quarante-cinq-tours ; sa sœur le conseille et l'encourage. Ils s'aiment et se protégent mutuellement – et puis se chicanent avec autant de zèle. Orlando, fou d'admiration, tour à tour frère, père et ami, défend bec et ongles cette sœur mi-femme mi-déesse qui a illuminé son enfance.

La belle saison fait oublier les froids de l'hiver et Dalida, en plus des caresses du soleil, retrouve l'amour après une année de solitude amoureuse. Avec son port altier et son élégance naturelle tant dans le geste que dans le regard, Christian de La Mazière fait partie de ces quelques élus mondains et bien élevés qui, l'été, font pétiller la Côte d'Azur. Dalida apprécie ses belles manières, sa culture et sa courtoisie. « Christian, qui est un homme de goût, m'a métamorphosée, racontera-t-elle. Il a fait de moi une Parisienne. Il m'a conseillée pour ma nouvelle garde-robe, il m'a aidée dans la recherche de mon maquillage, il m'a guidée. Il a parcouru avec moi deux cent mille kilomètres par an. » Amant attentif et généreux, La Mazière ne néglige pas la chanteuse lorsqu'il s'éprend de la femme. Il l'accompagne au contraire dans sa vie d'artiste, assurant l'intendance et les relations avec la presse, lui épargnant ainsi les petits tracas du quotidien. Dalida n'a plus à se plonger dans les alinéas tortueux de ses contrats ou les itinéraires des tournées. Elle aime les jugements éclairés de son nouveau compagnon, leurs conversations foisonnantes et toujours enrichissantes. Il lui parle des livres qu'il a lus ou d'histoire de l'art et elle boit ses paroles, soucieuse d'étancher son exigeante soif de connaissance. Son regard parfois se perd, elle pense à tout ce qu'elle ne sait pas, regrette les études qu'elle n'a pas faites. Christian, lui, admire tout ce qu'elle a appris à l'école de la vie. Leurs différences les rapprochent. Trois ans à apprendre de l'autre, à le découvrir, à s'enrichir… pour finalement devenir les meilleurs amis du monde. « L'amour se transforme. Dans "passion" il y a le mot "passe" », déclare Dalida. Elle est en quête d'un amour qui n'existe pas, d'un absolu inaccessible peut-être niché entre deux étoiles ou dans le ventre de la lune. Mais elle veut y croire. « Je cherche le vrai amour, je peux dire que j'ai eu beaucoup d'hommes dans ma vie mais que ma recherche était toujours l'amour, le vrai. »

La Partie de footbal, *Le Cha-cha-cha* et *Loop de loop*... Ainsi s'intitulent quelques-unes des chansons que l'artiste a enregistrées en 1963. Exception faite d'*Eux*, aucun des titres de l'année n'aura marqué les esprits. Après *Achète-moi un juke-box*, elle interprète *Papa, achète-moi un mari*, *Ding Ding !*, *Ce coin de terre*... et ce n'est guère plus concluant. Mais en 1964 elle sort un trésor de sa botte secrète : *Amore scusami*. À force de gesticulations, de musiques criardes et de voix éraillées, les yé-yé se sont quelque peu essoufflés. Une petite poignée d'entre eux seulement trouvera son salut à condition de faire évoluer son répertoire – Sylvie, Johnny, Françoise, Sheila... S'engouffrent dans la brèche des petits nouveaux tels qu'Enrico Macias, Salvatore Adamo, Alain Barrière, Hugues Aufray. C'est le retour des mélodies ; aux onomatopées on préfère finalement les textes. Macias chante avec mélancolie l'exil des pieds-noirs, Adamo est le gendre idéal et la voix des Italiens de Belgique, Aufray celle de Dylan. Brel est numéro un avec *Amsterdam* en janvier, Bécaud en novembre avec *L'Orange*, et Dalida est la reine de l'été avec *Amore scusami*.

« Le yé-yé m'a rendu la vie dure mais il a sauvé le music-hall de la mort lente », témoigne-t-elle maintenant que la vague est passée. Le combat l'a finalement revigorée, elle se sent des ailes et une énergie nouvelle. Pour ses retrouvailles avec le public de l'Hexagone elle veut frapper fort, très fort, comme s'il lui importait de rendre visite à chaque Français, de le regarder droit dans les yeux pour mieux le conquérir, le rallier à sa cause. Aussi s'embarque-t-elle dans la tournée du Tour de France, un tour de chant et de charme qui a des airs de tour de force. Avant elle, Yvette Horner, avec son légendaire piano à bretelles, a été la seule femme à s'aventurer dans pareil marathon. Quatre mois, trente-trois mille kilomètres et plus de deux mille chansons. Un spectacle par jour contre vents et marées, sur des places de village cerclées de gradins improvisés fouettés par le vent du soir et les orages d'été. Des enfants qui se taquinent bruyamment, la brise qui chahute la sono, le retentissement d'un klaxon… Rien n'arrête l'artiste ! Plus que jamais Dalida gagne ses galons de chanteuse populaire. Partout on la réclame et l'acclame, on reprend inlassablement ses tubes. Certains jours ce sont entre quarante et cinquante mille personnes qui se pressent à son spectacle. L'écrivain Antoine Blondin, chroniqueur de la petite reine pour *L'Équipe*, la baptise « chanteuse des quatre saisons » et « semeuse de refrains ».

Le 13 août 1964, à Draguignan, la chanteuse s'apprête à se produire comme chaque jour. Une silhouette frêle que frôle doucement une robe bleue aussi légère que le souffle de l'air : c'est elle et pourtant elle ne se ressemble pas. Le public s'interroge… Mais Dalida est blonde ! Ses cheveux plus courts et lissés s'arrondissent sur son épaule. « Pourquoi je ne suis plus brune ? J'avais envie de changer un peu. C'est aussi simple que ça ! Un caprice de femme, voilà tout ! » confiera-t-elle dans les pages du magazine de l'amour, *Nous Deux*. En réalité, c'est pour les besoins d'un western dont elle doit partager l'affiche avec Horst Buchholtz qu'elle a adopté cette blondeur. En ce mois d'août, elle s'est même rendue quelques jours à Biot afin de prendre des cours d'équitation. Retardé par quelque problème budgétaire, ce tournage qui devait avoir lieu en Espagne sera finalement abandonné. Dalida ne sera pas comme prévu la blonde serveuse d'un saloon mais elle en gardera toujours la chevelure. Son visage serti de mèches d'or semble maintenant plus doux. Débarrassée de ses boucles sombres et de ses parures de gitane, elle s'éloigne définitivement de l'Orient qui l'a vue naître. Elle est française, une Française qui roule les *r*, et si populaire qu'elle est la mascotte des routiers. En septembre, à quelques jours de sa grande rentrée à l'Olympia, elle se rend en effet au relais de Tourtelle à Pont-sur-Yonne et donne aux chauffeurs de poids lourds un aperçu de son nouveau spectacle. Vêtue d'une jupe droite noire et d'un teddy très sport, la voilà qui pose pour la photo main dans la main avec quelques costauds à moustache. Après quoi, tous partagent dans une franche et joyeuse camaraderie un bon casse-croûte et un verre de rouge.

À l'issue de la traditionnelle passation de clef, une petite cérémonie au cours de laquelle l'artiste à l'affiche reçoit des mains de celui qui l'a précédé la clef de la loge – une très grosse clef –, Dalida succède boulevard des Capucines à Trini Lopez. Dans sa robe rose tendre signée Balmain, le teint hâlé par le soleil d'été, moins maquillée qu'il y a encore quelques mois, elle achève à l'Olympia sa reconquête du public. Elle entonne *La Sainte Totoche*, que vient de lui écrire Charles Aznavour. Ce titre phare de son nouveau tour de chant fait dire à un journaliste qu'elle est « la plus grande comédienne de la chanson ». En imposant une mélodie et un texte forts, elle fait un pied de nez à tous ceux qui l'ont crue finie. Dans la salle, Aznavour, Théo Sarapo, ultime compagnon de Piaf et lui-même chanteur, Françoise Hardy, le couple vedette Sylvie-Johnny : tous sont venus fêter la vedette et sa première partie, un certain Claude Nougaro qui cisèle une écriture poétique en français sur des rythmes américains très jazzy.

Le rideau tombe, en ce soir de première, sur une Dalida toujours plus convaincante. Le public fait claquer les fauteuils pour se lever comme un seul homme. Il applaudit à tout rompre en même temps qu'il se réjouit d'avoir assisté à une nouvelle métamorphose de mademoiselle Bambino. Les journalistes à leur tour la ressuscitent, louant sa sincérité et la ferveur qu'elle inspire. Un sondage publié par l'hebdomadaire *Elle* fait d'elle la chanteuse préférée des Français aux côtés de Charles Aznavour. « Sur le trône de Piaf s'est assise Dalida », lit-on dans cette presse décidément versatile qui, cette fois, ne tarit pas d'éloges. On en oublierait presque l'impossible deuil de Piaf, disparue un an plus tôt.

7
Amour à mort

Je t'attendais, le feu était en moi. […]
Je m'agitais sur des braises ardentes
Et je me perdais dans mes pensées.
Je prenais la brise pour tes pas
Et le moindre murmure pour ta voix.
Telle j'étais qu'on me prenait pour une folle.
Je t'attendais,
paroles de Mahmoud Bayram Ettounsi,
musique de Zakaria Ahmed,
chantée par Oum Kalsoum.

À peine Dalida a-t-elle fini d'enflammer l'Olympia qu'elle chausse de nouveau ses bottes de sept lieues et part à la rencontre des publics du bout du monde. Une semaine en octobre 1964 à Tokyo où se déroulent les jeux Olympiques puis, pour la troisième fois depuis ses débuts, les pays de l'Est, la Pologne, la Roumanie, la Bulgarie où des femmes en transe retirent leurs bijoux pour les lui offrir. En avril 1965, après un petit détour par Paris où durant quelques soirs elle se produit à Bobino et à la Tête de l'Art, le si sélect cabaret de la rive droite, la voilà aux Antilles, acclamée à l'aéroport par cinq mille personnes. Le quotidien *France-Antilles* titre : « Accueillie comme un chef d'État », ce qui n'est pas peu dire juste après la venue du général de Gaulle. Quant au Brésil, elle y est tout bonnement la chanteuse la plus populaire.

Vénérée en Occident, elle ne l'est pas moins en Orient. Tandis que les pays arabes menacent Israël, Dalida l'Égyptienne se rend à Tel-Aviv et entonne, non sans déchaîner la ferveur populaire, *Henee Matov*, ce chant hébreu qu'elle vient de graver sur disque. Lorsqu'elle se produit dans les arènes de Casablanca, celle dont les refrains ignorent les frontières interprète *Hava Naguila*, morceau de bravoure de la culture juive qui est depuis longtemps à son répertoire grâce aux paroles françaises de Charles Aznavour. La prestation n'est cependant pas du goût des autorités marocaines. On somme la chanteuse de mettre fin à son spectacle. Mais pour elle la scène est une zone franche que les considérations religieuses, politiques ou idéologiques ne peuvent envahir. Elle poursuit son récital tandis que le public manifeste haut et fort son opinion. Les uns, issus de la communauté juive, se réjouissent, d'autres, se sentant outragés, couvrent de leurs cris son chant et de leurs œufs frais la scène et ses artistes. Jean Garon, l'un des musiciens, qui s'efforce de jouer, s'écrie : « On n'est pas dans la merde ! » Guy Motta, le chef d'orchestre du groupe, s'en souviendra longtemps.

Pendant ce temps, la vedette a retrouvé les premières places des ventes de disques, tant en France qu'en Italie, avec *La Danse de Zorba*, un sirtaki entraînant que Mikis Theodorakis a composé pour le film *Zorba le Grec*, dont Anthony Quinn est le héros. Après le succès, quatre ans plus tôt, du film *Jamais le dimanche* et de sa chanson *Les Enfants du Pirée*, le monde est de nouveau à l'heure grecque… et à celle de Dalida. Dans l'émission « Mi-figue, mi-raisin », elle apparaît le teint couleur miel dans une petite tunique blanche d'Adonis sans manches, la taille ceinte d'une broderie. Pieds nus, elle sculpte quelques pas d'un sirtaki inspiré.

Après la Grèce, elle retrouve l'Espagne ou plus exactement son héros, El Cordobés, le plus illustre des toreadors. Pas question cette fois de roucoulades : il s'agit bien d'un hymne à la bravoure, interprété d'un ton grave et solennel, et intitulé *El Cordobés*. L'Espagne, bien sûr, mais aussi l'Amérique du Sud ou encore la Turquie font un triomphe à cette nouvelle chanson.

À défaut d'aimer un homme, Yolanda s'est effacée pour que triomphe Dalida. « Je ne suis pas mariée, le public est mon mari et les chansons sont mes petites filles », confesse-t-elle avec gravité avant de réchauffer la fin de sa phrase d'un large sourire. « Inutile de se faire des illusions : soit on chante, soit on fonde une famille. Les deux ensemble restent un rêve impossible. Pour moi, le travail tue l'amour. » Alors elle travaille, d'un avion à l'autre, de jour comme de nuit, un sandwich avalé sur le pouce et toute sa maison dans une valise, faisant escale au bout du monde ou dans un bistrot paumé au fin fond de la campagne française pour une pause café juste avant le gala du jour. C'est une vie de gitane aux semelles de vent et à l'âme errante. Yolanda observe les succès de Dalida, jalouse parfois l'aisance et le rayonnement de cette chanteuse qui bien souvent lui fait de l'ombre. Au creux de cette Dalida triomphatrice, Yolanda se fait toute petite, se terre comme une enfant que tant de lumières et de cris effraient. Mais l'action l'emporte une fois encore sur la méditation. Il faut se battre sur le devant de la scène et chaque soir, comme si c'était le premier et en même temps le dernier, donner à ce public gourmand ses frissons d'émotion et lui arracher sa dose d'amour. « C'est un strip-tease moral. La scène, c'est un rendez-vous d'amour. Quand ça se termine, on a un petit pincement au cœur mais on repart le lendemain », explique-t-elle. Elle jure de nouveau qu'à trente-cinq ans elle en aura fini avec ce métier.

Mais pour l'heure, elle ne cesse de travailler. En août 1966 elle est à Rome pour enregistrer *Pensiamoci ogni sera*. La chaleur est si étouffante dans la capitale italienne qu'une petite pause au bar est la bienvenue. Elle est accoudée au comptoir, visiblement terrassée par la température, lorsqu'on lui présente un jeune homme brun au regard sombre, Luigi Tenco. « Je le vois et je suis comme frappée par un éclair paralysant », confiera-t-elle vingt ans plus tard, en janvier 1987, au magazine *Oggi*. Regard cerné, sombre et brûlant de Luigi, de ceux dont on se détourne ; regard fier et perçant de Dalida. Elle serre la main de l'Italien et au contact de sa peau c'est comme un courant électrique qui la traverse. Lui, fixe ses yeux ; la chanteuse semble l'étudier. Au fil des heures, dans leurs regards intimidés et leur conversation prudente s'impose l'évidence de leur attirance. Les jours suivants ne sont que promenades romantiques le long du Tibre, séances de cinéma, pizzérias sur de petites places charmantes. Et puis il y a les nuits entières passées à guetter, main dans la main, le lever de l'aube. Ils ne se quittent plus. Rome désertée par ses habitants en cet été brûlant sied merveilleusement aux amants. « Notre lune de miel », résumera Dalida.

Timidement, avec pudeur et gravité, Luigi Tenco se dévoile. De cinq années le cadet de Yolanda, il est âgé de vingt-huit ans. Orphelin de père depuis l'enfance, il s'est très vite raccroché à la musique. Jouant du piano, de la guitare, de la clarinette et du saxophone, il a monté son premier groupe de jazz alors qu'il n'avait pas quinze ans. À vingt et un ans, parallèlement à de brillantes études d'ingénieur qui ne retenaient guère son attention, il a enregistré son premier quarante-cinq-tours, et l'année suivante il a sorti un album dont la plupart des chansons ont été censurées par la télévision italienne. Sa façon d'aborder et surtout de nommer les relations amoureuses ainsi que ses vitupérations contre la société ont choqué. Mais les milieux étudiants et une certaine critique, engagée politiquement, se font l'écho de son style et les défenseurs de ce ton inédit. Ce chanteur politisé, donc dérangeant, est aussi d'une sensibilité à fleur de peau troublante qu'il met au service d'un mal de vivre obsédant. Il souffre de ne pas rallier le plus grand nombre à sa cause et à son art mais ne consent pas pour autant à se rendre aux diktats de l'industrie du disque qui le souhaiterait plus conciliant et malléable. Dalida tente bien de lui conseiller quelques concessions s'il veut toucher le cœur du public, mais aussitôt il s'assombrit, répétant que jamais il ne se compromettra dans ce qui ne lui ressemble pas.

En octobre et novembre 1966, Luigi passe beaucoup de temps à Paris rue d'Orchampt tout en louant une chambre au Prince de Galles afin de garder secrète sa liaison avec Dalida. Parce que les chansons sont la nourriture favorite et indispensable de tout interprète, celle-ci lui fait part de son désir de chanter l'une de ses compositions. Si elle aime l'homme, elle n'en est pas moins fascinée par l'artiste. Sombre et engagé : tout son contraire. Tétanisé par l'appréhension, il finit par s'asseoir au piano. Lorsqu'il chante, il lui semble toujours qu'il joue sa vie. Sur le clavier la mélodie de *Ciao amore, ciao* prend forme tandis qu'entre ses lèvres tremblantes les mots se fraient un chemin fragile avant de fuser avec force. C'est l'histoire d'un exilé italien qui a dû quitter ses terres arides du Mezzogiorno pour gagner sa pitance dans les usines du Nord. Critique d'un monde moderne qui court à sa perte, souffrance d'un homme qu'on a arraché à ses racines. La voix rauque de Luigi pince et déchire, ses mots martèlent. Dalida reçoit en plein cœur cette plainte révoltée et rageuse. Pour choisir une chanson, elle doit sentir chaque note, chaque mot se nicher et vibrer en elle pour ne plus la quitter. Comme un vêtement, un nouveau titre doit l'habiller, lui être confortable, la parer et la protéger, et ce sont toutes ces sensations que lui procure la composition de Luigi. Elle lui assure qu'elle l'interprétera. Pourtant l'univers de la chanteuse n'est pas celui de l'Italien. À Tenco le rebelle les mécanismes du show-business et ses glorieuses têtes d'affiche au sourire radieux n'inspirent qu'une profonde aversion. Quant aux refrains guillerets, béats et réjouis, ils sont à ses yeux cet opium du peuple qu'il exècre. Mais il aime cette femme, il a décelé chez elle une profondeur qu'il ne soupçonnait pas.

Un soir d'octobre 1966, Dalida reçoit à dîner Paolo Dossena et Mario Simone, deux représentants de RCA, sa maison de disques en Italie. Tenco, lui aussi artiste de la compagnie, est présent. Dossena et Simone affirment à Luigi que son tour est venu, qu'il peut conquérir le grand public. La tendance est en effet en train de changer dans le petit monde de la chanson italienne. La guimauve et les refrains acidulés semblent avoir fait leur temps au profit d'une chanson à texte plus grave et profonde. Les yeux baissés, méfiant, le garçon semble se dérober aux regards comme s'il se cachait. Ses ventes restent confidentielles, ses concerts n'attirent encore que l'intelligentsia italienne, mais cette fois les représentants de RCA tiennent à le présenter au fameux festival de la chanson de San Remo, un festival populaire et puissant qui fait ou défait n'importe quelle carrière. Ils souhaitent que Dalida parraine Tenco. Habituellement frileuse, voire hostile, lorsqu'il s'agit de concours et d'une sélection qu'elle juge trop cruelle, elle consent à suivre son compagnon dans cette aventure. *Ciao amore, ciao* fait déjà son chemin en elle.

Désormais, aux étreintes de la passion se mêle toute la

vigueur de la création. Luigi est à Paris pour aider Dalida à travailler sa chanson, puis elle part en Italie pour l'enregistrer. Un alibi parfait. Mais *Ciao amore, ciao* n'est pas retenue par la direction du festival de San Remo et l'on prie la vedette de choisir parmi les titres sélectionnés celui qu'elle interprétera lors de la grande soirée. Ses conditions sont sans appel : elle chantera *Ciao amore, ciao* et rien d'autre. Les organisateurs doivent finalement réintégrer la chanson dans leur programme pour s'assurer la présence de Dalida. De cette exigence d'une femme amoureuse Luigi ne saura rien. Entre eux l'amour continue de se dessiner dans le plus grand secret. Elle, tient cette fois à protéger sa romance tandis que lui, dans toute sa fierté d'homme et d'artiste, ne veut pas davantage que l'on découvre ses tendres liens avec l'interprète, du moins pas avant San Remo.

26 janvier 1967. C'est le grand soir. D'une rare élégance dans son smoking noir, Dalida est joyeuse et exaltée à l'idée de défendre la chanson de son homme, de mettre au service de Tenco toute la force de son talent. Comme si Yolanda et Dalida pouvaient enfin ne faire qu'une, s'offrir réconciliées rien que pour l'amour. Mais alors que l'échéance du concours approche, Luigi s'assombrit. Une peur indicible l'étreint et le paralyse. Une sensation douloureuse que l'aisance de sa compagne ne peut qu'accroître. « Pourquoi ne parles-tu pas ? » murmure-t-elle. Il ne lui répond que par quelques mots :

« C'est comme si je fuyais je ne sais où pour m'éloigner des traumatismes de mon enfance. » Pas une parole de plus. Dalida regrettera toujours de ne pas l'avoir interrogé davantage, de l'avoir laissé à son silence.

L'orchestre lance les premières mesures de *Ciao amore,*

ciao. Luigi lance ses mots sans parvenir à les raccrocher parfaitement à la mélodie. Le public ne lui accorde qu'une attention juste polie, l'artiste panique. Il s'empêtre dans son angoisse, ne parvient pas à chanter à pleine voix, manque de conviction. Lorsque les Italiens sont conquis, ils applaudissent au milieu de la chanson. Mais Tenco se retrouve face au silence assourdissant d'une salle qui n'a pas reçu son message. « C'est fini pour moi », lance-t-il à sa sortie de scène.

Dalida s'apprête à clôturer la manifestation en reprenant la chanson de Luigi. Elle a quitté son smoking pour revêtir une longue robe noire à parements de dentelle blanche. Elle s'avance sous une salve d'applaudissements. Elle est populaire, sa beauté et son sourire inspirent la tendresse et l'affection. À l'inverse, la sévérité de Luigi, son regard sombre, sa bouche crispée, son manque d'assurance avec ce quelque chose d'agressif le détournent du public. Dalida chante *Ciao amore, ciao* et cette fois tous les regards sont rivés sur elle, attentifs et épris. Chaque mot de la chanson trouve enfin son sens. C'est un triomphe.

Pendant les délibérations, tandis que les suffrages affluent de toute cette Italie vissée devant le petit écran, Tenco noie son angoisse dans l'alcool et les tranquillisants. Dalida tente de le raisonner, répète que ce n'est qu'un concours. Mais pour lui c'est bien plus que cela. Sa victoire serait le signe qu'il ne s'est pas trompé, que sa vision du monde et son cri de protestation ont bien été entendus. Luigi le contestataire offre tellement plus qu'une simple chanson…

Le speaker s'avance vers le micro sur pied, une liste à la main. Il énonce un à un les noms des candidats retenus, sans cesse interrompu par les sifflets, les protestations ou les élans de joie. Le nom de Tenco est absent. Tel un couperet, le verdict vient de tomber. Sa chanson est arrivée loin derrière, elle est éliminée, niée, oubliée. Quarante voix seulement sur neuf cents votants ! Le visage de Luigi est de marbre. La violence contenue semble battre contre ses tempes, la rage l'étrangle et noircit ses pupilles. Il est seul. Aucun regard de Dalida, nulle attention ne sauraient le tirer de sa torpeur. Il veut fuir les consolations, se dérober aux étreintes bienveillantes. Silencieux, le couple rejoint sa voiture pour se rendre au dîner du festival. Nerveux, brutal, le vaincu démarre en trombe et dépose sa compagne au restaurant avant de rentrer à l'hôtel. Ce repas est au-dessus de ses forces, ils se retrouveront plus tard dans la nuit.

Mais Dalida n'a pas le cœur à faire la fête, ses pensées vagabondent vers Luigi. Est-il bien rentré ? S'est-il calmé ? A-t-il trouvé le sommeil ? Les questions et les craintes l'assaillent. Si elle est ce soir au festival de San Remo, si elle a accepté de chanter, c'est pour lui. C'est ensemble qu'ils ont concouru et soudain sa solitude à ce dîner lui paraît incongrue. Sa place est à ses côtés, elle doit le rassurer. Après s'être assurée par téléphone auprès du concierge du Savoy que Luigi est bien à l'hôtel, elle reprend sa place à table. Mais son instinct la chahute de nouveau, rien ne parvient plus à l'apaiser. Elle prie les représentants de sa compagnie de disques de la raccompagner à l'hôtel. Feignant de rejoindre sa chambre, elle se dirige en réalité vers celle de Luigi, la 219, comme elle l'a fait discrètement les deux nuits précédentes. Elle frappe mais, n'obtenant pas de réponse, finit par pousser la porte qui n'a pas été fermée à clé. Couché sur le ventre à même le sol, Luigi semble dormir – sans doute est-ce l'effet conjugué de l'alcool et des tranquillisants qu'il n'a cessé d'ingurgiter depuis des heures. Craignant qu'il n'ait été victime d'un malaise, elle l'appelle et répète son prénom avant de s'approcher de lui et d'enfermer son visage impassible au creux de ses mains, contre sa poitrine. Mais soudain, contre sa peau claire, sur son chemisier de dentelle blanche, du sang. Le sang de son amour gisant à terre. Son cri, immense, rebondit contre les murs de la petite chambre, elle ne veut plus lâcher le corps inerte de son amant.

« J'ai aimé le public italien et je lui ai consacré cinq ans de mon existence. Je fais cela non par lassitude de la vie, tout au contraire, mais pour protester contre un public qui envoie en finale *Io, tu e la rosa.* » Ce petit mot, Luigi l'a jeté sur le lit avant d'actionner la détente de son revolver et de se tirer une balle de 7,65 dans la tempe avec une de ces armes qu'il a toujours aimé collectionner. Pas la moindre lettre pour Dalida. Pas un seul mot auquel raccrocher son deuil. À la face du monde, leur couple n'a même jamais existé. Personne ne doit connaître la nature de leurs liens. Qu'importe que l'on ait même, un temps, songé au mariage… Mais les hurlements de douleur sont plus forts que la raison. Qui n'a pas compris que c'est une veuve qui pleure ? On la sépare péniblement du corps sans vie. « Assassins ! Assassins ! » lance-t-elle à la face des organisateurs du festival. Elle supplie, conjure que soit interrompu le concours. Le lendemain, la décision sera prise de poursuivre.

La presse cerne le Savoy, les photographes se faufilent dans le dédale des couloirs feutrés du palace pour arracher quelques clichés au chanteur martyr et à sa chanteuse éplorée. Après les cris de fureur, Dalida, sans doute sous l'effet de l'injection de tranquillisant qu'on vient de lui faire, est une poupée de chiffon. Eddie Barclay et Lucien Morisse, présents au festival, sont arrivés en catastrophe. Ils la soutiennent, tentent de lui parler. En vain. Les yeux vides, elle se laisse pousser par Orlando et Rosy, cette cousine qui est aussi sa fidèle secrétaire, dans une voiture conduite par Lucien. Il faut gagner la frontière et, à l'aéroport de Nice, sauter dans le premier avion pour Paris. S'arracher au lieu du drame. Dalida s'engouffre dans l'appareil aux côtés d'Orlando et de Rosy sur une ultime recommandation de Lucien : « Il ne faudra plus la laisser un seul instant ! » « Son calvaire et le nôtre ont commencé ce jour-là », confiera Orlando dans une interview quelque vingt ans plus tard.

8

Quatre années d'hiver

Et mes sanglantes mains, sur moi-même tournées,
Aussitôt, malgré lui, joindront nos destinées ;
Et tout ingrat qu'il est, il me sera plus doux
De mourir avec lui que de vivre avec vous.
Hermione dans *Andromaque*,
de Jean Racine.

Recluse dans son antre au sommet de la Butte, Dalida n'a plus la force de ses colères. Impossible de se rebeller contre l'injustice qui la frappe, contre la mort qui la prive de son amour comme déjà elle lui a arraché Pietro, son père, rendant à jamais impossible le rendez-vous qui les aurait réconciliés. Le tempérament volcanique de la jeune femme, son énergie vitale s'en sont allés avec Luigi. Elle reste étendue sur son lit, semblant attendre un impossible retour. Inlassablement, elle écoute les disques du défunt. Les nuits succèdent aux jours sans qu'elle se soucie de l'ordre du monde. Elle se mure dans les désordres de son âme, se recroqueville autour de sa tourmente. Son univers rapetisse, son ciel est celui de sa chambre, l'horizon est fracturé, sectionné par les volets clos, et le temps qui passe ressemble à un terrifiant compte à rebours.

Par instants, elle confond la mort qui lui a pris Luigi avec ses proches qui l'ont séparée du corps et ramenée à Paris. Elle voudrait être à San Remo, elle se fâche, accable ceux qui l'ont rapatriée dans cette maison éteinte. On se persuade que la reprise du travail lui redonnera le goût de vivre, un spectacle est d'ailleurs prévu pour la fin de semaine. Mais à l'heure de la répétition, elle lâche prise. Les lumières posées sur elle, c'est déjà au-dessus de ses forces.

Orlando et Rosy respectent son désir de silence. Après tout, n'est-ce pas dans cet isolement, dans la quiétude d'un repli assumé qu'elle saura panser ses plaies ? Connaissant tous sa force, sa réactivité face à l'épreuve, ses familiers se persuadent qu'elle fait le point avec sa douleur pour mieux la défier. Dalida donne l'impression d'être en veille. « Je me suis mise en paresse », dira-t-elle. Les parties de Scrabble jadis passionnées sont aujourd'hui sans saveur. De nature pourtant si affable, elle fuit les grandes conversations entre amis. Elle économise ses gestes, alors qu'elle est d'ordinaire si généreuse en la matière. Elle si vive se montre lente, ses pensées se sont égarées. On veut espérer qu'elle trace lentement mais sûrement le chemin de son retour à la vie. Comment imaginer qu'elle creuse celui qui la rapprochera de Luigi ? Il paraît qu'avant l'irruption du volcan la nature s'alanguit et s'apaise.

Dalida feint un regain d'énergie. En se rendant dans les environs de Gênes pour rencontrer la mère de Tenco et se recueillir sur sa tombe, elle donne l'illusion d'entamer son travail de deuil. En réalité elle s'est procuré une arme car elle est décidée à accomplir son funeste dessein, à en finir avec la vie. Une invitation à participer à une émission de la télévision italienne tombe à point nommé. Elle décide de revêtir la longue robe noire aux poignets et col de dentelle blanche qu'elle portait le soir du festival de San Remo et d'interpréter *Ciao amore, ciao*. Ensuite, elle rejoindra Luigi dans la mort. Mais après réflexion, elle se débarrasse du revolver. Sa vie ne tient peut-être qu'à un fil, mais ce fil, si ténu soit-il, est bien là qui la retient dans sa chute. Elle se cramponne encore, il y a le vide en contrebas.

Désormais l'idée du suicide ne cessera plus de la hanter. L'impuissance à recourir à cet acte vient même le sacraliser. L'accomplir enfin, ce serait accéder à l'héroïsme dont a fait preuve Tenco, communier avec lui et pousser à son tour un cri de protestation. Non contre le monde moderne ou les impératifs commerciaux des maisons de disques, mais contre la vie. Dalida ne parle pas, ne confie rien, elle ressasse, échafaude avec zèle son plan morbide, prenant le soin de règler sa succession et de retirer de la banque une forte somme d'argent destinée à sa mère. L'incapacité à formuler sa souffrance lui barre une à une les issues qui pourraient encore la délivrer. Dans son donjon clos, elle vit sa mort.

Néanmoins elle accepte la proposition de Guy Lux lorsqu'il l'invite à participer le 16 février 1967 à son « Palmarès de la chanson ». L'entourage veut de nouveau croire à un pas en avant. Pour la vedette c'est au contraire un chant du cygne. Parmi les quatre titres au programme figure *Ciao amore, ciao*, adaptée en français par Pierre Delanoë, et pour l'interpréter elle portera toujours la même robe, sa robe linceul, longue, noire et sobre comme celle de la grande faucheuse.

Nous sommes deux ombres
Et deux solitudes,
Un grand amour sombre. [...]
Mieux vaudrait la haine
Que l'indifférence,
Mais je veux vivre, vivre,
Je veux qu'on m'aime.
Ciao amore, ciao amore, ciao amore, ciao...

La caméra capture en plan rapproché son visage sous tension. Les bras tendus devant elle, elle implore tandis qu'un tumulte d'images d'avenues grouillantes, de foules agitées, de marins sur le départ et d'usines fumantes se superpose à toute allure sur son visage meurtri. L'effet est saisissant.

À Orlando qui a rejoint depuis peu son équipe professionnelle elle demande le lendemain à visionner l'émission. Avec attention elle regarde et écoute la chanteuse qui prend vie sur l'écran. En pensée, elle la salue une dernière fois. Quelques jours plus tard elle décide de s'envoler pour Turin. Elle doit rendre visite à la famille de Luigi, assure-t-elle. C'est pour cela qu'elle tient à faire le voyage seule. Elle semble plus vive, presque gaie. Déroutante mascarade. À moins qu'elle ne soit bel et bien soulagée d'en être arrivée à l'étape ultime de son projet, au dénouement de ses souffrances. Moins d'un mois s'est écoulé depuis la disparition de Luigi.

Rosy et son mari l'accompagnent à Orly. Un dernier petit signe de la main et Dali, comme on l'appelle en privé, rejoint la salle d'embarquement. En réalité, la chevelure emprisonnée sous un foulard et les yeux cachés par de grandes lunettes de soleil, elle rebrousse chemin jusqu'à la file de taxis. « Hôtel Prince de Galles ! » indique-t-elle au chauffeur. Ce même palace où Luigi avait ses habitudes ces derniers mois lorsqu'il lui rendait visite à Paris. « De l'aéroport à l'hôtel, dans le taxi qui roulait trop lentement, je savais que je ne pouvais plus reculer. J'avais tout organisé pour le suicide parfait. Personne ne viendrait me déranger, me sauver *in extremis* », confiera-t-elle. Elle serre contre elle son sac à main, qui contient les tubes de barbituriques qu'elle a réunis. « Ilme semblait qu'ils avaient une vie propre. Eux seuls pouvaient me rendre libre. »

Enfin dans sa chambre, la 410 au quatrième étage, elle s'installe à une table et rédige trois lettres, une pour Peppina, la deuxième pour Lucien, qu'elle charge de prévenir ses proches, et enfin celle-ci : « J'ai voulu me tuer sans haine pour moi-même ni pour personne mais la vie sans Luigi Tenco m'était devenue insupportable. J'ai voulu aller le rejoindre et entreprendre là-haut ce que je n'ai pas pu faire sur terre. » Au bouton doré de la porte, côté couloir, elle accroche le petit panneau « Ne pas déranger » puis s'en retourne à ses rituels. Elle brosse longuement ses cheveux, se démaquille et enfile un déshabillé bleu. Elle s'empare du verre à dents de la salle de bains et trois par trois ingurgite les pilules, beaucoup de pilules, soixante-quinze, jusqu'à apercevoir le fond des flacons. Nous sommes dimanche, la nuit est tombée. L'avenue George-V est calme jusqu'à ces Champs-Élysées que treize ans plus tôt, un 24 décembre enneigé, une jeune Égyptienne a arpentés pour la première fois.

Le lendemain dans la soirée, la femme de chambre s'interroge à la vue du petit écriteau qui n'a pas bougé. Sous la porte, elle aperçoit la lumière mais ne discerne aucun bruit lorsqu'elle tend l'oreille. Elle laisse encore passer quelques heures, frappe à la porte en vain. À vingt-deux heures, enfin, n'y tenant plus, elle se saisit de son passe et franchit le seuil de la chambre silencieuse. Devant elle, une femme étendue sur le lit, les mains jointes derrière la nuque, les pieds croisés. Comme l'a prévu Dalida lorsqu'elle a inscrit le numéro de téléphone de Lucien Morisse au recto de l'enveloppe qu'elle lui destinait, on fait appeler son ex-mari qui accourt dans l'instant. Il téléphone à son tour rue d'Orchampt où Orlando et Rosy, fous d'inquiétude, attendaient depuis plusieurs heures le retour de Yolanda. « Elle a tenté de se suicider, elle n'est pas morte mais dans le coma ! » Les mots s'entrechoquent, on presse Lucien de questions, toutes restent sans réponse. Il est trop tôt pour savoir. C'est avec le plus de discrétion possible qu'on transporte la chanteuse à l'hôpital, mais bientôt le secret est éventé et les radios s'emparent de la nouvelle. Au petit jour, à l'heure du café, la France entière apprend que Dalida a voulu mettre fin à ses jours. Les chroniqueurs reviennent avec force détails sur un état jugé critique et relatent au passé le palmarès de la vedette. Sur les ondes, des fans crient leur admiration, des spécialistes évoquent les différents stades du coma. Des sacs de lettres émues encombrent les bureaux de la maison de disques et le hall de la rue d'Orchampt. Mais on ignore que c'est par amour que l'idole a voulu mourir. Personne n'a encore eu vent de la passion qui l'unissait à Luigi Tenco. La rumeur publique va se charger de trouver des motifs à cet imprévisible drame.

Au bout de cinq jours, enfin, alors que grandissait l'inquiétude des médecins, la rescapée sort des limbes. Au-dessus d'elle, le visage si doux et aimant de Peppina. Les premiers mots de Dalida sont pour sa mère : elle lui demande pardon. Mais la partie est encore loin d'être gagnée. Après ces journées entre parenthèses elle sent tout son être à vif, endure une souffrance que sa mémoire ne gommera jamais : « J'entendais des voix, je voyais des choses et des gens déformés. J'avais des hallucinations. Je ne voudrais pas revivre cette angoisse du réveil. » Sa douleur la heurte à nouveau de plein fouet et vivre a quelque chose d'insupportable. Le corps en phase de réveil est douloureux, l'âme est torturée, la culpabilité d'avoir effrayé les siens est immense. Hormis son supplice physique – des nécroses exigeront plus tard des greffes de peau –, il lui faut reconstruire ce que la mort a dévasté en elle, tout simplement se donner le temps du repos et du sommeil, se nourrir, laisser la parole au corps.

Parce que le combat doit être intime, Dalida est bientôt reçue dans une clinique pour entamer une convalescence durant laquelle elle sera totalement coupée de son entourage. Tandis que débute un travail de psychothérapie, elle voit affleurer de nouvelles souffrances, en réalité très anciennes et longtemps enfouies. Grâce à cette instrospection elle commence à découvrir un être qu'elle ne connaît pas. La rencontre avec cet autre est brutale. Elle doit engager le dialogue avec cette étrangère. La gravité qu'elle dissimulait au fond de son âme, qu'elle masquait par la légèreté, voire la futilité, transparaît douloureusement. Cette exigence tenace qu'elle avait mise au service de sa carrière, c'est désormais à sa quête personnelle qu'elle doit la consacrer. Il lui semble soudain que tout ce qu'elle a cherché autour d'elle est en réalité contenu au-dedans d'elle. Ce voyage au cœur de son monde intérieur est long et pénible mais rien ne pourra plus l'en détourner : « On pourrait croire que l'heure la plus difficile de ma vie fut celle où j'ai décidé de me suicider. Eh bien non ! C'est celle où j'ai dû trouver en moi la volonté de vivre ! »

Sur sa table de nuit, un livre. Pas un livre comme les autres : un recueil de quatre cents lettres d'admirateurs parmi les milliers reçues ces derniers jours. Au fil de ces pages noircies, rien que de l'amour, des encouragements à survivre, un baume pour le cœur – « Tu es tout pour moi, mon soleil, mon pain quotidien, ma raison de vivre... Tu es ma poupée féérique... » –, des « Je t'adore » de collégiennes, de soldats, d'ouvrières ou d'employés. Les uns joignent une petite photo, les autres une fleur séchée ou même un billet de cinquante francs destiné à l'achat d'un bouquet de roses.

Moins d'un mois s'est écoulé depuis ce grand sommeil désespéré quand sous la plume de Christian de La Mazière Dalida s'adresse à son public dans les pages de *France-Soir*. Avec délicatesse et émotion, elle revient sur la perte de Luigi, son mal de vivre et les conditions de sa tentative de suicide. « C'est la fatigue qui m'a tuée. Un matin, elle est venue s'installer près de moi et ne m'a plus quittée. » Mais c'est finalement l'espoir qui l'emporte sur la souffrance d'hier, une rédemption émue. « Je ne pourrai plus jamais me sentir seule, isolée dans la foule. [...] Je ne pensais pas, je ne voulais pas me sentir entourée de tant d'attentions. Pourquoi n'ai-je pas, bien avant, su que je n'étais pas seule. [...] Ma vie n'était faite que de futilités. On aimait bien Dalida, on me le disait, on me le souriait, mais je n'y croyais pas tellement. » En lisant cette confession le public découvre une femme dont il ignorait tout, un être qui ne s'est jamais aimé, plus attentif à ses lacunes et à ses ratages qu'à ses qualités et à ses triomphes. « Je n'étais pas une femme mais une industrie. » Elle exprime le poids des efforts quotidiens, des combats incessants, d'une conquête de la gloire dans laquelle elle a fini par s'égarer. La chanteuse aux gestes graciles et aux ritournelles légères n'est pas une coque vide. Elle donne le frisson lorsqu'elle relate comment la mort l'a réconciliée avec la vie. « Plus jamais je ne tenterai de me supprimer. D'abord à quoi bon recroiser la mort puisque je suis morte une fois déjà ? » Son existence était aveugle, ses nerfs à vif ; sa curiosité était éteinte, son cœur refroidi. Elle avait perdu le goût des petits plaisirs, oublié le chant des oiseaux, la tendre pâleur du soleil naissant, les parfums du printemps, et voilà qu'elle se réjouit à nouveau de l'éveil de ses sens. « Ce matin, j'ai touché la taie de mon oreiller : elle était lisse, douce. Je ne peux expliquer cette douceur, je ne l'avais pas encore remarquée. » Elle achève son hymne à la vie par des remerciements, à Dieu, à la cameriste du palace, Yvonne Bouteiller, qui lui a sauvé la vie, à ses amis. « Je remercie les fleurs de ma chambre d'être aussi belles, le ciel de ma chambre d'être aussi clair, ma famille, mon lit. Je remercie chaque atome de ce monde. Je ne mourrai plus jamais. Je veux vivre, vivre, vivre encore et plus fort. Puisque Luigi Tenco est mort. » D'ailleurs la vie reprend ses droits puisque Marie-Thérèse, l'épouse de son frère aîné, donne le jour à un petit Luigi : pour Dalida c'est le plus joli bourgeon de sa résurrection.

Mais la mort est un venin qui ne quittera jamais totalement son sang. Pour toujours elle connaît sa froideur et sa morsure. Elle devra compter avec elle, l'apprivoiser sans la convoiter, lui faire face sans la craindre.

Ce long voyage est fini,
Je me retrouve au pays. [...]
J'avais peur que tout me soit étranger,
Mais rien ne semble changé.

Sur les paroles de sa nouvelle chanson, *Les Grilles de ma maison*, elle esquisse les premiers pas de son retour vers le public. Au « Palmarès de la chanson » elle avait secrètement décidé de faire ses adieux quatre mois plus tôt ; c'est cette même émission, le 8 juin 1967, qui voit sa renaissance. Le visage reposé – sans doute grâce à son récent séjour sous le soleil d'Espagne –, les yeux brillants d'émotion, elle paraît dans une longue robe blanche parsemée d'imposantes figures géométriques bleues. Les Français devant leur petit écran, les spectateurs dans le studio, tous retiennent leur souffle lorsque la silhouette encore fragile de Dalida se découpe dans l'obscurité, comme surgissant de l'ombre pour s'embraser. Elle entre par le fond de la salle et des fleurs nombreuses jetées à terre semblent la guider vers le plateau où l'orchestre joue l'introduction des *Grilles de ma maison.* Des larmes roulent sur son visage offert, sa voix jaillit comme arrachée du plus profond de son être. Ses mains frôlent son visage, elle semble avoir besoin de toucher sa propre peau pour se rappeler qu'elle est bien vivante. La chanson s'achève, ses bras tendus filmés en plan serré étreignent le pays tout entier. Bientôt elle se rend dans les villes étapes du Tour de France. Il n'était pas question pour elle d'annuler ce périple, si pénible et contraignant soit-il. Elle a décidé de partir à la rencontre de ceux qui, ces derniers mois, l'ont soutenue par leurs pensées, leurs lettres et leurs petits cadeaux.

Après la ronde des théâtres improvisés en plein air, les loges aux murs délabrés, les coulisses désolées de gymnases et les sonorisations douteuses, l'heure est venue de regagner Paris et son plus bel écrin, l'Olympia. Sous ce ciel bleu nuit Dalida a relevé tous les défis et remporté ses plus belles victoires. Cette fois on ne l'attend pas au tournant, bien au contraire : il s'agit de lui souhaiter la bienvenue, d'acclamer sa renaissance. Mais pour la chanteuse c'est une nouvelle aventure, un spectacle bien différent de ceux qu'elle a donnés autrefois. La femme s'est engagée dans une exigeante quête de soi et l'artiste se fait aujourd'hui sur scène l'écho de ces bouleversements intérieurs. Il n'est plus question pour elle de se parer, de marquer sa taille et de se percher sur des talons hauts. La futilité et les artifices ont fait leur temps, elle a renoncé aux signes extérieurs de séduction, elle se veut épurée et vraie. Dans sa longue robe blanche à col ras et sans manches, si droite et lisse, elle est une madone dont les chants sont des prières. Le visage émacié, ses cheveux sans aucun apprêt lâchés en cascade sur les épaules, elle est funambule sur le fil de ses émotions. Dans l'immense océan de sa recherche spirituelle, ses nouvelles chansons sont autant de bouteilles jetées à la mer. Elle s'offre et se dévoile, « mais sans prostituer son émotion », ainsi que l'écrit Jacqueline Cartier dans *France-Soir* au lendemain de la première.

Après un long silence
Entre le vide et moi,
Après m'être noyée
Dans une vie sans but,
J'ai décidé de vivre.

Ces paroles sont le refrain de sa nouvelle chanson phare. D'autres mots graves et inspirés fusent, ceux d'*Entrez sans frapper*, signés Michel Fugain.

Si vous avez un jour aimé,
Si vous n'avez pu vivre après
Qu'en murmurant le prénom de l'absent...

Suivent *Je reviens te chercher* de Bécaud, *Ciao amore, ciao* et *Loin dans le temps* de Luigi Tenco, dont Dalida a signé la version française – c'est la seule fois qu'elle se fera auteur. Chaque chanson est à la fois le miroir d'une souffrance et la promesse d'une guérison. L'artiste ne s'apitoie pas, elle partage. Elle saigne mais ne pleure pas. Ses longues mains fines sont accrochées à ses hanches quand elles ne caressent pas ses joues. Sa bouche large semble mordre l'obscurité. Le public est saisi et elle sent de nouveau le sang couler dans ses veines. Derrière le rideau qui se referme sur un dixième rappel, Bruno Coquatrix ne se souvient pas avoir vu une telle ferveur depuis Piaf.

Dans le même temps Dalida vit au quotidien une histoire d'amour avec l'Italie. Depuis le drame de San Remo, on ne se contente plus de ses passages occasionnels. Les Italiens la revendiquent et la réclament avec ces élans de passion dont ils ont le secret. On la prie de participer à « Partitissima », une émission culte présentée par Alberto Lupo ; pendant des semaines, les plus grandes vedettes du pays s'y affrontent jusqu'à ce que l'une d'elles remporte le trophée. Claudia Villa, Ornella Vanoni, Rita Pavone, Mina, Milva ou encore Domenico Modugno se livrent ainsi combat. Les artistes se mêlent au public, frôlent des mains et des visages, se laissent étreindre et embrasser. On se lève sur leur passage, on crie, on applaudit dès les premières notes, mais c'est Dalida qu'au terme de cinq mois de joutes musicales le peuple roi élira.

La carrière n'est bientôt plus le seul alibi de la chanteuse pour se rendre à Rome. Un jeune homme n'est en effet pas étranger à ses nombreux allers-retours entre Paris et Rome. Dans les coulisses de « Partitissima » grouillent certes des techniciens, mais aussi des admirateurs malins qui sont parvenus à se faufiler dans le saint des saints. Lucio, lui, semble étranger à cette curieuse mêlée, il est observateur et délicieusement rêveur. Dalida n'éveille pas en lui des instincts fanatiques ni même une fascination aveugle mais bien plutôt du respect, de la compassion, quelque chose qui ressemble à une complicité. Lui-même poète et écorché par un mal de vivre tenace, ce garçon de vingt-deux ans vouait une grande admiration à Tenco. Il connaît son œuvre, a compris sa souffrance et son sacrifice. Dans le regard de la chanteuse il décèle une détresse proche de la sienne. Elle ne peut pas ignorer cet appel invisible. Quelques mots sont échangés. Lucio a le livre de poèmes de Tenco sous le bras. Déjà l'on se promet de poursuivre la conversation, de la nourrir et de l'embellir.

Ils se revoient, à Rome, à Paris. Furtivement, discrètement. Aucun des deux ne semble vraiment rechercher l'étreinte. Le désir est autre. Désir de paroles, délire de mots au service d'une quête existentielle vissée à l'âme de l'un comme de l'autre. Mais finalement les corps s'éveillent à la tentation. Deux petits mois d'amour, trois tout au plus, s'écoulent, et la chanteuse découvre aux derniers jours de 1967 qu'elle est enceinte. L'enfant d'un enfant, c'est impossible ! Lucio est si jeune, il a douze ans de moins qu'elle, il tient son avenir au creux de ses mains. Elle le veut libre, il ne doit pas savoir. Et puis que pourrait-elle lui apporter alors qu'elle est déjà si blessée ? Il ne lui reste plus qu'à se sacrifier. Parce qu'elle refuse de donner vie à un bébé sans père, elle a recours à l'irrémédiable intervention. Elle fait s'éteindre la petite flamme de vie qui brille en elle, se condamnant pour toujours à une obscurité aveuglante et à un silence assourdissant. De ce rendez-vous manqué elle ne dira plus jamais mot.

Renonçant à cet amour de chair et de sang, Dalida s'en retourne à ses livres, ces compagnons de nuit arrimés à son lit de solitude. « Je suis comme une enfant qui découvre la vie », s'émeut-elle au fil de ses découvertes livresques. En tournée, en voyage, elle charge davantage ses valises de livres que de colifichets. Arrivée à l'hôtel, elle les installe autour d'elle, çà et là, sur une table ou un coin de lit ; ils sont ses marques, son décor. « Un livre, il est toujours là, il est fidèle. On peut le lire, le relire. On peut l'ouvrir, le regarder quand on veut. Il est là, il ne nous quitte jamais », explique-t-elle à Pierre Bouteiller venu l'interviewer pour l'émission « À bout portant ». Il l'interroge sur ses lectures du moment, elle avoue aimer en avoir plusieurs à la fois. Le regard baissé, un petit rire presque gêné aux lèvres car sans doute heurte-t-on là sa pudeur, elle glisse trois titres à son interlocuteur : *La Métaphysique du sexe* de Julius Evola, *La Puissance et la fragilité* du professeur Jean Hamburger (le père de Michel Berger) et *Malaise dans la civilisation* de Sigmund Freud. Soudain on découvre l'autre Dalida, la femme qui pense et non plus celle qui chante, la femme secrète, intime, solitaire éprise de spiritualité. Durant un instant la chanteuse populaire s'efface, ses fards se craquellent. Mais dans un éclat de rire et un mouvement de cheveux elle fixe de nouveau la caméra : la vedette est de retour. Pour un peu, elle s'excuserait.

Frustrée d'avoir quitté trop tôt les bancs de l'école, souvent complexée par ses lacunes en matière de culture générale, elle s'est mise à dévorer avec empressement et gourmandise toute forme de connaissance, n'écartant nulle source susceptible de répondre à ses impatiences.

Dans quelques années, elle se rendra même très régulièrement à la Sorbonne pour suivre en auditrice libre des cours de philosophie.

Élevée dans la religion catholique, elle s'intéresse à l'œuvre de Pierre Teilhard de Chardin, un prêtre jésuite connu pour son interprétation évolutionniste de l'humanité et de l'univers, une évolution que ce géologue, paléontologue, philosophe et théologien qui a effectué des missions scientifiques en Chine, en Inde, en Birmanie, à Java et en Afrique australe juge compatible avec la foi chrétienne. Il réaffirme que l'ordre du monde répond à un projet, à un sens profond. Dieu est le point initial et final de l'univers et rien n'est profane pour qui sait voir. Dalida entrevoit dans la lecture de son *Phénomène humain* un phare dans sa nuit d'errance, elle trouve là quelque nourriture mais pas encore la réponse à toutes ses questions. « Après cinq jours de coma, la vie avait changé. J'avais une soif de connaissance. J'ai cherché Dieu, la vérité. Je n'ai pas trouvé Dieu mais je me suis trouvée moi. J'étais une inconnue à moi-même, j'ai découvert l'inconscient. Ont commencé mes longues années d'hiver », racontera-t-elle à Ève Ruggeri.

Durant quatre années d'hiver, elle s'engouffre dans les lectures les plus ardues et se consacre à un profond travail d'introspection. Les œuvres de Jung et de Freud ne la quittent plus, ainsi que leurs biographies, les poèmes mystiques du prix Nobel 1913 Rabindranath Tagore, son *Offrande lyrique* traduite par Gide. Grâce aux lectures de Freud et à l'analyse qu'elle entreprend auprès du docteur Guy Pitchal, lequel la surnomme « l'aspirateur » tant sa soif de connaissance est grande, elle mesure toute la force des désirs refoulés. « Freud avait raison de dire que la psychanalyse est l'archéologie de l'âme », aime-t-elle à répéter. Ainsi guidée, elle étudie ses rêves et ses actes manqués, se passionne pour les notions de pulsions de vie et de mort, pour celles de ça, de moi et de surmoi. Pendant des journées entières elle se mure dans le silence de la rue d'Orchampt pour déchiffrer ces œuvres difficiles et saisir au plus près les concepts décrits. Elle fait le chemin long et sinueux qui l'éloignera des montagnes de l'Occident, ainsi qu'on appelait en Égypte le royaume des morts ; elle accomplit ce périple pénible et chaotique qui la mènera enfin au cœur d'elle-même. « Chaque être a le livre de sa vie. Le voyage le plus merveilleux, ce n'est pas celui que l'homme fait en allant sur la lune mais c'est le voyage intérieur. C'est le plus fantastique, il est très pénible mais je crois qu'il est nécessaire. J'étais très ambitieuse, je le suis toujours mais mon ambition est différente. Je veux réussir ma vie. Mon métier, avant, était un refuge, une fuite. Je ne le veux plus aujourd'hui. Je ne voulais pas me regarder, je me reprochais de traverser la vie en chansons sans regarder à droite ni à gauche », déclare-t-elle à Denise Glaser lors de son émission « Discorama ».

Une année s'est écoulée depuis la mort de Luigi Tenco. En février 1968, elle se rend en Italie pour une messe du souvenir. Le visage sombre, elle n'a rien de la star qui un mois plus tôt remportait dans la lumière la finale de « Partitissima ». En elle, forces de vie et de mort s'étreignent et se combattent.

Quand Yolanda sort de sa coquille, c'est pour que Dalida fasse la vedette. En cette année 1968, elle chante sur une mélodie russe *Le Temps des fleurs*, donne des galas dans les DOM-TOM, s'envole en mai pour l'Amérique du Sud, se rend à la Réunion, en Afrique noire, au Japon, participe du 16 juin au 6 juillet au Cantagiro, un tour d'Italie de la chanson suivi par le pays tout entier.

Dan, dan, dan, *L'Ultimo Valzer* et *Un po d'amore*, la version italienne de *Nights in White Satin* des Moody Blues, sont d'immenses succès dans la Péninsule tandis que la jeunesse française jongle avec les pavés sur les barricades. À son public Dalida distribue la joie de vivre. On ne se doute pas qu'il ne lui en reste plus guère pour elle lorsque les feux de la rampe s'éteignent. Mais c'est le jeu. Dévouée, elle le joue parfaitement.

Elle partage avec Alberto Lupo l'affiche d'un film italien, *Io ti amo*, mais n'est plus dupe des motivations des producteurs. C'est la chanteuse que l'on met en scène, on s'arrange pour la faire chanter tout au long du film, on se sert de son nom pour remplir les salles. Un jour il faudra bien en finir avec ces rêves de cinéma, se convainc-t-elle. Encore un deuil. Encore les rêves de l'enfance.

Les trophées ne cessent de pleuvoir, la croix de vermeil de commandeur des arts, des sciences et des lettres, la médaille de la Présidence de la République remise par le général de Gaulle en personne ou encore Canzonissima, l'oscar italien de la chanson. Mais Yolanda a bien trop à faire avec elle-même pour se réjouir totalement. Une fois le rideau tombé, elle oublie les chansons, les orchestrations et les rappels pour se consacrer à son autre métier, celui de vivre. Elle dévore précisément *Le Métier de vivre* de Cesare Pavese, cet écrivain qui, le 27 août 1950, dans une chambre de l'hôtel Roma à Turin, s'est donné la mort en absorbant des somnifères. Neuf jours avant de mourir il écrivait dans son journal intime : « Il suffit d'un peu de courage. Plus la douleur est déterminée et précise, plus l'instinct de la vie se débat, et l'idée du suicide tombe. Quand j'y pensais, cela semblait facile. Et pourtant de pauvres petites femmes l'ont fait. Il faut de l'humilité, non de l'orgueil. Tout cela me dégoûte. Pas de paroles. Un geste. Je n'écrirai plus. »

Un soir de 1969 où elle n'est pas à l'autre bout du monde, pas en studio ni sur une scène de province, Dalida, qui vient de lire avec passion *Les Chemins de la sagesse*, décide de se rendre rue Bergère où l'auteur donne une conférence dans le cadre de l'association « L'homme et la connaissance ». Elle découvre alors le visage serein et la parole non moins apaisée et apaisante d'un certain Arnaud Desjardins. Expert en yoga, initié au bouddhisme par un grand maître tibétain mais tout aussi averti en matière d'hindouisme, de soufisme et de philosophie zen, l'homme écrit des livres et réalise des documentaires sur ses explorations spirituelles. À l'issue de son intervention, comme à son habitude, le maître dédicace ses ouvrages et rencontre ses admirateurs, des femmes énamourées pour la plupart. D'abord en retrait, Dalida s'approche et, timidement, lui fait part de son grand intérêt pour *Les Chemins de la sagesse*. Avant de prendre congé, elle le prie de signer une dizaine d'exemplaires qu'elle compte bien offrir à ses proches. Desjardins remarque que l'un des livres que lui tend la chanteuse compte des passages annotés et d'autres soulignés. « Cela m'étonnait qu'une jeune chanteuse au répertoire facile, que je ne connaissais qu'à travers son image superficielle, s'intéresse à cela », dira-t-il. Cet aventurier de la spiritualité au regard de velours et au sourire charmeur ne reste pas insensible à pareil hommage. La célèbre lectrice est quant à elle littéralement éblouie par la force et le calme qui se dégagent de son visage. Elle si encline à combattre ses tumultes intérieurs vient de rencontrer un être tout en harmonie, un sage. Elle caresse l'espoir de croiser à nouveau sa route.

Par chance, Dalida et Arnaud Desjardins ont en commun un ami, le chanteur et compositeur Gianni Esposito. C'est lui qui va bientôt les guider l'un vers l'autre, le temps d'un repas donné rue d'Orchampt. Desjardins s'attendait à dîner au sommet de la tour d'ivoire d'une star, il découvre une femme affairée en cuisine et qui a elle-même dressé la table. Une femme presque comme les autres, si ce n'est qu'elle est particulièrement belle avec ses cheveux noués en chignon, son visage sans fard, son allure gracile. Ce soir il n'est pas question de chanson. Elle qui a trop l'habitude d'être au cœur des discussions et l'objet des regards désire s'effacer devant Arnaud Desjardins. Elle veut le questionner et l'écouter, se nourrir de ses enseignements. Au fur et à mesure qu'il l'entretient du bouddhisme, elle découvre un territoire vierge et libre, ouvert sur l'avenir et tout offert à l'amour et à l'espoir. Bien loin du Dieu de son enfance, de ce Dieu de la faute et de la culpabilité, de ce Dieu censeur qui juge et condamne plus qu'il ne protège. « La psychothérapie m'a éloignée du Dieu de mon enfance, le Dieu imaginaire, elle m'a rapprochée de la nature et de la vie ; c'est peut-être cela le vrai Dieu ! »

Un dimanche de mai 1969, confortablement lovée dans le canapé de son salon, Dalida regarde la télévision quand Desjardins paraît à l'écran dans l'émission de Pierre Dumayet « L'invité du dimanche ». Il se tient aux côtés de Maurice Béjart qui l'a convié. Quand le présentateur prie le penseur d'expliquer le sens du mot *Bhakti*, titre du prochain ballet du chorégraphe, il se lance dans une grande tirade : « C'est un mot que l'on traduit par "dévotion" dans les lexiques. Or pourquoi ne pas dire tout simplement “amour” ? Mais pas n’importe quel amour. Celui dont je parle n’asservit pas mais libère. » Dali se sent comme happée par les propos du maître. « L’amour qui grandit, l’amour qui libère, pas celui qui attache, l’amour pour les autres, pas pour soi ! » répète-t-il inlassablement. Cette phrase, elle la reçoit en plein cœur, c’est un éclair de joie et de délivrance. Voici l’écho parfait de ce qu’elle ressent sans jamais avoir pu le formuler. Desjardins poursuit : « N’est-ce pas incroyable que l’on emploie en français comme en anglais l’expression cruelle “tomber amoureux” ? Comme si l’amour faisait déchoir. Non, je parle d’un amour qui élève, à propos duquel on pourrait légitimement dire “s’élever amoureux”. » Ces mots dansent des jours et des nuits dans l’esprit de Dalida et lui donnent à comprendre que son attachement pour Luigi Tenco ne doit plus la cadenasser mais la libérer, qu’elle ne peut plus sommeiller à l’ombre de sa peine. Il lui faut vivre, aimer les autres plus que soi, aimer en liberté.

Elle doit revoir Arnaud, parler avec lui, poursuivre le dialogue. Elle est certaine que ses enseignements lui ouvriront la voie de la guérison. Mais de jour en jour, au fil des rencontres chez elle ou chez Arnaud rue Soufflot, c’est l’amour qui se dessine. Le sage se lance le premier : « Écoutez, je vous dois la vérité. Je ne puis vous laisser croire que je suis seulement là pour répondre à vos questions. Je suis très attiré par vous sentimentalement et physiquement. » Elle ne cherche pas un seul instant à résister. Avec lui elle se sent en confiance, il n’est pas du genre à lui passer les fers, quand bien même ce serait ceux de l’amour. De lui elle attend des ailes pour voler. Cette fois ça n’est pas elle qui va entraîner un homme dans son monde, celui de la chanson, mais bien lui qui va la guider sur ses chemins de sagesse. « Il faut tuer cette maudite Dalida ! » s'emporte-t-elle. Desjardins se souviendra avec émotion : « À trente-six ans, elle avait conscience de l'éphémère des bravos et de l'adulation, du bonheur illusoire que procure l'argent même si l'on est née pauvre comme elle, de l'amertume des amours disloquées, du désespoir. Elle cherchait une lumière autre que celle du jour pour comprendre les profondeurs de la vie. Tout de suite, j'ai été conquis par sa sincérité. »

Cet amour reste secret, d'autant qu'Arnaud est marié. Dali est si éprise qu'elle lui offre d'arrêter définitivement la chanson s'il le souhaite. La mesure n'est décidément pas son fort. L'homme d'équilibre et de sagesse qui se croyait depuis longtemps à l'abri des tumultes de la passion se trouve lui-même comme torpillé par les sentiments qui le lient de plus en plus à l'artiste. Il se détache soudain de ses enseignements comme elle s'est éloignée de la chanson. Le désir de l'autre, les soupirs d'amour l'emportent sur les aspirations divines. L'été 1969 est celui de l'idylle pour Arnaud et Dalida ; on se fait la parade, on s'amadoue, on goûte aux plaisirs des sens. Arnaud s'est éloigné de Swamiji, son maître indien, il lui écrit moins, renonce à lui demander conseil et s'affranchit de ses commandements. Les mois passent sans qu'il émette même le désir de reprendre le chemin de l'Inde. Dans une de ses lettres, il annonce à Swamiji qu'il projette de divorcer. Il ne vient pas là le consulter comme il en avait jusqu'alors l'habitude mais tout au plus l'informer ; au fil des pages, il décrit avec emphase et émotion sa relation amoureuse. Lorsqu'il décide enfin de se rendre en Inde, il se voit accueilli par la sentence de son maître : « Vous n'êtes nulle part, vous êtes totalement emporté ! » Mais une immense tendresse lie les deux hommes, alors quand Arnaud prie Swamiji d'accorder une audience à l'objet de ses désirs, celui-ci y consent.

Dalida ne se dérobe pas à cette rencontre.

« Ainsi vous aimez Arnaud ? » commence par la questionner Swamiji avant de lancer : « Savez-vous que c'est un enfant ? – Je le sais, mais ce qui compte c'est qu'il le sait aussi », rétorque-t-elle en anglais.

La glace se brise, le sage lit la sincérité sur le visage de la vedette venue d'Occident, il entend ses pleurs, devine le duel intérieur qui oppose la femme et la chanteuse. « Elle est intelligente, noble et droite » confie-t-il à son disciple. À trois reprises elle se rendra en Inde, deux fois avec Desjardins, une fois seule, et elle se pliera aux conditions de vie austères de l'ashram de Channa sans jamais s'en plaindre. Là-bas, on l'appelle simplement Yolanda.

En Inde, la voilà comme nue, dépouillée des honneurs et des égards ; pourtant jamais elle ne s'est sentie aussi protégée. Les cheveux tirés, offrant son visage au soleil ardent, pieds nus sur le sol de terre battue, enveloppée d'un sari blanc, elle s'assoit en tailleur face au maître, il l'écoute longuement et lui renvoie quelques paroles limpides. Auprès de Swamiji et d'Arnaud, là-bas au bout du monde, si loin du public et des chansons, tout lui apparaît en effet tellement clair ! Son métier n'est plus que faux-semblant, comme un jeu de miroirs déformants dans lequel elle aurait perdu son reflet. Elle songe à se retirer, à changer de vie. Mais le maître indien n'est pas dupe, il voit Dalida traverser sa vie sur un fil : il y a d'un côté l'absolu où repose la vérité profonde à laquelle elle aspire, de l'autre le monde du mensonge et l'illusion, ce spectacle dont elle est la reine, qui lui a donné son identité, sa légitimité. Deux mondes au-dessus desquels elle voltige et danse dangereusement. Swamiji sait qu'elle ne peut pas renoncer à l'univers du spectacle qui est le sien, et surtout qu'elle ne le doit pas. Il ne s'emploie pas à faire bifurquer son chemin mais plutôt à unifier une femme multiple et divisée, rompue et souffrante. Son premier élan d'amour pour Arnaud n'a-t-il pas consisté à vouloir renoncer à sa carrière ? C'est dire si ce qu'elle a de plus cher et de plus sacré tient à ce métier – ce métier qui la dévore mais la nourrit plus encore.

Le sage indien est persuadé de sa vocation de chanteuse lorsqu'il écoute l'un de ses disques. La vérité de Yolanda est là, au creux de ces sillons, dans la chaleur de sa voix, dans ce phrasé dramatique qui n'appartient qu'à elle. Sa mission parmi les hommes c'est de chanter pour eux, affirme Swamiji. À l'inverse, il accable son disciple, l'accuse de céder plus à la fascination pour la star qu'à l'amour pour la femme, il condamne son aveuglement et lui promet l'errance s'il ne résout pas ses contradictions. Arnaud Desjardins ne pourra plus s'abriter longtemps des vents contraires qui lui fouettent l'âme, il sent la dépression le miner. L'amour fou, le succès, l'argent le tentent et lui font horreur à la fois. Voilà que le monde auquel il a toujours voulu échapper le rattrape et le nargue. Il voit sa quête de vérité se morceler, sa femme injustement trompée et ses enfants douloureusement délaissés. L'heure de la mise à l'épreuve qui fait les sages est venue.

Comme si les conflits intérieurs ne suffisaient pas à assombrir le ciel de cet amour, la presse se charge d'y jeter quelques éclairs. Ainsi, sur une petite route italienne, la reine du disque et le docteur en sagesse sont pourchassés par une horde de paparazzi décidés à capturer leur image. Quelques jours plus tard, les amants figurent en couverture d'un hebdomadaire populaire italien qui dévoile tout de l'idylle entre la vedette et *il mago* (le mage). Il s'en faut de peu que *France-Dimanche* ne diffuse à son tour le reportage et ne divulgue le nom de l'amoureux de Dalida. Arnaud obtient finalement du directeur de la rédaction que son identité ne soit pas révélée. L'honneur est sauf, la famille protégée, mais pour combien de temps encore ? Les rumeurs vont bon train et l'on rit sous cape de ce couple – illuminé, dit-on. Le sage et la chanteuse, voilà bien de quoi divertir les foules ! Desjardins est surnommé « le minet de Dalida ». Déçus et scandalisés, ses lecteurs parlent de la « déchéance » du maître et menacent même d'interrompre ses conférences salle Pleyel en scandant : « Dalida ! Dalida ! »

Le 2 novembre 1969, elle et Arnaud sont réunis sur le petit écran dans « L'invité du dimanche », cette même émission qui avait fait naître le coup de foudre spirituel de Yolanda pour Desjardins. Invité d'honneur, ce dernier a convié un sage tibétain avec lequel il s'entretient du christianisme, Alexandra David-Neel, qui du haut de ses quatre-vingt-dix-neuf ans lui adresse avec superbe de remarquables leçons de bouddhisme, et enfin Dalida. Comme pour se démarquer de sa si pesante image de chanteuse, celle-ci porte un chignon serré, ce qu'elle ne fait jamais à la scène. Privée de son opulente chevelure, instrument de toutes les séductions, elle présente un visage grave. Il semble que pour la première fois elle ne se cache plus derrière ses atours. Elle est sobrement vêtue d'un pantalon beige et d'une tunique assortie sans manches sur un chemisier blanc au col relevé dans la nuque. Son regard peu maquillé est d'une sérénité absolue et sa voix, lorsqu'elle commence à s'entretenir avec Arnaud, d'une lenteur inhabituelle, presque hypnotique.

« Vous cherchez quelque chose ? interroge Arnaud Desjardins.

– Oui, je cherche quelque chose. Je crois que pour moi la chose la plus importante c'est l'amour. Le vrai amour. Si je regarde dans ma vie en arrière, je peux dire que j'ai eu beaucoup d'hommes mais que ma recherche était toujours l'amour, le vrai. J'aime toujours et je suis sûre que cet amour existe. [...] La recherche d'un amour plus grand, sublime. Oui. L'amour de Dieu. »

Le regard toujours aussi droit planté dans l'œil de la caméra, elle évoque ce jour de 1967 où elle a voulu en finir avec la vie :

« Il y a eu un changement dans ma vie. J'ai eu un choc. Un choc d'amour, aussi. Finalement, je suis partie pour un amour et je me suis retrouvée en arrière dans ce monde avec un autre amour, un autre genre d'amour. Je suis partie rejoindre une âme et je me suis retrouvée en face de moi-même, face à mon âme. Je me suis demandé le pourquoi, le comment, de tout ce qui m'arrivait, et je me suis aperçue que mon âme, je ne la connaissais absolument pas. »

Dans un sourire, elle reprend :

« C'est moi la fautive. C'est *mea culpa*, pas celle des autres !

– Les livres, les conférences sur l'hindouisme vous ont beaucoup apporté ? demande Arnaud.

– Oui. Énormément. Je trouve qu'il y a beaucoup de vérité dans ces livres. Et surtout dans votre livre *Les Chemins de la sagesse*. J'ai appris une chose : que l'on cherche trop loin ce que l'on a tout près. On a tous un trésor que l'on ne connaît pas. Comme vous le dites si bien, “on est habillé par un tas de choses et il faut pouvoir se dépouiller pour arriver à ce trésor immense que l'on a en nous”. »

Dalida explique combien ces trois dernières années elle a perdu le goût de chanter, comment, pour comprendre le sens de sa vie, elle s'est enfermée chez elle, « dans cette maison » – puisque c'est rue d'Orchampt, dans son intimité, qu'a lieu l'entrevue.

« Je me suis dit que mon travail, c'était de me mettre au service de la chanson !

– Vos changements ont nourri votre métier ? interroge Arnaud.

– Je ne peux pas donner ce que je n'ai pas. Je ne peux pas donner ce que je ne suis pas…

– Qu'est-ce que Dieu pour vous ?

– C'est cette force, ce quelque chose que j'ai en moi qui fait que l'on est un et tous.

– La souffrance peut-elle être positive ?

– Ah, oui ! D'ailleurs, je ne regrette absolument pas, au contraire, tout ce qui m'est arrivé. Cette souffrance m'a purifiée, libérée d'un tas de choses. Elle m'a beaucoup enrichie. Si j'ai changé, c'est grâce à cette souffrance. Alors, je dis merci mon Dieu de m'avoir fait souffrir… Il y a des tas de choses qui n'ont plus d'importance dans ma vie, mais je ne suis pas arrivée encore à voir vraiment la vérité, à voir ce qui est au fond de nous-mêmes. Ma vie est beaucoup plus riche. Avant, tout venait de l'extérieur. Aujourd'hui, ça va de l'intérieur vers l'extérieur. Avant je me sentais seule. Maintenant, même seule, je ne suis plus seule quand je rentre chez moi. Je converse avec moi-même. »

Sans chanson, sans musique ni artifice, elle parle d'elle comme jamais elle ne l'a fait, elle témoigne, partage, transmet. C'est la première fois que Yolanda ose prendre la parole en public, qu'à l'antenne elle ne se soumet pas au charisme et à la superbe écrasants de Dalida.

« Le chemin de vérité, de justice, je peux le vivre chaque jour avec les gens qui sont autour de moi, avec mon public, qui est très loin de moi et très près à la fois. Il faut être guidé mais le maître il est au fond de nous. Je commence à le sentir, à l'écouter. »

Arnaud s'émeut de la tendresse du public pour la chanteuse. Il lit une lettre : « Chère Dalida, avant de m'endormir le soir je prie pour mon père, pour ma mère et pour toi. »

« Ils ne me parlent pas comme à une vedette ; je suis leur amie. Si je peux aider les autres en racontant ma vie, en racontant mes souffrances, ce que j'ai à leur dire c'est qu'il ne faut jamais désespérer, c'est qu'au fond du désespoir luit toujours la lumière, c'est qu'il y a quelque chose de beaucoup plus grand et plus fort que nous. »

Encouragée par Swamiji à poursuivre sa carrière, elle reprend son bâton de pèlerin pour retrouver ses admirateurs. Il y a peu encore elle songeait à tourner la page de la chanson, aujourd'hui elle trouve une force nouvelle, en particulier auprès d'Orlando et de leur cousine Rosy qui ne cessent de la soutenir quand le doute l'assaille. La preuve que sa mission est bel et bien de chanter, c'est que le public ne cesse de lui rendre hommage où qu'elle passe. L'Italie acclame *Quelli erano giorni*, sa version italienne du *Temps des fleurs*, *Aranjuez la tua voce*, sur le *Concerto d'Aranjuez* de Rodrigo, ou encore *Lacrima e pioggia*, immortalisée en anglais sous le titre *Rain and Tears* par le groupe Aphrodite's Child dont fait partie le Grec Demis Roussos. En janvier 1970, Dalida est à Tahiti pour trois concerts, un périple de rêve auquel participe également le navigateur Éric Tabarly. En juillet, elle est l'invitée d'honneur du festival de la chanson d'Osaka tandis qu'en France *Dirla dirladada*, inspirée d'une chanson traditionnelle grecque, est sur toutes les ondes. Après *Les Enfants du Pirée* et *La Danse de Zorba*, la Grèce lui porte chance une nouvelle fois. Ce titre, qui dès la première semaine se vend à soixante-quinze mille exemplaires, c'est aussi le baptême d'Orlando en tant que producteur indépendant. La chanteuse et son frère viennent en effet de s'affranchir de la maison Barclay pour créer leur propre label, International Show.

Après la chaleur de l'été et tandis que s'endort dans les premières grisailles la mélodie entraînante et festive de *Dirla dirladada*, la mort resurgit : Lucien Morisse s'est suicidé, Lucien qui le premier avait posé sur Dalida et ses rêves de gloire un regard bienveillant, Lucien l'artisan de son triomphe, Lucien son mari dix ans plus tôt, son ami et confident de chaque instant depuis leur divorce. Lucien que ses orages intérieurs ont rattrapé. Un 11 septembre à six heures du matin, 7, rue d'Ankara, dans cet appartement où Dali et lui se sont aimés. Il a choisi d'en finir d'une balle dans la tempe, laissant derrière lui son épouse, la comédienne Agathe Aems, ses trois enfants et tant d'artistes orphelins – notamment Petula Clark et Michel Polnareff, son ultime découverte au sein de la compagnie de disques AZ qu'il a fondée il y a peu.

Mardi 15 septembre 1970. Au Père-Lachaise, le Tout-Paris de la chanson, de Cloclo à Johnny et Sylvie en passant par Eddy Mitchell, Serge Lama et Adamo, rend un dernier hommage à « ce farfadet douloureux, ce poète des ondes », ainsi que l'écrit Willy Guibout dans *France-Soir*. Trois femmes se tiennent là devant la terre ouverte prête à accueillir l'homme qu'elles ont aimé. Renée, Dalida, Agathe. La mort, cette vagabonde, tournoie à nouveau autour de Yolanda. Son souffle froid la frôle et la paralyse. Lucien mort comme Luigi, se répète-t-elle. Elle se souvient que son mentor était à ses côtés à son réveil à l'hôpital, après sa tentative de suicide. Elle se rappelle cette drôlerie dont il usait pour mieux masquer l'appel du vide, ses petites attentions, ces caresses fragiles sur la main, cette rose que chaque jour il déposait sur son oreiller pour célébrer son retour à la vie. Des bribes de leur vie ensemble se raccrochent à sa mémoire, la première rencontre dans les coulisses de l'Olympia, la course folle vers le succès sur fond de *Bambino* et de *Gondolier*, la timide déclaration d'amour de Lucien ce soir où il la reconduisait chez elle, leur mariage spectacle qui semblait déjà mettre en scène leur rupture.

Dali ne se pardonne jamais rien, alors elle voudrait réécrire l'histoire. Ne pas avoir rencontré Jean Sobieski et n'avoir jamais quitté Lucien Morisse. Quelques jours avant de mourir, il l'avait appelée, il souhaitait la voir, elle était occupée. Rendez-vous manqué. Elle sait qu'entre les ombres elle doit tracer sa route. Le soir même des obsèques de Lucien, elle est à Athènes pour un gala. Ses chansons du moment sont *Ils ont changé ma chanson*, *Mon Frère le soleil*, *Si c'était à refaire*... Eh oui, si c'était à refaire...

Côté cœur, l'amour auprès d'Arnaud Desjardins est un refuge de plus en plus fragile et inconfortable. Encore une petite année à s'attirer et à se repousser, à craindre ce que l'autre révèle de soi, à douter. Il est toutefois des certitudes : lui ne divorcera pas de sa femme, ni elle de la chanson. Avec le temps, la passion se tempère. Les portes claquent, l'équilibre vacille. Au début de septembre 1971 Arnaud rentre d'Inde : le temps est venu de se quitter. Deux ans et demi se sont écoulés depuis ce beau mois de mai 1969. L'un et l'autre, au gré de leur amour, se sont éloignés de leurs mondes respectifs pour finalement mieux se recentrer. Desjardins est plus que jamais tourné vers sa quête d'absolu tandis que Dalida a perçu, dans le duel intérieur qui la déchirait, la toute-puissance de son métier. La chanson n'est plus une futilité, un divertissement fugace, une échappatoire étourdissante, mais bien la vérité, la sienne tout au moins.

À la même époque, Peppina, la mère tant aimée, s'éteint. Pour Yolanda elle était celle à ne jamais décevoir, celle dont le regard disait la vérité. C'est un nouveau combat pour ne pas s'écrouler sous le coup de la douleur. Il lui faut s'accrocher à la vie comme lorsque, enfant, elle serrait avec force les barres de métal du balcon de Choubra en guettant le retour de sa mère. Orpheline, elle voit le passé s'évanouir. Plus rien derrière, tout devant. Ne plus se retourner.

Les années d'hiver ne tarderont pas à prendre fin mais souvent encore Dalida a froid. La petite fille timorée que ses yeux font souffrir et condamnent à la nuit n'en finit pas de surgir là où elle ne l'attend pas. Les cris de son père à la fenêtre pour effrayer les enfants turbulents, les siens à la vue de Luigi gisant à terre, ses larmes amères à la mort de Lucien, ses colères immodérées héritées de Pietro Gigliotti se mêlent dans un vacarme assourdissant. Le chemin qui mène à soi est décidément bien escarpé et pénible, mais elle entrevoit au loin une ligne d'horizon couchée sur la mer et caressée par un ciel tendre qui l'encourage à poursuivre le plus extraordinaire de ses voyages. Une ligne d'horizon où enfin Yolanda et Dalida se rencontreront pour ne faire qu'une.

9

Croqueur d'amour

Et le magicien fou
dans sa boule voyait flou.
Il voulait faire encore
de mon amour de l'or
et ses mains de sculpteur
dénudaient ma pudeur.
Les Hommes de ma vie,
paroles de Marie-France Touraille,
musique de Paul et Lana Sebastian.

La veille, dans la plus grande discrétion, on a porté en terre Peppina, mais en ce dimanche de septembre 1971 Dalida se tient droite : elle est l'invitée d'honneur de « L'invité du dimanche » de Pierre Dumayet. Un après-midi entier de confidences, trois heures à égrener ses souvenirs et à livrer ses pensées intimes, mais aussi à se tenir à distance de son chagrin, à ne pas souffler mot de la perte de sa mère. Pour la première fois à la télévision, elle chante *Avec le temps* de Léo Ferré.

Dalida et Ferré se sont rencontrés quelques mois plus tôt à Naples sur le plateau d'une émission de télévision. Ce soir-là il avait chanté sa nouvelle chanson et elle n'avait pu lui dissimuler son trouble, lui confiant timidement combien elle aimerait elle aussi la chanter. Son accent, a-t-elle d'abord pensé, l'en empêcherait. Elle a craint de ne pouvoir servir un aussi grand texte avant que son auteur lui-même ne l'y encourage. Elle a interprêté *Avec le temps* pour la première fois à Fribourg, et sans même comprendre les paroles les spectateurs allemands ont été stupéfaits par une telle intensité dramatique.

Ce dimanche à la télévision française, la chanson se

calque parfaitement sur ses émotions du moment. Au creux des mots de Ferré semblent s'être nichées la fin de son amour et la perte de sa mère. Des « plus chouettes souvenirs » à « la galerie j'farfouille dans les rayons de la mort » on perçoit une douleur à vif, un immense sentiment de vide. À trente-huit ans Dalida se sent si seule et impuissante face au temps qui passe, ce temps qui dans sa course abîme, arrache et emporte, ce temps qu'elle ne cessera plus de chanter – *Il faut du temps*, *Comment faire pour oublier*, *Diable de temps*…

L'émission est sur le point de s'achever lorsqu'elle perd soudain le fil de son propos et prie le journaliste de répéter sa question. Une seconde seulement le trouble de Dalida paraît : « Je viens de vivre mon hiver, j'attends le printemps… » Sur cette confession intime s'écoule le générique de fin. Dans les pages de *France-Soir*, le lendemain, la France entière apprend que Dalida a perdu sa maman.

Le 23 novembre, *Avec le temps* sera l'hymne de son Olympia dont la première partie est confiée à un jeune chanteur israélien encore inconnu, Mike Brant. Après les années d'hiver et le grand voyage au fond de soi, après s'être frottée à la mort des êtres aimés et à la sienne, orpheline et seule en amour, l'artiste n'a plus rien à voir avec la Dalida qui, quinze ans plus tôt, vaporeuse et insouciante, faisait ses premiers pas sur scène, son *Bambino* en bandoulière. Le public ne pourra se dérober : la vraie Yolanda, il devra cette fois la recevoir en plein cœur. Loin de la légèreté d'antan, elle va plus que jamais lui imposer sa maturité, gagnée à la force de ses combats douloureux.

Lors d'un émouvant entretien avec Léon Zitrone pour

Jours de France, elle revient sur sa métamorphose. « Est-ce que j'étais une vraie artiste ou ne l'étais-je pas ? Ce fut le point de départ de mes réflexions. Jadis j'étais trop facilement emportée, autant, d'ailleurs, par mes colères que par mes émotions. Or je m'emporte beaucoup moins, maintenant j'éprouve moins d'émotions et plus de sentiments. Ce fut vraiment un long combat intérieur, une espèce de guerre sainte. » Dans toute la presse, à quelques jours de son retour sur les planches – que certains jugent une nouvelle fois périlleux –, elle évoque ses années d'errance, les grands changements survenus dans sa vie : « J'ai cru longtemps que la chanson était une fuite. C'est une erreur ! Si la chanson n'est pas une expression, une expression de soi, alors mieux vaut ne plus chanter du tout. »

J'ai beaucoup changé », prévient-elle. Les incrédules n'ont qu'à bien se tenir.

Elle a l'habitude des oiseaux de mauvais augure. Il y a si longtemps que l'on jure qu'elle ne passera pas l'hiver. Bruno Coquatrix fait d'ailleurs partie de ceux que son changement de cap ne convainc pas. La jugeant trop éloignée du répertoire qui a fait sa réputation, il ne veut pas courir le risque de la programmer à l'affiche de son music-hall. Il n'en faut pas davantage pour que la chanteuse revête ses atours de guerrière. Qu'à cela ne tienne, elle louera la salle de ses propres deniers. La grande rôdeuse de casinos, la pasionaria des tapis verts qu'elle était encore il y a quelques années a le goût du risque.

Sur trente mètres de long par quatre de haut, avenue des Champs-Élysées, s'étale en lettres de métal martelé le nom de Dalida, et en ce glacial 23 novembre 1971, boulevard des Capucines, sous le fronton de l'Olympia garni des six mêmes lettres, mais de feu cette fois, la foule se presse pour acclamer enfin son retour après ces quatre années d'absence sur une scène parisienne. Dans le ventre du théâtre, l'artiste en proie à l'angoisse et au doute de la dernière minute se demande si le public ne va pas regretter le temps de *Bambino*, *Come prima*, *Gondolier* et *T'aimer follement*, mais il est trop tard pour refaire le film. Guy Motta et ses musiciens ont largué les amarres et déjà les premières notes fusent dans le silence de la salle. Pendant une minute quarante, sur des percussions obsédantes que caressent une flûte et une trompette, ils jouent une introduction des plus grandiloquentes, et puis enfin le rideau de velours rouge se fend sur un voile de tulle. Dans un halo surgit la silhouette gracile et virginale de la chanteuse. Dalida entonne *Non*, un cri mystique et inspiré. Plus madone que jamais, elle lance un appel à l'amour des hommes, exhorte à la paix et à la sagesse. Sans effet de costume, juste protégée par sa robe blanche moulante signée Balmain, sans manches et aux parements brodés ton sur ton, elle se plante devant son micro. Dans toute sa gravité elle chante Michel Legrand et Jean Dréjeac avec *Une vie*, Michel Sardou avec *Chanter les voix*, Serge Lama avec *Toutes les femmes du monde*, bien sûr Ferré *(Avec le temps)*, son ami Gianni Esposito qui lui offre *Deux Colombes*, la version italienne de *Mamy Blue*, le folklore d'Israël avec *Henee Matov*, celui de Grèce avec son tube de l'été, *Darla dirladada*, et au final l'incontournable *Ciao amore, ciao* de Luigi Tenco. Dix-sept chansons et le public applaudit à tout rompre, il se lève et scande durant de longues minutes le nom de Dalida. Avec ferveur, comme elle a chanté ce soir. Une fois de plus il l'a suivie, il accepte et acclame son évolution. Devant tous ces spectateurs venus l'aimer, elle voit l'errance s'achever en cette terre promise, l'Olympia.

Dans les rédactions parisiennes, les critiques de spectacles rivalisent d'éloges pour qualifier cette nouvelle Dalida. Pour *L'Aurore*, « cette Phèdre moderne est une des créations les plus émouvantes du classique music-hall. C'est dans les voies de Dieu qu'elle trouve son inspiration et son interprétation a quelque chose de surnaturel ». Jean Macabiès, de *France-Soir*, jure que « comme une danseuse classique elle sculpte l'air de ses longs doigts », il la compare même à Maria Callas dans *Norma*. D'autres parlent d'une déesse hiératique. Et Coquatrix fait son mea-culpa : « Le mardi 23 novembre 1971 entre 23 h 03 et 0 h 07, bref en une heure et quatre minutes, l'Olympia a explosé, et avec lui tout Paris, car un miracle venait de s'accomplir. Et cette réussite est d'autant plus bouleversante qu'elle était le résultat d'une volonté hargneuse, d'un courage exceptionnel devant les difficultés innombrables et les plus grands drames que Dalida a vécus ces trois dernières années. »

Après ce retour triomphal et des fêtes de Noël en famille, elle aborde l'année 1972 avec sérénité, une année nouvelle qui ressemble au printemps, avec la promesse de lendemains meilleurs, une certaine douceur de vivre et des espoirs qui refleurissent. La solitude n'est plus un poids mais une liberté, la chanson, plus un refuge mais une amie de longue date. Elle se réjouit de retrouver le Liban où elle donne une série de récitals dans un club de Beyrouth, le Piccadilly. Cette ville lui ressemble, bercée entre l'Occident et l'Orient, tour à tour vive et alanguie, mais toujours libre, tout au moins pour quelque temps encore. La Parisienne redevient égyptienne, se perd dans des ruelles sinueuses et gaies où flottent mille parfums. À la devanture des échoppes, des étoffes chatoyantes, çà et là des senteurs de cardamome et de miel, et puis des palabres en toutes langues. On parle français avec un accent couleur de soleil.

De retour en France, elle est conviée à chanter à Marseille pour la grande fête du parti socialiste organisée par le maire de la ville, Gaston Defferre. Ce pourrait être un gala comme les autres, l'un de ceux que les artistes ont l'habitude d'animer lors de divers rassemblements politiques. Mais Dalida fait ce jour-là une véritable rencontre… en la personne de François Mitterrand. Premier secrétaire du parti, il pourrait s'effacer à l'issue de son discours, or contre toute attente il assiste, réjoui, à son tour de chant. Il l'invite même à participer au dîner donné en comité restreint. Cet hommage accepté de bonne grâce permet à la chanteuse de découvrir un personnage cultivé et éclairé, et Dieu sait si elle apprécie les hommes de savoir et de sagesse. Courtois, l'homme politique ne manque pas dès le lendemain matin de téléphoner à Dalida, encore à son hôtel, pour lui faire part de la joie qu'il a eue à la rencontrer.

Quelque temps s'écoule avant que par hasard ils ne se croisent de nouveau à Rome où leurs activités professionnelles les ont conduits. Un verre partagé et, toujours avec la même courtoisie, la promesse de se revoir à Paris. Une nouvelle rencontre est effectivement programmée peu de temps après à l'initiative de Mitterrand. Pour ne pas attiser les commérages, au demeurant injustifiés, il est décidé qu'il se rendra rue d'Orchampt pour un dîner autour d'un plateau de fruits de mer en tout bien tout honneur. Tribun dans l'âme, il aime parler, tandis qu'elle se plaît à écouter, à recueillir la connaissance de ceux qui en savent plus qu'elle. Ce nouvel ami si intelligent et tout dévoué à ses convictions est pour elle une bouffée d'oxygène.

Mais François Mitterrand n'est pas un ami comme les autres, c'est un meneur, un chef de parti, le porte-parole d'une idéologie. Aussi, à la rentrée 1972, se voit-elle conviée à chanter au vingt-cinquième anniversaire de la vie parlementaire de Mitterrand, célébré à Château-Chinon. C'est l'occasion pour elle de faire la connaissance de Danielle Mitterrand, de sa sœur Christine Gouze-Renal et de son mari, le comédien Roger Hanin, ainsi que de l'historien Claude Manceron. Elle s'en réjouit et promet, à l'heure de se quitter, de recevoir tout ce petit monde chez elle – promesse tenue puisque rue d'Orchampt elle accueille bientôt avec chaleur ses nouveaux amis. Durant de longues heures, dans la salle à manger qui surplombe Paris, on déguste de grandes salades, une spécialité de Dali, et l'on refait le monde dans la joie et la bonne humeur.

Peu de temps après avoir honoré de sa présence et de son chant les festivités de Château-Chinon, elle enregistre l'émission de variétés « Cadet Rousselle ». Dans les coulisses elle croise le regard d'un bel homme blond aux yeux doux et au port altier, un vrai prince qui sur son passage ne laisse personne insensible. Il s'agit d'un certain Richard Chanfray, qui s'affuble aussi du titre de comte de Saint-Germain. Mais c'est finalement Pascal Sevran, jeune auteur de chansons et ami commun de Dalida et de Richard, qui va sceller leur rencontre. L'homme, drapé dans une cape noire, lui est en effet présenté rue d'Orchampt à l'occasion d'une petite fête. On ne peut plus fantasque, farfelu et même proprement illuminé, Richard Chanfray, qui a vu le jour à Lyon le 4 avril

1940, prétend être la réincarnation du comte de Saint-Germain qui, tout éternel qu'il soit, est bel et bien mort un jour de février 1784 du côté de la Baltique. Intrigant hâbleur et faiseur de miracles, ce personnage divertissait la cour de Louis XV avec le récit picaresque de ses pérégrinations les plus abracadabrantes. Alchimiste à ses heures, il se disait en possession du secret de la pierre philosophale, ce qui lui aurait permis d'opérer la si convoitée transmutation du plomb en or et, au passage, de renflouer les caisses vides du roi. Jalousé par de nombreux courtisans, il aurait été victime d'un complot et aurait disparu mystérieusement avant de réapparaître à maintes époques sous diverses identités.

Richard Chanfray, qui abrite sous ses airs de play-boy l'âme de ce mage égaré depuis deux siècles, ne manque pas de revendiquer ses divers pouvoirs. Il se targue par exemple d'une belle amitié avec la Pompadour, qu'il lui arrive d'ailleurs de croiser en promenade de temps à autre sur les rives de la Marne. Un tel énergumène a de quoi divertir les soirées mondaines les plus ternes. On se dispute ici et là les charmes de ce comte d'opérette. À la télévision il se prête même, sous l'œil attentif des caméras, au jeu de la transmutation des métaux, en réalité un simple tour déjà éprouvé par tous les chimistes. Le bagou de ce bonimenteur est tel qu'il vous débite de la fanfaronnade au mètre tandis que des ribambelles de crédules s'accrochent à ses prophéties délirantes. Selon l'humeur du jour, Richard est âgé de deux cents ans ou de mille ans. Conçu en éprouvette dans un laboratoire secret par un savant fou, il compterait onze frères. Douze créatures auraient ainsi été conçues pour veiller aux destinées du monde, et lorsque quelque observateur s'étonne du luxe de son niveau de vie,

Saint-Germain loue la générosité de ses frères toujours prompts à lui adresser un gros chèque.

Après cette première soirée rue d'Orchampt passée à échanger mille et une pensées, Dalida et Richard ne se quittent plus. Elle feint d'ignorer ses fadaises, ses mauvais coups du passé, quelques larcins même, pour ne voir en lui que la fragilité si émouvante, la déroutante innocence. Elle ne cherche pas à lever ce voile dont il recouvre le réel pour protéger ses rêves et ses fantasmes. Après les longues séances de psychanalyse et les nombreuses lectures qui lui ont passé l'âme au peigne fin, elle ne peut s'empêcher de décoder et d'interpréter la psyché et le comportement de ceux qui l'entourent. Richard est une somme complexe de toutes les brisures humaines. Elle comprend que l'absence de repères parentaux, d'histoire familiale et d'amour l'ont condamné à l'errance. Et même s'il ne croit pas vraiment aux légendes dont il s'entoure, elle entend combien elles lui sont nécessaires, comme elles le sont à l'enfant qui se construit un monde idéal. Chanfray s'invente une filiation, s'attribue la bravoure et les prouesses des héros pour mieux échapper à l'insipide, à la transparence du quotidien. Dalida peut comprendre ce désir d'être autre : n'est-ce pas ce qu'offre la scène ? La musique, le chant, les lumières, les robes de sirène, les louanges du public qui font du spectacle une grand-messe : ne peut-on voir là les parures d'une vie d'héroïne, d'un rêve d'enfant qui voulait devenir princesse ?

L'amour qui grandit, l'amour qui libère. Cet enseignement d'Arnaud Desjardins, elle ne l'oublie jamais. Elle se persuade que par son amour elle sauvera Richard, qu'elle l'affranchira de ses démons, de son impuissance à faire face à la réalité. C'est une mission immense et intime qui lui incombe. Près de ce grand enfant à aimer et à protéger de lui-même, sa vie prend soudain sens, d'autant que Richard sait se montrer passionné et attentif. Sans compter sa beauté romantique et son allure de prince qui lui font tourner la tête. Ses proches sont un peu inquiets que Dali s'engage dans cette nouvelle histoire mais il est déjà trop tard : elle est amoureuse. On craint les sautes d'humeur de Chanfray, ses coups de colère déraisonnés qui succèdent à des élans de générosité et de tendresse. Totalement imprévisible, il peut suivre la chanteuse pas à pas, porter son bagage, conduire sa voiture en tournée, faire silence quand tous les regards se portent sur sa compagne, et l'instant d'après tenir des propos délirants et provocateurs pour attirer l'attention sur lui, se montrer insultant, s'emporter au risque de molester les personnes présentes et plus encore les fans qu'il déteste. Il prend soudain ombrage de la gloire de Dalida et alors la pâleur de son existence l'aveugle et l'obsède, ses frustrations lui reviennent tel un boomerang.

L'amoureuse sait que son personnage d'artiste est trop imposant et puissant pour permettre à un homme de mener seul la barque. Consciente de la difficulté pour son compagnon de s'accommoder de sa célébrité et de ses triomphes, elle ne compte pas ses efforts pour le rassurer et le rendre autonome. Elle veut qu'il trouve sa voie. Un temps, ce sera la peinture. Prennent vie sur la toile vierge des immensités dévastées et désolées, des décors d'apocalypse. On replie finalement les chevalets et on rebouche les tubes. Vient le temps des sculptures, grands oiseaux de métal hauts sur pattes, d'un autre temps et plutôt réussis. Mais une lubie succède à une autre. Richard a du talent, il se cherche encore, se persuade Dalida pour masquer ses inquiétudes. Quand il se met en colère, qu'il devient agressif ou s'invente des vies, elle répète que le passé le rattrape et le prend à la gorge. Elle lève les yeux au ciel et balance une main derrière l'épaule, fataliste. Ses frères et sa cousine imaginaient pour elle la présence d'un homme équilibré et rassurant, elle-même s'est rêvée dans les bras de la figure paternelle idéale, guidée par un meneur ; pourtant c'est sur de bien drôles d'oiseaux égarés, des êtres brisés dont les failles portent à la compassion, qu'elle jette irrésistiblement et inlassablement son dévolu.

Dans un imbroglio sentimental qui aurait rendu folle plus d'une femme, Dalida apparaît sereine et même régénérée, plus qu'elle ne l'a sans doute jamais été. Quels que soient les frasques de Chanfray, ses provocations de pacotille ou ses emportements, elle a toujours le dernier mot. Il se radoucit lorsqu'elle s'oppose à lui, il s'excuse, le geste tendre et le regard doux. Comme un enfant que l'on prend en faute, il n'économise pas ses efforts lorsqu'il s'agit de consoler ou de reconquérir celle qu'il a déçue. Richard aime avec folie et démesure, et elle aime ça. Au Liban où elle se produit de nouveau en 1973, il commande pour elle vingt-cinq robes de soie toutes brodées de perles, lui organise une virée fastueuse dans les ruines de Baalbek et lui demande même sa main, qu'elle s'empresse de lui refuser – sa confiance dans le comte de Saint-Germain n'est pas si aveugle… Il lui offre par ailleurs une chienne de quelques mois, un carlin craquant à souhait, Gerda.

Se succèdent néanmoins petites chicanes, titanesques orages et menaces de séparation. L'une d'elles laisse Richard aux abois, il tente même de se pendre après que Dali l'a écarté de sa vie pour quelques jours. Il s'apaise enfin lorsqu'elle reparaît, lâche à sa demande sa particule de carnaval, se fait appeler Richard Saint-Germain et bientôt Richard Chanfray. L'amoureuse pense être en train de gagner la partie, son homme grandit tant bien que mal.

Aimée et aimante, elle se sent bien et cela transparaît avec éclat sur scène. Le teint légèrement hâlé, le regard adouci, le sourire radieux, Dalida est lumineuse, solaire. Sous les projecteurs elle retrouve la séduction qu'elle avait reniée sans pour autant se détourner de la gravité qui a marqué ses dernières années. Se dessine ainsi une artiste mature, intelligente, tout à la fois légère et glamour. Elle se sent enfin libre, aussi bien dans la chanson à texte que dans des rengaines plus frivoles. Elle enregistre *Parle plus bas*, le thème du *Parrain*, redonne vie à *Que reste-t-il de nos amours ?*, crée *Pour ne pas vivre seul*, un cri déchirant sur la solitude par lequel elle aborde le sujet alors tabou de l'homosexualité, avant de lancer sur les ondes un duo avec Alain Delon, *Paroles, paroles*, qui ne tarde pas à figurer en tête des ventes. La chanson originale est italienne, interprétée avec succès par Mina et Alberto Lupo, deux immenses stars dans leur pays. Lorsque Orlando l'a fait écouter à sa sœur, elle s'est enthousiasmée et a aussitôt songé à Delon pour lui donner la réplique, ce qu'il a accepté, ravi de retrouver sa voisine de palier, celle avec qui il partageait des œufs durs dans l'attente de la gloire. L'adaptation française signée Michaële est parfaitement réussie et l'acteur, pourtant étranger aux choses du disque, a posé sa voix en un temps record : un quart d'heure, alors qu'on avait prévu plusieurs jours de travail. Le texte récité s'avère des plus efficaces tandis que Dalida répète à plaisir sa plainte lancinante : « Paroles, paroles… Encore des paroles que tu sèmes au vent. » Le succès est foudroyant partout en Europe, et jusqu'au Japon.

En cette année 1973, Dalida n'est pas au bout de ses surprises musicales. Un soir qu'elle regarde Serge Lama à la télévision, elle entend pour la première fois *Je suis malade*, la face B du dernier quarante-cinq-tours du chanteur qui propose en face A son tube du moment, *Les Petites Femmes de Pigalle*. Elle est bouleversée par la densité des mots, le crescendo dramatique de la mélodie, comme elle l'avait été deux ans plus tôt en écoutant *Avec le temps*. Cette chanson qui dit si bien le mal de vivre et la dépression, signée Serge Lama et Alice Dona, il la lui faut.

> *...complètement malade,*
> *Comme quand ma mère sortait le soir*
> *Et qu'elle me laissait seul avec mon désespoir.*

Ces paroles pourraient être les siennes, ce mal profond et tenace elle le connaît. Elle s'imagine déjà sur scène. C'est après que Dalida en aura fait un succès que Lama et Dona l'intégreront définivement à leur répertoire.

Avec le temps, *Pour ne pas vivre seul* et *Je suis malade* forment désormais sur scène un triptyque de l'émotion. En trois chansons l'artiste montre quelle tragédienne elle peut être et comment elle s'est forgée, entre sa crainte de l'abandon, la fuite du temps, la solitude et le mal de vivre.

Tandis que son prochain Olympia est d'ores et déjà annoncé pour les premiers jours de 1974, elle n'en finit pas de débusquer de nouveaux titres déterminants pour la suite de sa carrière. Après avoir déniché *Julien*, émouvant lamento d'un couple déchiré, et *Ô Seigneur Dieu*, une prière inspirée, ultime vestige de ses années « madone », elle enregistre des reprises en italien du *Viens* de Marie Laforêt, d'*Avec le temps* ou de *Pour ne pas vivre seul.*

Un jour elle reçoit la visite de deux jeunes hommes dont la besace est pleine de chansons. Deux Pascal : le premier, Auriat, est compositeur de musiques, le second, Sevran, qu'elle connaît déjà, signe les textes. Au piano, dans le petit studio de la rue d'Orchampt, ils dévoilent une à une leurs œuvres mais la chanteuse ne semble guère captivée. C'est quand elle leur demande s'ils n'ont vraiment plus rien à lui faire entendre que surgit la perle. En fait ils n'ont pas osé la lui proposer. Dans cette dernière chanson il est question d'âge, d'un jeune homme de dix-huit ans et d'une femme qui en a le double. Fort peu délicat pour la vedette qui vient de fêter son quarantième anniversaire, pensent-ils. Non, lui disent-ils, cette chanson-là n'est vraiment pas pour elle… Il n'en fallait pas plus pour attiser la curiosité de Dalida. Alors elle découvre *Il venait d'avoir dix-huit ans.*

J'ai mis de l'ordre à mes cheveux,
Un peu plus de noir sur mes yeux,
Ça l'a fait rire.

Dalida écoute attentivement les deux garçons, elle sait immédiatement qu'elle chantera cela. Les mots sont délicats, cette histoire entre un jeune homme et une femme mûre est aussi taboue qu'originale et la mélodie, tout simplement magnifique. À cet instant, Dali pense-t-elle à Lucio qui a bien failli lui offrir un enfant ?

Pour le final de son nouveau récital à l'Olympia, afin de remplacer *Ciao amore, ciao* qui clôture chaque spectacle depuis la mort de Luigi, elle cherche une chanson très scénique, quelque chose d'original, de surprenant et de visuel. Elle se verrait bien jouer la comédie. Le ton est donné. La talentueuse Michaële est en vacances, au volant de sa voiture, lorsqu'elle a l'idée du personnage central de la chanson à venir. Pourquoi pas un chanteur de *canzonetta* adulé dans son petit village près de Naples, un joyeux luron napolitain mi-Caruso mi-Casanova au charme tapageur, objet de toutes les convoitises féminines ? Une femme dont il est fou d'amour lui promettrait de faire de lui une star en Amérique, il quitterait alors sa terre natale pour y revenir dépité quelques années plus tard sans amour ni succès.

Le soir de l'enregistrement de *Paroles, paroles* avec Alain Delon, Michaële a exposé son idée à Dalida qui n'a pas vraiment réagi. Ce n'était pas le moment, la journée de travail était terminée, l'heure n'était plus à la chanson. Elle est ainsi : à table entre amis ou en vacances loin de Paris on ne parle pas boutique. Mais avec le couple de faiseurs de succès, les compositeurs Lana et Paul Sebastian, l'idée a continué de faire son chemin, et quand ils commencent à décrire à la chanteuse le village, Giorgio à la guitare, Sandro à la mandoline, la femme du boulanger, celles du notaire et du colonel, plus énamourées que des jeunes vierges en fleur, elle est immédiatement partante. Cette petite comédie italienne façon De Sica dans un rôle à la Loren ou à la Lollobrigida est un exercice de style à ne pas manquer. Pour Michaële, le bel Italien s'appelle d'abord Gino, mais quelques jours de vacances en Tunisie et la rencontre d'un certain Giuseppe que l'on surnomme Gigi lui donnent définitivement l'identité de son héros. Enfin, alors qu'elle regarde au cinéma *Divorce à l'italienne*, elle entend Monica Vitti glisser à l'oreille de Marcello Mastroianni un doux *mamoroso.* Dans le même temps elle reçoit un coup de fil de son amoureux avec qui elle vient d'avoir une petite querelle, et quel mot doux ne lui murmure-t-il pas ? Un petit *mamoroso.* Il a vu le même film ! Si elle hésite d'abord entre « Gigi l'Americano » et « Gigi l'Amoroso », la deuxième option ne tarde pas à s'imposer.

L'Olympia approchant, Orlando vient chaque matin prendre des nouvelles de cette chanson qui tarde à naître. Le couple Sebastian comprend qu'il ne lui reste plus beaucoup de temps pour composer la musique. C'est donc sur du faux texte et bercés par l'écoute de ritournelles napolitaines traditionnelles que Paul et Lana façonnent la mélodie. À l'écoute de la musique, Michaële écrit le deuxième couplet mais le premier se fait encore attendre ; pour ce qui est du refrain, une tentative chasse l'autre.

Enfin, un matin, le refrain définitif lui chatouille l'oreille, elle court à la clinique où est hospitalisée Lana pour une petite intervention et fait irruption dans sa chambre en chantant :

Arriva Gigi l'Amoroso,
Croqueur d'amour,
L'œil de velours
Comme une caresse,
Gigi l'Amoroso,
Toujours vainqueur,
Parfois sans cœur,
Mais jamais sans tendresse.

En quinze jours, la suite du texte se déroule sous la plume de son auteur. Lors d'un dîner rue d'Orchampt,

Dali et Richard découvrent la chanson et l'adorent immédiatement. Michaële demande toutefois à la chanteuse de ne pas la graver sur disque et de la créer sur scène, de la roder en public avant d'en faire un enregistrement « live » bien plus vivant qu'une prise en studio. « Je dois la chanter en studio pour que les mots me rentrent dans la tête, mais je te promets que je ne sortirai pas le disque », insiste Dali pour qui la séance d'enregistrement est un indispensable exercice. Ainsi la petite équipe prend-elle le chemin du studio des Dames pour immortaliser le morceau de bravoure. Tous se retrouvent, Orlando y compris, à faire les voix de ce chœur de villageois digne d'un opéra. La chanson dure sept minutes et vingt-six secondes, on est certain qu'aucune radio ne passera jamais une telle épopée, mais qu'importe puisque pour l'heure seul compte le final de l'Olympia.

Pendant un mois, à la fin de 1973, la chanteuse rode un peu partout en province le spectacle qu'elle présentera à Paris début janvier mais *Gigi l'Amoroso* tarde à trouver sa place sur scène. Les jours passent et toujours pas de chanson. Chaque soir, Nono, le responsable du fan-club de Dalida, téléphone à Michaële : « Non, ça n'était pas pour ce soir, elle ne l'a pas chantée… » Il semble qu'elle repousse l'heure de condamner à sa malle à souvenirs son *Ciao amore, ciao*. Craint-elle de tourner le dos à Luigi Tenco ? de renier son grand amour en remplaçant la gravité de sa composition par la légèreté de Gigi ?

La veille de la première à l'Olympia, tandis que les ouvriers du music-hall sont affairés à suspendre dans le ciel de nuit les six lettres de feu du nom de Dalida, toute l'équipe brûle d'impatience de voir le séducteur napolitain prendre vie sur les planches. Le soir de la couturière, le spectacle est superbe mais *Gigi* n'a toujours pas droit de cité. Michaële et les Sebastian commencent à s'inquiéter pour l'avenir de leur création. Nul n'ose poser de question. Sur scène, la chanteuse est seul maître à bord. On sait aussi que sur ce territoire sacré et protégé la moindre contrariété peut virer à la crise d'hystérie. Un soir de colère, au Canada, Dali a tapé si fort dans une porte que son talon y est resté planté. Au Mans, entourée de Richard Anthony et Claude Nougaro, elle a même quitté la scène parce que le régisseur ne faisait pas les levers et baissers de rideau comme elle l'exigeait. Sans se démonter, elle a promis au public de réapparaître dès que le technicien aurait correctement rempli sa tâche.

15 janvier 1974. En cette soirée de première dont Hervé Vilard, le petit protégé de la vedette, assure la première partie, Paris a rendez-vous avec Dalida à l'Olympia. Un même rituel, le rideau pourpre qui s'ouvre lentement sur un voile blanc et l'artiste qui surgit : une cascade de cheveux d'or sur un fourreau lisse et pur au décolleté et à l'ourlet parés de pierreries – une robe blanche comme celle de la mariée, le jour de ses noces, à l'heure de se donner. L'introduction musicale explose, c'est *Ainsi parlait Zarathoustra* de Richard Strauss, l'orage avant le recueillement. Dalida offre un florilège d'émotions toujours plus nourries et ciselées, des plaintes, des incantations, des cris d'amour portés par une gestuelle parfaite plus dépouillée que jadis ; on songe à Visconti réglant au millimètre les mouvements de la Callas. Se succèdent *Ô Seigneur Dieu*, *Je suis malade*, *Pour ne pas vivre seul*, *Nous sommes tous morts à vingt ans*, *Avec le temps*, *Que sont devenues les fleurs ?*, *Il venait d'avoir dix-huit ans* et bien sûr *Paroles, paroles*. En l'absence d'Alain Delon, Orlando a eu

l'idée de projeter un film dans lequel se succèdent les idoles masculines du moment pour donner la réplique à la star. Ainsi, sur la toile, s'enchaînent et se répondent Alain Delon, Claude François, Thierry Le Luron, Mike Brant, Patrick Juvet…

Dalida regagne les coulisses pour reparaître quelques minutes plus tard sous les vivats endiablés du public, une fois, deux, trois, quatre fois. La fine équipe de *Gigi* retranchée au premier rang se dit que leur heure n'est toujours pas venue, quand soudain, du piano de Guy Motta, s'échappent les premières notes de la chanson. Le batteur enchaîne. On joue très bas, comme à tâtons, c'est le baptême du feu. La musique enfle tandis que Dalida lance les paroles : « Je vais vous raconter avant de vous quitter l'histoire d'un p'tit village près de Napoli… » Près de huit minutes plus tard, le public médusé explose dans un tonnerre d'applaudissements. Pari gagné pour l'une des chansons les plus marginales qui soient. « Longuement les “Dali ! Dali !” scandés à pleine voix rythment la cérémonie. Car il s'agit bien d'un culte célébré par quelque grande prêtresse venue du fond des temps apporter avec gravité et mysticisme le philtre magique qui permet aux humains de plonger dans l'oubli du présent et de s'ouvrir au rêve », lit-on dans *Le Figaro* du lendemain.

Deux jours après que le rideau de l'Olympia s'est baissé sur un triomphe, c'est celui du Tokyo Kasei Nenkin Hall qui doit se lever sur Dalida. Du 7 au 15 février 1975, elle parcourt en effet l'empire du Soleil-Levant. Le Japon est en liesse à la seule pensée d'accueillir son idole dont la chanson *Paroles, paroles* est désormais un hymne national. Mais à son arrivée elle est déjà à bout de forces. La cohorte de journalistes qui l'assaille, les photographes qui la mitraillent, les fans énamourés, la barrière de la langue malgré la délicatesse des interprètes… La pression est décidément trop forte. Elle sent que son corps ne la suivra pas dans cette folle entreprise.

Une nuit de sommeil ne suffit pas à la reposer et le lendemain sa voix est très fragilisée par la fatigue. Elle répète qu'il faut annuler le premier spectacle, mais c'est impossible, les enjeux sont trop importants. Tout le gratin de Tokyo s'apprête à l'acclamer ; se dérober lui vaudrait les foudres des autorités et de la presse, ce qui serait catastrophique pour la suite de la tournée. Alors, telle une automate, après une répétition éprouvante, elle exécute les rituels qui précèdent son entrée en scène – ses fameux bigoudis, le maquillage, sa robe blanche – tout en sachant qu'elle part pour l'abattoir. La sonnerie retentit, c'est à elle de jouer. Plus moyen de reculer, comme pour l'avion dans sa phase de décollage. Elle lance sa première chanson, consciente qu'elle lui échappe et qu'elle ne pourra pas poursuivre. Elle prie son interprète nippone de monter sur scène et d'expliquer au public qu'elle n'est pas en mesure d'assurer son tour de chant. On craignait un tollé, ce sont des acclamations qui la reconduisent en coulisses. Elle promet de donner ce concert annulé à l'issue de sa tournée, promesse tenue quelques jours plus tard après que la principale chaîne de télévision japonaise, la NHK, lui aura consacré un show spécial.

Contre toute attente, à son retour en France et bientôt dans toute l'Europe, *Gigi*, qui avait été conçu spécialement pour la scène, déferle sur les ondes. On ne craint pas la durée inhabituelle de la chanson et les auditeurs en redemandent ; il arrive même qu'on la diffuse deux fois en une heure sur la même radio. *Gigi l'Amoroso* se retrouve ainsi dès la première semaine en dix-septième position du classement des nouveautés RTL. Et ce n'est qu'un avant-goût des triomphes que Dalida va recueillir tout au long de 1974. Son premier quarante-cinq-tours de l'année, *Gigi* sur la face A et *Il venait d'avoir dix-huit ans* sur la face B, s'arrache comme jamais et les pays étrangers réclament des adaptations dans leur langue. Les deux titres sont enregistrés en anglais, en allemand, en italien, en espagnol et même en japonais. En quelques semaines, ils caracolent en première place des charts en France, en Allemagne, en Espagne, en Hollande, au Liban, au Japon et dans tout le Benelux, où Dalida bat même le record détenu jusqu'alors par Frank Sinatra avec *Strangers in the Night*. Numéro un dans neuf pays avec *Il venait d'avoir dix-huit ans* et dans douze pays avec *Gigi*, Dalida vend en quelques mois des millions de microsillons. Ce palmarès d'exception lui vaudra de recevoir un chapelet de disques d'or venus des quatre coins du monde et l'Oscar mondial du succès du disque 1974 lors d'un « Musicorama » exceptionnel à l'Olympia en janvier 1975, diffusé sur Europe 1. Jamais la gloire de la fille du Caire n'a été aussi absolue et universelle.

Si 1974 est une grande année dans la carrière de Dalida, elle l'est aussi pour la France qui, après la mort de Georges Pompidou, doit organiser des élections présidentielles anticipées. La vedette ne se soucierait sans doute guère des joutes politiques si son ami François Mitterrand n'était concerné. Aussi accepte-t-elle une invitation à chanter à Toulouse où le candidat doit prononcer son discours d'entrée en campagne. Après tout, elle a déjà chanté pour Chaban, Giscard, et participé à la fête de la Rose… Elle ne pressent pas qu'un piège est en train de se refermer sur elle. En effet, l'amie fidèle et sincère ne perçoit pas que ses succès et son aura de chanteuse préférée des Français sont des atouts inespérés pour la gauche. Sans doute candide, elle se contente d'être honorée par cette invitation, comme elle l'a été lorsque François Mitterrand a assisté à son spectacle de l'Olympia.

Le cœur battant et la rose à la main, soixante-dix mille militants attendent l'arrivée de leur candidat dans le stade toulousain. Comme il fait particulièrement froid, il n'est pas question pour la chanteuse de porter sa robe blanche sans manches. Elle opte pour un pantalon et un col roulé noirs, tenue perçue par les observateurs comme le signe de son adhésion aux idées de gauche. La robe de soirée finement perlée de Balmain reléguée au placard et remplacée par une tenue de ville décontractée ? C'est sûr, Dalida est socialiste ! En politique les raccourcis sont choses courantes.

Peu importe l'habit. Comme à son habitude elle donne un spectacle de grande qualité et conquiert un public qui, de prime abord, ne lui était pas acquis. Tandis qu'elle salue son immense auditoire, heureuse qu'il reprenne en chœur le refrain de *Gigi l'Amoroso*, Roger Hanin la rejoint sur scène et lui offre une rose. Elle continue de saluer les militants, la rose à la main. Pour une chanteuse c'est une chose habituelle, mais pour la presse du lendemain le geste est hautement symbolique. *Paris-Match* annonce, non sans moquerie et sur un ton des plus caustiques, que Dalida, aux côtés de Juliette Gréco, Michel Piccoli et Guy Bedos, soutient le programme socialiste. « Je ne comprenais pas que ces chansonnettes d'amour, décryptées, étaient autant de carmagnoles », écrit Jean Cau. L'intéressée dément et demande par voie de justice la saisie de l'hebdomadaire. Ce recours lui est refusé. Valéry Giscard d'Estaing devient président, on oublie un peu François Mitterrand et dans l'esprit de tous Dalida redevient la grande chanteuse nationale qu'elle a toujours été, libérée de toute étiquette – pour quelques années du moins…

10

Aux sources du Nil

Une ville, dit un jour Reb Ammar à son fils cadet,
est un cœur dont on n'entend plus les battements.
Quitte la ville et tu découvriras son secret
enfoui dans les sables ; […] terre qui n'est pas terre
mais songe entretenu ; terre du souvenir
que les continents ne peuvent contenir.
Edmond Jabès,
Le livre de Yukel.

En ce mois d'avril 1975, Dalida s'apprête à reprendre la route, par l'ouest cette fois, pour gagner le Canada où elle a été successivement numéro un avec *Paroles, paroles*, *Il venait d'avoir dix-huit ans* et *Gigi l'Amoroso*. Le dimanche 6 avril à dix-sept heures, après un vol qui a quelque quatre heures de retard, elle retrouve Montréal. Plus de dix ans après son dernier séjour, c'est une foule nombreuse qui se presse dans le grand hall de l'aéroport autour de la star flanquée de son frère Orlando, de Richard et du chef d'orchestre et pianiste Guy Motta. Tandis qu'elle doit répondre aux sollicitations des journalistes, des grappes de fans, caméra au poing, les bras chargés de roses et des étoiles plein les yeux, tentent de lui arracher un petit mot, un regard, une dédicace ou même une bise pour les plus audacieux. Toujours affable et gracieuse, elle se prête au jeu de cet amour, distribue à l'un un sourire, à l'autre une parole, et ne se fâche même pas quand deux membres de son fan-club québécois quelque peu insistants la pourchassent jusqu'à son hôtel.

Les jours suivants s'enchaînent dans cette même ferveur et le Québec vit à l'heure de Dalida. Sa blondeur envahit le petit écran et la une des journaux, ses chansons prennent les ondes d'assaut. Trois soirs durant la salle Wilfried-Pelletier, place des Arts, abrite ses triomphes, puis c'est au tour de Victoriaville, Sherbrooke, Québec et Drummondville de se laisser envoûter. Le dernier soir, on se promet de vite se retrouver. Rendez-vous est déjà pris pour l'automne. Le Québec est tombé en amour : un sondage fait de Dalida le personnage le plus populaire de la Belle Province devant Elvis Presley et elle est élue femme de l'année, battant à plate couture Jackie Kennedy.

De retour en France, il est déjà l'heure de préparer la tournée d'été du « Podium d'Europe 1 » qui la conduira sur les routes de France du 15 juin au 7 juillet, et aussi d'assurer la promotion du duo qu'elle a récemment enregistré avec Richard Chanfray, ce Richard qu'il faut bien occuper et qu'elle a initié au métier de chanteur. Hélas, son physique de beau gosse et la caution de la star ne suffisent pas. *Et de l'amour... de l'amour* ne captive pas les foules ; même les aficionados de la chanteuse boudent ce duo médiocre. Elle-même ne semble guère convaincue des talents vocaux de son partenaire. Affaire classée ! Et Richard qui n'a toujours pas trouvé sa voie...

Face à une artiste au succès toujours plus retentissant, Chanfray, dans son rôle de compagnon de vedette, pourrait faire bien pâle figure. Pourtant le couple, si improbable puisse-t-il paraître, trouve un équilibre. « C'est l'homme avec qui je me sens une vraie femme ! » proclame Dali. Il apaise ses colères et la protège de ses doutes, elle se sent épaulée et affirme même être responsable de beaucoup de leurs disputes. Les infidélités de Richard lui reviennent aux oreilles et elle feint de s'en moquer, distinguant celles du corps, fugaces et légères, de celles de l'âme, qu'elle ne saurait tolérer. Il l'aime elle et nulle autre, elle en est persuadée. Qu'il s'essouffle au lit d'autres femmes ne la fait pas souffrir, jure-t-elle. D'ailleurs, les désirs de la chair n'étant plus guère son fort, elle comprend que lui, léonin et prédateur, cherche ailleurs ce qu'elle ne veut plus, ne peut plus lui donner.

Ces dernières années, son rapport au corps et à la séduction a considérablement changé. Après s'être camouflée sous de longues robes blanches virginales et sans trop de fantaisie, elle renoue avec le glamour de ses débuts. Les fourreaux pailletés ou satinés se fendent sur ses jambes fines et toujours bronzées, les décolletés plongent sur sa poitrine, ses cheveux ont encore blondi à la manière des stars d'Hollywood et leur apprêt est plus sophistiqué. Aux talons carrés elle préfère les talons aiguilles ; le lamé or l'emporte sur le blanc et le maquillage est plus chargé, les fards à joue sont plus soutenus, la bouche est plus gourmande. Elle ne tient plus la pose de la même façon, joue davantage de sa crinière de feu, de sa démarche féline et de ses longues mains aux ongles savamment faits. Se profile une femme fatale, un être chimérique de papier glacé plus que de chair et de sang, une créature idéale consacrée à la scène, toute dévouée à son art, au spectacle. Une femme spectaculaire, à dire vrai. Pour garder sa ligne, à l'instar de ses consœurs américaines, elle se précipite à la fin des repas dans les toilettes et se soulage « à la romaine », comme elle dit, du trop-plein d'aliments.

Ce corps parfait est l'instrument de sa gloire ; il est nourri et embelli par l'acte d'amour qui la lie au public. Ce corps accompli et sacré, Yolanda en a fait don à Dalida. Parce que dans la vie, aux fourreaux de lamé couleur soleil Yolanda préfère les pantalons de toile, les chemises confortables et les pulls de laine. Aux plaisirs de l'étreinte charnelle et au partage des sens elle préfère l'exaltation de l'âme, la tendresse du cœur. À l'amour qui se donne, celui qui se dit.

Avec *Il venait d'avoir dix-huit ans* et *Gigi l'Amoroso* elle a placé la barre très haut : elle sait que trouver une nouvelle chanson de cette qualité sera difficile. Mais c'est sans compter avec le flair d'Orlando. Il suffit que son oreille avertie s'arrête sur un air d'avant guerre entendu à la télévision dans un vieux film pour qu'il ait l'idée du prochain tube de sa sœur. Cette rengaine, c'est *J'attendrai*, adaptée d'une chanson italienne, *Tornerai*, et interprétée en français en 1938 par une certaine Rina Pichetto, plus connue sous le nom de Rina Ketty. Cette jeune fille au caractère bien trempé, petite-fille de vigneron piémontais, s'est enfuie du couvent des sœurs Saint-Vincent-de-Paul de Turin pour gagner Paris où elle s'est retrouvée vendeuse de poussettes puis bouquetière à Montmartre. De cabaret en cabaret elle a ensuite chanté les répertoires de Tino Rossi et de Jean Tranchant. En 1937 elle a gagné le Grand Prix du disque avec son succès *Sombreros et mantilles*. L'année suivante, elle a d'abord hésité à enregistrer *J'attendrai*, adaptée en français par Louis Poterat, pour la simple raison que Tino Rossi l'avait fait avant elle. Mais après réflexion elle a cédé et cette chanson est devenue plus tard le symbole mélancolique et angoissé de la drôle de guerre, avec sa mélodie lancinante qui évoque des femmes guettant le retour de leurs aimés.

Orlando a alors l'idée d'en faire un pont jeté entre la nostalgie et la modernité. Il décide d'assortir une rythmique moderne et dansante à ce texte d'antan, suave et caressant. C'est ainsi que Dalida, après la *canzonetta*, le twist et la chanson à texte, se met à flirter avec le disco qui explose en Amérique. Elle est suivie de près en France par Sheila et Karen Cheryl. Tandis qu'à la fin de 1975 Sylvie Vartan, toutes jambes dehors et le buste sanglé de paillettes, fait son show à l'américaine au Palais des Congrès, l'ex-madone du music-hall décide de tirer profit de sa version de *J'attendrai* pour se mettre à danser. Voilà qu'elle se déhanche avec fougue et balance sa crinière de feu avec une brûlante sensualité. Une nouvelle Dalida est en train de naître. Cette femme est un phénix, plus personne n'en doute.

Toutefois, sa reprise du vieux tube n'est pas du goût de madame Rina Ketty, qui sort de sa retraite cannoise pour crier sa colère. Ainsi, lorsque Armand Jammot, qui a pour projet de consacrer une émission à cette chanson mythique, appelle l'ancienne vedette, celle-ci lui déclare à propos de Dalida : « Je ne sais pas qui est cette dame. »

Toujours est-il que le *J'attendrai* de Dalida est maintenant dans toutes les oreilles et se retrouve même en toute première place des ventes de disques en janvier 1976. Du coup, Orlando continue de caresser la France dans le sens de sa nostalgie et propose à sa sœur *Besame mucho*, que l'Espagnole Conchita Piquer a immortalisée en 1936. C'est en mai qu'est enregistrée cette célèbre rengaine adaptée en français par Pascal Sevran, ainsi que *Parlez-moi d'amour*, créée par Lucienne Boyer. Quelques semaines plus tard sort un nouveau quarante-cinq-tours avec en face A le plus grand succès du Québécois Félix Leclerc, *Le Petit Bonheur*. Dans la foulée, un album intitulé *Coup de chapeau au passé* voit le jour. C'est un florilège audacieux de grands standards des années 1930 à 1950 avec des orchestrations totalement modernes : *La Mer* de Charles Trénet,

La Vie en rose de Piaf, *Que reste-t-il de nos amours ?*, *Les Feuilles mortes*, *Maman*, *Amor, amor*, *Tico tico*…

Maritie Carpentier, productrice avec son mari Gilbert de nombreux divertissements pour la première chaîne et grande inconditionnelle de comédie musicale et de show à l'américaine, se réjouit du tournant artistique pris par Dalida et lui concocte un de ses « Top à… » dont elle a le secret. Du carton-pâte, des miroirs biseautés et de la dorure au kilomètre, des paillettes comme s'il en pleuvait, des floppées de boys gainés de lamé or ondulant avec zèle autour des stars, des duos déconcertants, des sketches improbables… Bref, un écrin kitchissime dont la chanteuse sera le bijou le plus précieux. En ce samedi soir, la voici devenue pour la France entière une reine des Mille et Une Nuits.

Un fait divers vient pourtant ternir son bonheur du moment. Dans la nuit du 18 au 19 juin 1976, elle rentre rue d'Orchampt avec Richard après un dîner entre amis lorsque, sur le point de pénétrer dans la maison, elle constate que la lumière de la chambre de Maria, son employée de maison, est allumée. Le couple s'interroge car la domestique est actuellement en congé et absente de Paris. Chanfray saisit le fusil qu'il s'est procuré, craignant toujours quelque intrusion dans cette vaste maison de quatre étages accessible par deux entrées, celle, principale, du 11 *bis*, rue d'Orchampt, l'autre, de service, rue Lepic. Il s'engouffre par cette seconde porte et, l'arme à la main, monte quatre à quatre les marches qui mènent chez Maria. Contre son avis, Dali, craignant le caractère impulsif de son compagnon, s'engage à son tour dans l'escalier. Ils ont beau frapper à la porte de la chambre, personne ne répond.

Richard pousse enfin la porte : devant lui, un homme en petite tenue, visiblement tétanisé par l'irruption de ce grand blond armé. Portugais et ne comprenant guère le français, il n'a pas le loisir de s'expliquer, ni même celui de comprendre la situation : déjà Chanfray tire à bout portant. Touché à l'abdomen par une balle à blanc, l'autre n'est pas mortellement touché mais pour le moins sonné.

L'inconnu parvient finalement à s'expliquer : Maria, sa maîtresse, lui a prêté sa clé pendant son absence afin qu'il loge dans sa chambre. Avec un casier judiciaire encombré par quelques erreurs de jeunesse et six ans d'incarcération derrière lui, Richard se met à paniquer et se voit déjà repasser par la case prison. Les trois acteurs de ce petit drame mettent au point un scénario alambiqué selon lequel l'étranger aurait été agressé dans la rue et secouru par le couple. Mais la combine s'effondre comme un château de cartes lorsque les policiers constatent que les vêtements de la victime ne présentent aucun impact de balle, et Dalida, pourtant décidée à soutenir Chanfray jusqu'au bout, ne résiste pas longtemps aux questions des enquêteurs. Piégée, elle finit par confesser les détails de l'accident.

Dans les derniers jours de juin, Richard est emprisonné à Fresnes. « Se faire » une vedette est bien trop tentant pour la presse ; l'affaire défraie la chronique et s'étale en devanture des kiosques tandis que la victime et la domestique comprennent tout le profit financier qu'ils pourraient tirer de l'histoire.

D'abord anéantie, Dalida la belliqueuse puise des forces nouvelles dans l'épreuve et se déchaîne pour faire libérer son amant. Elle dépêche son avocat et se rend au parloir de la prison malgré les photographes aux aguets. Un temps elle interrompt ses apparitions publiques et annule ses galas, mais c'est finalement dans l'action qu'elle trouve la force de faire face. D'ailleurs, le public est toujours son plus grand allié. À l'Opéra de Marseille il lui crie son amour, la soutient dans l'épreuve. De ce rendez-vous-là elle ressort plus forte.

Un mois s'écoule avant que Richard ne soit enfin libéré moyennant le versement d'une caution. À l'heure de son retour, les paparazzi assiègent la maison de Montmartre pour dérober quelques clichés au bonheur retrouvé. Du sensationnel de premier choix, d'autant qu'ils viennent de photographier la victime sur son lit de douleur après avoir appris qu'il resterait invalide.

Amaigri, traumatisé par ce qu'il vient de vivre, Richard ne ressemble plus guère au comte de Saint-Germain si fanfaron et charmeur. Alors Dalida s'empresse une nouvelle fois de l'assurer de sa présence et de son amour, d'éloigner ses peurs d'enfant. Elle supporte ses accès de colère teintée de folie. Mais tandis qu'il reprend des forces, l'amoureuse qui ces dernières semaines aurait soulevé des montagnes pour le sauver comprend que dans la bataille son amour s'est ébréché. Ce n'est pas vraiment de la lassitude mais un obsédant et douloureux sentiment d'impuissance à libérer Richard de ses démons. La peur aussi, après pareil accident, qu'il ne parvienne jamais à dominer ses emportements. Elle s'était pourtant bien juré de le sauver de lui-même.

L'été 1976 est caniculaire et le couple s'envole pour la Corse. À Marino di Fiori, non loin de Porto-Vecchio, la star a fait construire une villa sur les hauteurs d'où l'on aperçoit la mer ; c'est un havre de paix dont elle a étudié et dessiné chaque recoin, modelé chaque alcôve, une demeure méditerranéenne que le soleil inonde, avec des murs peints à la chaux, des carrelages frais et colorés, un vaste salon en croissant de lune émaillé de larges baies vitrées, envahi de coussins que Dali a cousus elle-même, orné de cuivres d'Orient et d'un mobilier en fer forgé ; il y a aussi cinq chambres pour recevoir ses amis de passage. Elle aime les maisons haut perchées et silencieuses qui dominent et observent le ronronnement du monde, elle aime les balcons et les terrasses comme accrochés au bleu du ciel, les grandes fenêtres sur lesquelles volettent de grands voiles blancs. À Montmartre comme en Corse.

Tandis qu'elle goûte un repos bien mérité sous le soleil de Corse, la caméra de Michel Dumoulin, un documentariste, capture ses mouvements et quelques pensées intimes. L'homme prépare en effet un film sur la chanteuse. Depuis quelque temps déjà il se faufile dans son quotidien, saisit des bribes de sa solitude, des soirées de spectacle, des séances de travail, des escales de tournée, des dîners avec les amis… Entre une partie de Scrabble au bord de la piscine, la ferveur populaire des sorties de spectacle, une balade sur les quais de Seine, un feu de cheminée rue d'Orchampt et des répétitions exigeantes sur la scène de l'Olympia se dessine une femme à deux vies, à deux énergies : l'une, à la ville, est modeste, effacée et pudique, l'autre, à la scène, est magistrale, audacieuse et loquace.

Quelques scènes sont tournées aux Folies-Bergère. Perchée sur une sorte d'immense pièce montée scintillante en rotation et coiffée d'un turban surmonté d'un plumet rose, Dalida devient Carmen Miranda le temps de *Tico tico*. Au pied de l'escalier du grand hall bleu et or, dans un fourreau argent si moulant qu'il semble que Loris Azarro l'a cousu sur elle, elle joue des hanches sur le rythme envoûtant de son *Besame mucho*. Mais c'est en Égypte que seront tournées les séquences les plus fortes du film. Rendez-vous est pris sur les rives du Nil pour un grand retour aux sources.

Le khamsin, ce vent de fine poussière et de sable chaud qui rend le ciel gris comme si montait une fumée d'incendie, ne s'est pas levé ce matin. Le ciel est pur, le soleil haut et franc. Dans une robe fleurie bleue et blanche, Dalida ondule avec grâce dans les rues de ce Caire grouillant et torturé dont Cocteau disait que les chauffeurs « klaxonnent parce qu'ils s'imaginent que le klaxon éteindra le feu rouge ». Elle se perd dans les ruelles des souks, plonge ses blanches mains dans de grands sacs d'épices et porte à son nez ces richesses aux mille senteurs.

Pour attirer à eux d'éventuels assoiffés, les vendeurs ambulants de jus de réglisse, de caroube et de tamarin font tinter deux soucoupes de cuivre entre leurs doigts agiles. De leur énorme bonbonne fixée contre leur poitrine par une sangle ils extraient leur épaisse potion et la versent, d'un geste théâtral, dans de petits verres. Çà et là on déguste le foul, le plat traditionnel de fèves cuites, petit déjeuner du prince, déjeuner du pauvre et dîner de l'âne selon un vieil adage. On fume la chicha comme en Turquie le narguilé : au creux des pipes à eau, des feuilles de tabac hachées macérées dans de la mélasse, mêlées à des épices et parfumées à la pomme, à la rose ou aux dattes. Rien n'est plus réjouissant que le petit grésillement de la braise fumante.

De loin, dans l'inépuisable désordre des vélos, des ânes, des femmes voilées, des hommes enturbannés et camouflés dans leurs gallabeyas, ces tuniques de coton qui, tombant jusqu'aux chevilles, dissimulent les jambes et transforment quiconque les porte en fantôme, on voit se découper l'abondante chevelure dorée de Dalida, sa silhouette fine et souple perchée sur de hauts talons. « Que cette ville a changé… » murmure-t-elle devant tant de désordre, en découvrant une misère rampante. Entre les réformes agraires qui depuis les années 1950 ont condamné les fellahs à l'exode rural et la forte natalité d'un peuple qui ignore la contraception, un million de nouveaux arrivants viennent chaque année s'agripper aux faubourgs de la ville, s'amasser à la périphérie dans des taudis de tôle ou de boue séchée. L'indolence hier charmante, cette nonchalance tout orientale ressemble aujourd'hui à une pathétique résignation. À tout bout de champ, les Égyptiens se lancent un *maalesh*, un petit mot pour dire « Ça n'est pas grave » ou « Laisse tomber » qui traduit bien le fatalisme et le désenchantement de tout un peuple.

Du temps jadis subsistent toutefois des champs de pierres millénaires. Debout à l'arrière d'une jeep, Dalida arpente le plateau de Guizèh où trônent les trois fameuses pyramides puis le site de Saqqarah. Sur ce désert que le soleil ardent rend flou la pyramide à degrés du pharaon Djoser semble flotter. « Elles sont là depuis si longtemps que les étoiles ont changé de place, […] que derrière elles il semble qu'on voie luire les premiers jours du monde », avait écrit Théophile Gautier à la vue des pyramides. Yolanda, elle, voit luire les premiers jours de sa vie, ses années de petite fille, lorsque tant de monuments antiques, tels des décors de cinéma, la faisaient rêver. Sur les hauteurs du Caire, son regard se perd parmi les minarets, plus divers que partout ailleurs dans le monde arabe ; ils sont d'époque tulunide, ayyubide, mamelouke ou ottomane. Dans l'air saturé de chaleur s'élève, puissant, le chant du muezzin, l'homme qui appelle à la prière et que l'on choisissait jadis parmi les aveugles afin que nulle femme ne soit surprise sur sa terrasse par un regard masculin.

La rue Khamra Weya comptait autrefois peu d'habitations. Depuis le départ de Dalida les petits immeubles ont poussé comme des champignons. Elle s'avance vers sa maison. Les murs blancs de jadis sont jaunes aujourd'hui. Où est passée la terrasse et que font ces deux balcons à la place ? La petite plaque sur laquelle était inscrit « *Pietro Gigliotti, primo violonista* » semble n'avoir pas bougé, mais Dalida constate soudain que l'on a remplacé l'inscription d'origine par : « Ici est née Dalida, chanteuse. » Avec cette fureur dont elle est coutumière lorsqu'on heurte sa sensibilité, elle s'efforce d'arracher la maudite plaque qui l'enterre avant l'heure tout en reniant son père et ses talents d'artiste.

Elle pousse enfin la porte de la maison et s'engage dans l'escalier mais l'émotion l'étrangle, les larmes l'aveuglent. La caméra de Michel Dumoulin capture l'instant en direct, Yolanda demande qu'on cesse de filmer. En vain. Ce désarroi intime qu'elle voudrait garder pour elle, l'artiste doit le partager avec le public. D'une main elle étouffe ses sanglots, des pleurs sonores qui rebondissent comme un tonnerre dans la cage d'escalier. Sur ces murs lézardés sont gravées ses nuits noires, quand un bandeau recouvrait ses yeux, les colères de Pietro, l'insupportable attente lorsqu'il avait été interné aux portes du désert, l'attente, encore, de la fillette cramponnée au balcon quand Peppina partait au marché, et puis l'impatience que l'enfance, trop longue, prenne fin pour que se réalisent les rêves secrets. Ces larmes des jeunes années peuvent-elles seulement sécher un jour ?

Le périple sur les rives du souvenir passe ensuite par l'école religieuse. Dans la grande cour de récréation enserrée par un haut mur de brique, sous ces arbres où depuis toujours on cherche un soupçon de fraîcheur, accourt une volée de petites filles, les cheveux sagement noués, dans leurs blouses Vichy à col Claudine blanc. « Le temps s'est arrêté », soupire Dalida. Sœur Felicina, la cornette agitée, se fraie, à vive allure, un chemin entre ses gamines tout excitées de voir la vedette « pour de vrai ». Et qu'importe que la petite Yolanda soit devenue la grande Dalida, que par la taille elle dépasse d'une tête la religieuse ; celle-ci étreint la chanteuse comme au premier jour, de toutes ses forces elle la serre contre sa poitrine.

Les sœurs s'assurent immédiatement que leur ancienne protégée va bien à la messe. Pour ne pas leur faire de peine, elle acquiesce. Elles ne savent pas, bien sûr, combien de temps et d'énergie Dalida a dépensés pour se libérer de ce Dieu de l'enfance qui l'avait traumatisée et culpabilisée. Son passage par la psychanalyse et les ashrams du fin fond de l'Inde leur serait bien incompréhensible. Affables et volubiles, les religieuses évoquent dans la langue de Dante leurs souvenirs de la petite Gigliotti et brandissent les photos religieusement conservées, celles des petites pièces de théâtre de fin d'année. Retenant en arrière ses longs cheveux blonds, pliée en deux pour converser avec les religieuses, si petites et voûtées, l'enfant du pays ponctue le flot de paroles et de questions par de sages et émus « *Mi ricordo*, je me souviens. »

Mais les souvenirs savent vous torturer l'âme. Ils imposent à Dali de relire les pages de son enfance. Souvenirs violents et obsédants, ponctués de larmes, qui agiteront pendant plusieurs semaines son sommeil. Peut-être le prix à payer pour enfin se reconcilier avec le passé ? Quelques heures après qu'elle a quitté l'école, ses pas foulent le sol de la petite église Sainte-Thérèse, ce lieu du premier amour où l'on se glissait des billets doux, celui où, dans le silence, elle murmurait ses rêves de gloire.

11

Et Dieu créa Dalida

Dalida n'existerait pas s'il n'y avait pas eu Yolanda.
C'est parce que j'ai eu l'enfance que j'ai eue
que je suis devenue Dalida.
J'ai mis tellement de temps à faire la synthèse
entre la femme et l'artiste ! Ce qui est merveilleux,
c'est que j'ai fait la paix avec Yolanda.
Avant, j'étais comme un kaléidoscope :
si on me touchait je partais en mille morceaux.
Dalida.

Dans une housse sombre, la dernière création de Balmain attend le feu des projecteurs pour s'embraser : une longue robe blanche de style Empire, finement perlée et endiamantée, sculptant un buste haut et soulignant des jambes sans fin. C'est dans cet habit de lumière que Dalida paraîtra dans quelques jours sur la scène de l'Olympia. Les murs de Paris se sont une nouvelle fois couverts du visage de la chanteuse. On s'apprête à fêter ses vingt ans de succès.

Ce spectacle n'est pas comme les autres, c'est un album qui se feuillette, comme une histoire intime que l'on se remémore. Il y a beaucoup de chansons nouvelles mais c'est le passé que l'on met en scène, celui de Dalida. Besoin de se raconter, de s'ancrer à des souvenirs, de peaufiner ce qui ressemble davantage à un mythe qu'à une vie. Ce 4 janvier 1977, soirée de première à laquelle assiste entre autres François Mitterrand, elle n'est plus simplement une chanteuse mais véritablement une idole. Hiératique, elle prend la pose et son profil à l'antique est de ceux qui ornent les médailles et les pièces de monnaie. Sa silhouette ? Du bronze dont on coule les statues, du marbre dont on érige les monuments. Sa couronne léonine de cheveux d'or, son habit de lumière lui confèrent une aura quasi surnaturelle. Vestale irréelle, elle brille de mille feux devant le voile de tulle blanc qui la sépare de l'orchestre. Plus que jamais, Yolanda, femme de chair et de sang, semble s'effacer devant Dalida, sa glorieuse création.

« Il y a toujours une chanson accrochée à nos souvenirs. » C'est sur ces mots qu'elle apparaît. Troublante mise en abyme que ce titre d'ouverture, *Il y a toujours une chanson*, signé Lebrail et Sevran, l'histoire de sa légende émaillée de quelques secondes de *Bambino* ou de *J'attendrai*. Au programme également, *Et tous ces regards*, une chanson complexe, presque schizophrène, composée de cinq mélodies différentes. Roger Hanin en a signé le texte surréaliste et émouvant, un dialogue angoissant sur le thème de l'enfance dont une phrase centrale donne le frisson :

Maman, quand tu es partie, quand je suis partie,
Qui la première a tué l'autre ?

Et le refrain reprend, lancinant :

Et tous ces regards qui me suivent,
Et tous ces regards qui me hantent…

Se succèdent des titres tout aussi autobiographiques, des bribes de vie, souvent nostalgiques, voire dramatiques. Dans *Tables séparées*, dont Pascal Sevran a écrit le texte, Dalida chante les amours brisées, la nostalgie du bonheur quand on ne s'aime plus. *Comme si tu étais là*, signée

Claude Lemesle et Alice Dona, c'est, dans un crescendo dramatique, la douleur de l'absence, l'espoir fou d'impossibles retrouvailles ; *Je suis malade*, c'est le balcon de Choubra quand sa mère la laissait seule ; *Amoureuse de la vie*, signée Gilbert Bécaud, c'est son flirt avec la mort et son retour à la vie au lendemain du suicide. Suivent les désormais incontournables *J'attendrai*, *Il venait d'avoir dix-huit ans* et *Gigi l'Amoroso*. Dans un pot-pourri du temps d'avant s'enchaînent, plus festifs et enjoués, *Come prima*, *Gondolier*, *Les Enfants du Pirée*, *Ciao ciao bambina*, *Romantica*, *Garde-moi la dernière danse*, *Bambino* et *Les Gitans*.

Le cœur du public bat à tout rompre et la chanteuse est heureuse. Elle se cramponne de toutes ses forces à un pan du rideau lorsqu'il se referme sur elle, elle fond dans les bras de Coquatrix venu la recueillir. Les trois syllabes de son nom d'artiste retentissent en rythme dans la salle, toujours ce même cri de ralliement, incantatoire, hypnotique. DA-LI-DA… DA-LI-DA… DA-LI-DA… Dans sa loge, parmi d'innombrables bouquets de fleurs, elle se prête avec glamour au jeu des photographes. « Dali, à gauche ! Dali, à droite ! » Avec malice, elle se joue des objectifs. Mutine, elle se déhanche, lance de coquines œillades. Rieuse, elle fait danser ses cheveux entre ses doigts, les relève dans la nuque. Dalida est une star.

Pour Jean-François Josselin, du *Nouvel Observateur*, elle « se situe à ce point géométrique où les rêveries amoureuses se rencontrent. Les histoires de Dalida appartiennent à l'Histoire. Ses liaisons, ses ruptures, ses triomphes, ses scandales s'inscrivent dans le cours de notre vie nationale. Guy Mollet, René Coty, la guerre d'Algérie, de Gaulle, le putsh, Pompidou, Mitterrand, Giscard, *Bambino*. » Sur les ondes d'Europe 1, Michel Drucker ne manque pas non plus d'apporter sa pierre à l'édifice : « J'ai une employée de maison d'origine espagnole qui a dans sa vie une seule passion : Dalida. Elle s'appelle Carmen. Chaque jour elle me parle de son idole dont les photos ont depuis longtemps recouvert les murs de son petit logement. Quand Dalida a froid, Carmen s'enrhume ; quand elle a du chagrin, Carmen est triste. Dalida chante une nouvelle chanson et Carmen vit dans les transes. Il y a en France des millions de Carmen dont le cœur bat au rythme des chansons de Dalida. Voilà pourquoi Dalida est une star. »

Après l'Olympia, elle s'envole pour le Québec, où elle reçoit un accueil toujours plus triomphal, et manque même de se faire enlever par un admirateur dément armé d'un marteau. C'est dire si elle suscite les passions ! Pour cette année 1977 elle s'est fixé un nouveau défi : se produire en Égypte et au Moyen-Orient, ce qu'elle n'a pas fait depuis bien longtemps. En effet, si elle a chanté en sept langues, parcouru l'Europe, annexé à son empire de gloire des terres aussi éloignées que l'Amérique du Sud, le Québec ou l'Asie du Sud-Est, elle n'a jamais oublié qu'elle est et demeure fille d'Égypte. Sa rupture avec le monde arabe remonte à la fin des années 1950 : on n'avait pas toléré alors que l'enfant du pays interprète en hébreu *Hava Naguila*. La grogne avait encore enflé en 1971 lorsqu'elle avait ajouté à son répertoire *Henee Matov*. On ne pouvait décidément pas tolérer qu'une fille d'Égypte emploie la langue de l'ennemi, d'autant qu'elle n'avait jamais chanté en arabe. Lorsqu'on l'a priée de retirer ces titres de son tour de chant lors de son passage suivant au Caire et qu'elle a refusé de céder, elle a vu s'instaurer contre elle un boycott en bonne et due forme. Ses chansons ont disparu des ondes, ses disques ont été retirés des bacs, et des cassettes pirates vendues sous le manteau se sont mises à circuler. Seul le Liban n'a jamais manqué jusqu'à la guerre civile d'accueillir et de célébrer l'Égyptienne lors de chacune de ses escales au club Piccadilly à Beyrouth.

Tant que sa famille habitait en Égypte, Dalida s'est gardée d'honorer les nombreuses invitations à se produire en Israël parce qu'elle craignait les représailles. Elle ne s'y est finalement rendue qu'après que les siens se furent définitivement installés en France. S'y sont alors enchaînés des succès fabuleux et des concerts mémorables, on a même écrit que sa voix avait fait trembler les murs de Jéricho et craindre l'effondrement du théâtre.

Mais en cette année 1977 il semble que le temps ait accompli son œuvre. Avec une escale triomphale à Beyrouth et deux spectacles au Caire et à Alexandrie, l'artiste a vu s'effacer peu à peu les tensions et se renouer des liens avec le Moyen-Orient. Lors de ces soirées de retrouvailles émues, entre les applaudissements debout et les youyous, l'inévitable question était néanmoins sur toutes les lèvres : à quand des chansons dans la langue du pays ? Dans un arabe fragile, souvenir de l'enfance, elle a promis à ce public exalté et aimant de revenir avec des titres en égyptien. Elle tiendra sa promesse.

En septembre, Orlando s'attelle à ce projet. Il convoque Jeff Barnel, un jeune compositeur égyptien qui a déjà écrit quelques succès pour Claude François et Nicole Croisille, et le charge d'habiller d'une mélodie arabisante tonique un refrain traditionnel, *Salma ya salama*. Le but est le même que pour *Coup de chapeau au passé* : redonner vie à d'anciennes mélodies sur des tempos modernes. Le challenge est cette fois plus osé car il s'agit de conserver l'atmosphère orientale tout en intégrant la sensiblité et la technique occidentales. « *Ezzayak ?* Comment ça va ? » demande Dali à un Jeff Barnel qui a bien du mal à cacher son émotion devant l'idole de ses quinze ans qu'il a eu l'occasion d'applaudir vingt ans plus tôt en Égypte, celle dont l'exemple lui a donné le courage et l'envie, un jour de 1967, de quitter Le Caire pour Paris. Professionnelle et toujours efficace, elle commence par s'enquérir du sens de ce *Salma ya salama* que l'on s'apprête à lui faire écouter. « Bienvenue ! Que la paix soit avec toi ! » lui répond-on, une explication qui la séduit immédiatement à l'heure où le Croissant fertile se déchire. Avec Jeff, qu'elle appelle bientôt tendrement Jeffoly, le courant passe tout de suite. Après avoir posé sa voix sur la bande-orchestre, elle le prie même de venir enregistrer les chœurs avec elle. Dans la joie, voix mêlées, ils donnent vie à la première chanson en arabe de Dalida.

Tandis que l'automne 1977 impose sa langueur et dénude les arbres, qu'on remonte son col, pressé de rentrer chez soi, Dali surgit sur les petits écrans, plus solaire que jamais, de l'Orient plein la voix. Parée des breloques clinquantes de sa jeunesse égyptienne, elle porte un pantalon de sultane et une tunique assortie blanc et or que garnit joyeusement une ribambelle de pièces dorées dont le cliquetis accompagne chacun de ses mouvements. D'un geste ample et gracieux des doigts qu'elle porte « de sa bouche à la porte du ciel », comme on dit en Égypte, pieds nus, elle en appelle à la paix. Elle ondule de la taille et fait tournoyer ses longues et fines mains autour de son visage à la manière des danseuses du ventre.

Dès le lendemain le pari est gagné, on s'arrache le nouveau quarante-cinq-tours qui comprend sur la face B la version française du *Ti amo* d'Umberto Tozzi. En pleine folie disco elle s'offre le luxe de faire dans le folklore, qui plus est oriental, et le public en redemande. Qu'à cela ne tienne : dans l'album en vente à quelques jours des fêtes de Noël on retrouve même deux versions de *Salma ya salama* – l'une authentique en égyptien, l'autre en français, signée Pierre Delanoë, qui conte les errances d'un homme des sables en quête de fortune et de pluie –, mais aussi *Mon Frère le soleil*, un hymne qui ne laisse planer aucun doute sur la parenté divine de la chanteuse.

Des *Salma ya salama* en plusieurs langues envahissent bientôt l'Europe tout entière, mais ce n'est rien comparé à la déferlante qui agite le Moyen-Orient. Là-bas, la version arabe se répand comme une traînée de poudre, passe les frontières, devient numéro un en Turquie avant de triompher en Égypte, au Liban, en Jordanie, en Irak, en Syrie et jusqu'aux Émirats arabes unis. La chanson connaît sa plus belle heure de gloire le 20 novembre 1977, lorsque pour accueillir Anouar el-Sadatc en Terre sainte s'élèvent des enceintes de l'aéroport Ben Gourion la voix de Dalida, les mots de paix et les rythmes envoûtants de *Salma ya salama*. Aux yeux de la vedette, cet hommage-là vaut tous les trophées et les disques d'or. Si seulement une chanson pouvait apaiser les désordres du monde !

Dans le même temps, la télévision diffuse le film de Michel Dumoulin intitulé *Dalida pour toujours*. Le public découvre une héroïne entre rêve et réalité, des rives brûlantes du Nil à celles, embrumées, de la Seine. Endormie dans son lit ou à l'arrière de sa voiture, elle voit en songe défiler sa vie et s'embraser toutes les scènes du monde. Cette Dalida de l'émotion ne craint pas de se confier, d'afficher ses faiblesses ; elle est réconciliée avec elle-même, avec sa peur de la mort : « Aujourd'hui, chaque journée est une renaissance. Avoir peur de mourir, c'est avoir peur de vivre. Quand on a peur de la mort, on ne vit pas. On vit avec la mort à côté et on ne voit pas la vie. Mon plus grand désir, c'est la paix intérieure. J'ai toute la vie pour cela. »

Celle dont on se plaît à dire qu'elle est la fille spirituelle d'Oum Kalsoum et la plus célèbre Égyptienne du monde aux côtés d'une certaine Cléopâtre voit s'initier une des plus belles périodes de sa carrière. Ses disques s'arrachent par millions d'un bout à l'autre de la planète et de nouveaux projets ne cessent d'attiser son appétit et sa curiosité. Mais la femme, elle, connaît un nouveau drame intime.

Tandis qu'elle se rapproche du pays de l'enfance, un souci de santé est en train de l'éloigner à jamais du rêve de maternité. Elle a quarante-quatre ans. Dix années ont passé depuis l'avortement sauvage en Italie. Les tournées jusqu'au bout du monde, les disques et leur promotion se sont enchaînés sans qu'elle y prenne vraiment garde. L'enfant tant désiré viendrait un jour, s'est-elle toujours rassurée, mais elle aspirait d'abord à ce que Richard s'apaise, à ce que leur relation se stabilise. Or les sautes d'humeur de l'un, les exigences professionnelles de l'autre n'ont pas cessé. Aujourd'hui, alors que le médecin détecte un fibrome qu'il est urgent de retirer, elle se trouve au pied du mur, un mur de pierres sèches, dures et froides entre lesquelles rien ne pousse, un mur sur lequel elle ne gravera jamais le nom de son bébé. Soudain, c'est le temps qui la rattrape, le regret qui la menace. Les hommes se sont succédé, l'ont aimée mais ne lui ont rien laissé. Ils ne lui ont pas offert de donner la vie. Au contraire, dans le sillage de ces amants, rien que du deuil ! Luigi, Lucien… Il y a bien eu Lucio mais, telle Médée, elle a condamné au silence cet enfant d'un père trop jeune. Comme si ce rêve était inaccessible, le bonheur ultime, interdit. Elle n'a pas vu les années défiler et aujourd'hui il est trop tard, son ventre sec la fait souffrir. Comment ne pas se sentir vide quand l'espoir de donner la vie se rompt ?

Dans une clinique parisienne elle laisse un peu de son corps de femme et tout de son désir d'enfant. À ses côtés, sur un lit de camp, Richard passe toutes ses nuits. Lui aussi, un enfant l'aurait peut-être sauvé de ses chimères... Parce qu'ils savent désormais qu'ils ne seront pas parents, ils resteront des enfants. Blessés.

La femme souffre et la star se redresse. Sans mot dire, Yolanda s'étiole et se condamne. Dalida, elle, rayonne, plus idéale et irréelle que jamais, beauté parfaite et désincarnée, créature de fantasme jusqu'au bout des ongles et de sa crinière de flammes. Elle répète, pour mieux s'en persuader, que ses chansons sont un peu ses filles. Alors elle les dorlote, les caresse infiniment, les susurre et les murmure.

La chanteuse ne se repose pas sur les lauriers de sa gloire et son frère Orlando, aux commandes de sa carrière, est un créateur tout aussi insatiable. Très attentif aux tendances du moment, d'une imagination folle, il sait défricher pour sa sœur les sentiers les plus improbables et débusquer la perle rare. C'est ainsi qu'en janvier 1978, tandis que Dali donne deux spectacles à Prague, il lui vient une idée des plus incongrues et totalement inédite. La folie disco bat son plein. Sur des rythmes endiablés, hommes et femmes du monde entier, moulés dans des pantalons blancs enfilés au chaussepied et des chemises cintrées avec col pelle à tarte, semblent pris de la fièvre du samedi soir. Orlando, sans doute inspiré par le triomphe des Village People et autres Boney M et Bee Gees, songe à faire interpréter par un groupe de jeunes hommes les grands succès de Dalida sur un tempo disco. Il charge Jeff Barnel de concevoir ce pot-pourri, d'imaginer les enchaînements et les rythmiques. Au fil de son travail, le compositeur pense toutefois que c'est Dalida elle-même qui doit reprendre ses succès à la sauce disco et non une bande d'inconnus. Il soumet son idée à Orlando qui doute d'abord de l'intérêt d'une telle démarche. Mais après réflexion, ce dernier voit très bien sa sœur interpréter ses hits tandis qu'un seul jeune homme lui donnera la réplique. Ce sera la rencontre de deux générations, de deux musiques, la preuve incontestable que, non contente d'avoir passé l'hiver, la chanteuse peut jongler avec les époques et défier les modes.

Pendant que la conception musicale de Barnel prend forme, rassemblant avec brio des titres de toutes périodes, seize au total, de *Come prima* à *Bambino* en passant par *T'aimer follement* ou *Paroles, paroles*, Orlando cherche le garçon qui interprétera ce medley avec Dali. Après quelques auditions infructueuses, il remarque enfin un adolescent de seize ans, blond, au physique angélique et romantique, que le film *Hôtel de la plage* vient de révéler. Seul obstacle, Bruno Guillain ne sait pas chanter et les cours n'y feront rien ; sa voix est trop grave, bien loin de l'image d'éphèbe que l'on veut donner de lui. Décidément très en avance sur son temps, Orlando a alors recours à un chanteur noir américain dont la voix, très aiguë et juvénile, correspond parfaitement au projet, et il garde Bruno pour illustrer la chanson. Au passage, il crée l'un des premiers clips de la chanson française, un fondu enchaîné d'images du jeune homme filmé sur les bords de Seine et de prises en studio où, sur un sol de laque noire, il s'agenouille, fasciné et éperdu, devant l'idole Dalida, reprenant une à une les ritournelles de son passé. Il ponctue le chant de la diva par des « Je connais toutes tes chansons, elles ont bercé chaque instant de mon enfance. »

Génération 78 sort en quarante-cinq-tours avec en face B *Quand s'arrêtent les violons*, douce et nostalgique allusion au violon du père. Le succès est immédiat, le titre se retrouve aussitôt en tête des ventes devant le *Alexandrie, Alexandra* de Claude François, dont la France entière pleure la soudaine disparition, et *J'ai oublié de vivre* de Johnny Hallyday. Du coup, un deuxième medley de treize minutes comprenant cette fois trente extraits sort sous le titre *Ça me fait rêver*. Pour l'été 1978 les deux titres sont réunis sur un trente-trois-tours. Entre ces florilèges de rengaines d'hier sort une nouveauté signée Barnel et Sevran, *Voilà pourquoi je chante*, dans laquelle Dalida continue de pincer la corde sensible de la nostalgie et d'explorer la veine autobiographique. Cette chanson, d'ailleurs plutôt un texte parlé, évoque les mille aléas de la vie de la chanteuse sur un ton chargé de pathos et de larmes et une musique sirupeuse d'un kitch achevé. C'est une sorte d'élégie, mi-testament mi-prière, qui martèle : « Demain et dans mille ans, je recommencerai… »

Tandis qu'elle observe dans le rétroviseur sa glorieuse carrière et dans le miroir ses premières rides, la chanteuse, malgré ses quarante-cinq ans remarquablement portés, redoute de plus en plus le temps qui passe. Toujours cette même obsession de la ligne parfaite… Pas question de déjeuner, juste un peu de poulet froid et de salade vers dix-neuf heures, et la panique lorsqu'elle croise son reflet dans les miroirs de son studio de répétition. Jamais sa silhouette n'a été aussi parfaite, mais Yolanda garde toujours rivé à sa mémoire le souvenir des rondeurs de sa jeunesse.

12

À l'américaine

La danse m'a permis
de prendre conscience de mon corps.
Avant, j'étais empêtrée dans mes mouvements,
sur scène j'avais peur de bouger.
Je me sentais lourde et gauche.
L'Amérique m'a fait comprendre
l'importance du mouvement.
Dalida dans *Jours de France*,
24 novembre 1979.

Le froid de novembre fouette les larges avenues de New York ; les gratte-ciel, comme dressés sur la pointe des pieds, crèvent un ciel bleu parfait. Emmitouflée dans une épaisse fourrure sombre, Dalida s'engouffre dans l'entrée du Carnegie Hall, la salle la plus prestigieuse de la ville. Dans cinq jours elle y donnera son premier spectacle aux États-Unis. Vingt ans plus tôt elle avait fait le voyage. Norma Grantz, l'imprésario d'Ella Fitzgerald, s'apprêtait même à lui signer un contrat de quinze ans sur le sol américain mais Lucien Morisse et Eddy Barclay l'en avaient dissuadée sans difficulté : elle était amoureuse et sa carrière européenne l'accaparait totalement. C'est à Roland Ribet, son imprésario depuis un an, que revient l'idée de ce show au Carnegie Hall. Au moment d'organiser une série de concerts au Québec, il a tout naturellement suggéré une escale à New York, qui ne se trouve finalement pas si loin de Montréal. Après avoir hésité, Dalida a décidé de relever le défi. Revanche inespérée que cette conquête de l'Amérique après tant d'années, immense émotion mêlée de joie et d'appréhension lorsque la petite fille de Choubra voit scintiller dans le ciel de Times Square, sur un immense écran : « TONIGHT CARNEGIE HALL DALIDA. »

Inlassablement, dans sa suite du Park Lane dont les baies vitrées donnent sur Central Park, elle répète ses titres en anglais, *Gigi* – dont le « C'est toi, Gigi, là-bas dans le noir ? » devient pour l'occasion « *Is it you in the shadow ?* » ou encore *Le Lambeth Walk*, sa dernière chanson enregistrée en France juste avant le grand départ et inspirée d'une danse anglaise des années 1930. Rien pourtant ne saurait totalement la rassurer, pas même d'apprendre que les derniers billets de ses concerts se vendent au marché noir. « Comment est-ce possible ? Personne ne me connaît ici », répète-t-elle. Elle oublie qu'Italiens, Grecs, Arabes, Allemands, Israéliens ou Français, à l'heure d'émigrer à New York, métropole cosmopolite entre toutes, ont emporté un peu de ses chansons dans leurs valises.

29 novembre 1978. L'heure du premier rendez-vous américain approche. La salle du Carnegie Hall se remplit et peu à peu se réchauffe. On parle italien, français ou arabe. On évoque le temps passé, le jour où ailleurs, dans son pays natal, on a entendu pour la première fois la voix de Dalida. On murmure quelques refrains nostalgiques, ceux d'avant l'exil. Les Haïtiens, dont beaucoup à New York sont chauffeurs de taxi, se montrent aussi volubiles que les Italiens venus en nombre ; ils racontent que dans leur voiture ils passent souvent des cassettes de la chanteuse. Non loin, des Japonais guettent en silence le lever de rideau.

En coulisses, l'artiste est tétanisée par le trac. Elle n'a pu, faute de temps, répéter comme à son habitude sur la scène, trouver ses repères sous les éclairages, sans compter qu'un coup de fil de Richard lui annonçant que sa chienne

Gerda est très malade achève de la déstabiliser. Orlando en veut à Chanfray de l'inquiéter à quelques heures de sa première. Il est probable que le compagnon de la vedette n'apprécie guère de ne pas être du voyage, d'autant que toute la bande est là : Orlando, la cousine Rosy, Roland Ribet... Mais depuis quelque temps, lasse de ses coups de gueule et de ses humeurs, Dali préfère qu'il ne l'accompagne plus en tournée.

Enfin la star paraît sur la scène et c'est le monde entier qui se lève. « Le triomphe de Dalida, c'est le rêve de l'ONU », écrira Jacqueline Cartier dans *France-Soir*. Elle chante *Salma ya salama* et toute une partie de la salle, de langue arabe, reprend en chœur ; elle entonne *La Danse de Zorba* et une rangée de Grecs esquisse quelques pas de sirtaki ; quand elle interprète *Henee Matov*, c'est toute la communauté juive qui donne de la voix. Avec *Je suis malade* elle fait frissonner même ceux qui n'entendent pas un traître mot de français. Sur la musique de *J'attendrai* et du *Lambeth Walk*, elle fait danser. Dans des fourreaux signés Michel Fresnay perlés de blanc pour le lever de rideau, de noir pour la deuxième partie et enfin de rouge pour le final, elle subjugue. On s'émeut qu'elle ait le visage de l'Orient, l'élégance de Paris et le métier de Broadway.

Son show s'achève dans une ambiance de fête et ses spectateurs du bout du monde ne veulent plus la laisser partir. Ils rêvent de poursuivre avec elle ce grand voyage. Elle salue longuement, avec dévotion, et dans une longue révérence caresse le sol de sa chevelure dorée. Certains de ses aficionados la suivront chez Sardi, le restaurant où l'on donne un souper en son honneur. Un fan encore ébaubi répète que Dalida n'est pas une chanteuse mais une religion ! À la table de la star défilent des producteurs éblouis et conquis. Entre la poire et le fromage on la réclame à Las Vegas, dans un théâtre new-yorkais pour dix spectacles, dans une comédie musicale à Broadway, dans des shows télévisés... La nuit ne s'achèvera qu'au matin pâle au Régine's Club.

Trois soirs durant elle rencontre un succès époustouflant, mais elle sait déjà qu'elle n'acceptera pas ces propositions servies sur un plateau d'argent. Dans la voiture qui la ramène à son hôtel, elle partage son sentiment avec Jacqueline Cartier, car la journaliste est aussi son amie : « Oh, mon Dieu ! Tout cela me fait peur. Je suis une Italienne née au Caire, mais avant tout je suis française. On aime la patrie d'adoption plus que toute autre parce qu'on l'a choisie. Pourvu qu'on ne me sépare pas trop longtemps de la France. » À Jeff Barnel elle confie également son désir de ne pas donner suite à cette aventure américaine : « Je me sens chez moi en France. Ici tout semble énorme, impersonnel. Oui, c'est l'Amérique, et alors ? En tout cas j'ai trop tardé pour essayer aujourd'hui de démarrer ici quelque chose de nouveau. Et puis les années passent et je ne sais plus si j'en ai vraiment l'envie et la force. »

Le troisième soir, le rideau tombe sur une nouvelle ovation. C'est là que son aventure américaine doit prendre fin. Juste quelques heures de sommeil puis, la mine grise et le corps lourd, elle s'envole pour le Québec. La Belle Province semble endormie sous son tapis de neige, Dalida est le soleil que l'on attendait.

De retour en France où la presse a décrit en long et en large son séjour à New York, Dalida comprend que sa carrière est sur le point de prendre une orientation nouvelle. En plein hiver 1979, Orlando, en producteur avisé, décide d'occuper les bacs des disquaires avec une nouvelle chanson en égyptien. Intitulée *Helwa ya baladi (Qu'il est beau mon village)*, elle est signée Jeff Barnel. Gorgée de soleil, elle réchauffe l'hiver et, comme *Salma ya salama*, conquiert le marché arabe, se vendant à des millions d'exemplaires.

La chanteuse n'a pas encore savouré ce nouveau succès qu'il lui faut déjà entrer en studio pour enregistrer le disque de l'été. Au printemps, les artistes rivalisent d'adresse et d'inventivité pour dénicher la chanson qui fera danser dans les boîtes de nuit, les bals et les campings. La bombe que Dalida lâchera aux beaux jours lui vient du compositeur Toto Cutugno. Il lui a créé *Femme est la nuit* pour son dernier Olympia et compte déjà d'énormes succès interprétés par Hervé Vilard, Joe Dassin, Sheila, Michel Sardou ou Johnny Hallyday. Cette nouvelle chanson, *Monday, Tuesday*, dont Pierre Delanoë signe les paroles, est un vrai disco. Elle l'interprète bientôt à la télévision, flanquée de quatre boys qui reprennent la mélodie en anglais dans le pur esprit des Village People dont le titre *YMCA* fait un tabac partout dans le monde. Maritie et Gilbert Carpentier, conquis, lui taillent pour l'occasion un show télévisé sur mesure. Tour à tour disco-queen vêtue de cuir noir clouté, Shéhérazade voilée, meneuse de revue emplumée, vamp endiamantée ou tragédienne, Dalida fait son numéro. Show woman hors pair, elle n'en reste pas moins bouleversante dans son registre intimiste avec *Je suis malade*, *Vedrai vedrai* de Luigi Tenco, *Quand on n'a que l'amour* de Brel, ou encore *Depuis qu'il vient chez nous*, une chanson émouvante contant les déboires d'une femme que son homme délaisse pour l'amour d'un garçon.

Les 1er, 2 et 3 juin 1979, elle se produit au Caire. C'est un accueil de reine que lui réserve son pays. Ses admirateurs s'accrochent à sa voiture, quémandent dans les cris, les youyous et les applaudissements un regard ou un sourire tandis que les radios passent ses tubes en arabe. « Mieux vaut tard que jamais. On garde toujours le meilleur pour la fin », déclare Dali lors d'une grande conférence de presse donnée à son arrivée. Pourquoi parle-t-elle de fin alors qu'elle est au sommet ?

Le premier soir de son court séjour, elle chante dans le palace où elle a élu résidence. Face à elle, comme un poster trop parfait pour être vrai, le plateau de Guizèh et ses imperturbables pyramides. Même les étoiles ont fait le déplacement pour l'éclairer ! À ses pieds, un de ces auditoires triés sur le volet, le gratin de la capitale. Le lendemain, au Sporting Club de Guizèh, un stade de quelque vingt mille places, c'est enfin au peuple du Caire de venir l'applaudir ; c'est un public indiscipliné, mais merveilleusement réactif, qui reprend en chœur les chansons, crie, frappe des mains et acclame inlassablement la star. Pour les Cairotes, son *Helwa ya baladi* est une ode à leur ville, l'hymne d'un émouvant retour au pays. Lorsque enfin elle chante *Salma ya salama*, ses hôtes d'un soir se redressent et ondulent, comme pris de transe. Les jambes parfaitement fuselées de Dalida chahutent à l'orientale les lanières de perles de son fourreau de lumière, elle mène la danse au diapason de son peuple. Avant qu'elle ne rejoigne les Émirats, Anouar el-Sadate la reçoit pour une audience privée des plus chaleureuses et l'invite même à prononcer un discours devant le Parlement. Elle décline l'offre, sachant que le territoire d'une chanteuse populaire ce sont les planches, et non les ors de la République.

Une tournée dans toute la France en juillet 1979 avec une escale au Sporting Club de Monte-Carlo, une villégiature tropézienne entre amis au mois d'août et c'est déjà septembre. La nouvelle aventure qui attend Dalida est un séjour à Londres pour un concert au mythique Royal Albert Hall. À l'occasion de cette première scène britannique, elle enregistre en anglais *Monday, Tuesday* et *Il venait d'avoir dix-huit ans – Let Me Dance Tonight* pour la face A, *He Must Have Been Eighteen* pour la face B – tandis que *Le Lambeth Walk* dans la langue du pays fait un malheur. L'Angleterre apprécie que l'une de ses danses soit remise au goût du jour. Pendant ce temps, en France, un nouveau quarante-cinq-tours est également sur toutes les ondes avec en face A *Il faut danser reggae*, sur des rythmes de Toto Cutugno – on ne change pas une équipe qui gagne –, et en face B *Comme disait Mistinguett*, une chanson autobiographique pleine d'autodérision signée Pascal Sevran et inspirée de *C'est vrai* de Mistinguett.

Comme le disait la Mistinguett,
Je suis comme le Bon Dieu m'a faite
Et c'est très bien comme ça. […]
On peut bien dire ce qu'on voudra,
Je ne serais pas Dalida
Si j'n'étais pas comme ça.

Depuis l'été, elle étudie avec son entourage un projet un peu fou d'un spectacle de très grande envergure. C'est la productrice Jackie Lombard qui en donne l'impulsion. Habituée à présenter en France des pointures aussi prestigieuses que Madonna ou Michael Jackson, elle a fait part à Roland Ribet de son envie de s'occuper du prochain spectacle de Dalida. Elle pense au Palais des Sports ; c'est une salle immense, cinq mille places, plus du double de l'Olympia ! Boulevard des Capucines où elle a fait chacune de ses rentrées depuis vingt-cinq ans, la chanteuse a ses marques, elle connaît la respiration du public, la distance qui la sépare de lui, l'acoustique. Le Palais des Sports, c'est tout autre chose. Dalida et Orlando envisagent longuement et très sérieusement la proposition. Pour meubler une scène aussi large et profonde, il n'est plus question de concevoir un récital traditionnel, explique la vedette. Il faut des danseurs, une mise en scène, des décors. Pourquoi pas un show à l'américaine ? s'interrogent-ils soudain, d'autant que les dernières chansons, très dansantes, se prêteraient parfaitement à pareil spectacle. Les idées fusent, on parle de plus en plus fort, à l'orientale, on se chamaille un peu, on jette les idées en désordre, galvanisés, exhaltés comme des enfants.

Jackie Lombard insiste : les soirées de la première quinzaine de janvier peuvent être bloquées dès à présent, prévient-elle comme pour interrompre les interminables hésitations et précipiter le lancement du projet. « Cinq mois de travail seulement, c'est une pure folie ! » tempête Dali. Pourtant, l'enthousiasme la productrice, l'excitation d'Orlando et son désir de se renouveler concourent à la convaincre. Elle va relever le défi. Jour et nuit elle pense à son spectacle, elle établit l'ordre des chansons, le modifie cent fois, imagine des décors, dessine des robes. Première mission : trouver le maître d'œuvre du show. Elle se souvient alors de Lester Wilson, rencontré lors de son passage au Carnegie Hall. Il est le chorégraphe mondialement reconnu de *La Fièvre du samedi soir*, celui qui a sculpté les torrides déhanchements de John Travolta. Contacté, il accepte aussitôt d'être de la partie et invite Dalida à le rejoindre à Los Angeles sans plus attendre pour une prise de contact et une première séance de travail.

Elle s'attelle à son show entre une série de concerts en Syrie et à Beyrouth où la guerre fait rage, Beyrouth où les jardins verdoyants d'hier ont cessé de refleurir. Au fil des réunions de travail, Dali, Orlando, Lester, les auteurs Paul Sebastian et Michaële ou encore Max Guazzini, qui veille aux relations presse de l'artiste, imaginent différents tableaux. On songe à des reprises en anglais, *Alabama Song* de Kurt Weill dans une mise en scène façon *Cabaret* et *Money, Money* avec pour décor une gigantesque machine à sous dorée.

« Tu vas arriver sur scène comme le Bon Dieu t'a faite », prévient le chorégraphe.

Dalida sursaute.

« Nue ?

– Non, mais comme si tu l'étais ! » rétorque Lester.

Déjà le costumier Michel Fresnay dessine un collant doré épousant parfaitement sa silhouette, et un autre pour le tableau *Money, Money* auquel seront accrochés des chapelets de piécettes d'or. La principale intéressée se sent parfois déconcertée par trop d'audace mais son désir d'apprendre, d'explorer ce qu'elle ne connaît pas est toujours le plus fort. Alors elle fléchit et se lance. « La danse réconcilie le corps et l'esprit. Elle m'a libérée de tous mes tabous. Vous savez, j'ai été élevée dans une école religieuse : il ne fallait pas montrer son genou. Cette inhibition m'a poursuivie longtemps », confie-t-elle au *Journal du dimanche*. Elle se souvient qu'à son arrivée à Paris elle n'osait pas dire à ses amies qu'elle était encore vierge.

Dans l'euphorie de la création, on échafaude mille et un effets de scène et on imagine même une suite au mythique *Gigi l'Amoroso*. Ce sera *Gigi in paradisco*, un mini-opéra disco de près d'un quart d'heure mettant en scène dans un kitch achevé saint Pierre, le Bon Dieu et tout le village de Pozzuoli. Cette fois, Gigi assassiné par la veuve du colonel enflamme le paradis de ses refrains.

Il visita toutes les planètes,
Fit de Vénus sa discothèque,
Prit les étoiles comme projecteurs.

Seule ou flanquée des danseurs de Lester venus tout spécialement d'Amérique, Dalida, en collant de danseuse, cache-cœur et bottes à talons, répète inlassablement ses mouvements. Combien de fois, dans sa tête, refait-elle le spectacle ? Plus de deux heures de show, douze changements de costume, pas moins de trente musiciens et douze danseurs entre lesquels elle doit se déplacer, danser et chanter, le tout pour dix-sept jours devant plus de soixante-dix mille spectateurs. Chaque soir, malgré la fatigue des répétitions, le sommeil tarde à venir. Le stress grandit et même les massages attentifs de Richard s'avèrent inefficaces. Les semaines défilent au rythme d'effrayantes courbatures et la chanteuse se demande souvent dans quel pétrin elle est allée se fourvoyer. À quarante-sept ans, une telle aventure est-elle bien raisonnable ? se dit-elle avant de retourner à l'ouvrage avec plus d'ardeur encore. Parce qu'elle n'est pas musicienne, elle a toujours énormément répété pour caler parfaitement son chant sur l'orchestre. Sans compter qu'elle n'a jamais eu beaucoup de mémoire, ce qui lui a souvent valu des trous. Cette fois, à ce concert de difficultés qu'elle a su contourner par un travail acharné, voilà qu'elle ajoute une salle gigantesque et des chorégraphies professionnelles. Pourtant la difficulté la motive. Elle se sait attendue par une critique implacable que ce show à l'américaine amuse, alors pas question de leur donner raison. Elle songe aussi à son public impatient de la retrouver dans ce nouveau rôle, et elle veut lui plaire.

Quitte à frapper fort, elle en rajoute avec une affiche des plus croustillantes. On opte pour une Dalida en tenue de cabaret, avec petit gilet de satin blanc, jambes magistralement dévoilées gainées de bas noir sur talons hauts vernis noirs, veste de smoking rouge pailleté ; elle est à califourchon sur une chaise, et tient à deux mains un chapeau claque constellé de paillettes rouges. Sur les murs de Paris, dans les stations de métro s'expose ainsi l'étonnante et déroutante plastique de la chanteuse. Le journal pamphlétaire *Charlie-Hebdo* choisit cette photo pour sa couverture, mais dans une version totalement retouchée et frôlant la pornographie.

Les réservations du Palais des Sports ont beau annoncer un franc succès, Dali est à bout de nerfs, soumise à l'exigence de sa performance, inquiète du manque de temps et de ces multiples attaques extérieures dont pourtant son frère s'emploie à la protéger.

Autant dire que les fêtes de cette fin d'année 1979 se déroulent sous le signe du show, dont la première aura lieu le 5 janvier. Devant les grands miroirs de son studio de répétition, elle peaufine ses danses, même seule, dès qu'un doute l'étreint. Il faut aussi assurer la promotion, rencontrer les journalistes, se rendre sur les plateaux de télévision, donner l'envie au public de croire en cette extravagance, y compris quand la peur vous paralyse.

Le 5 janvier arrive enfin. Quelques heures avant le lever du rideau, on doit enfin filer l'intégralité du spectacle, vérifier le minutage nécessaire aux changements de tableaux et de costumes. Mais le montage des décors a pris du retard et à dix-neuf heures, tandis que les spectateurs se pressent déjà porte de Versailles, la répétition tant attendue n'a toujours pas commencé. Les cris de Dalida retentissent dans les coulisses ; sa silhouette de reine de la nuit surmontée d'une coiffure d'extra-terrestre, en réalité d'énormes bigoudis, hante nerveusement la loge sans que personne soit vraiment en mesure de la rassurer. Il est finalement décidé qu'on se passera du filage, il est trop tard et le public doit prendre place. Le spectacle peut commencer, ou plus exactement il le doit.

Malgré l'impatience frémissante des fans et les salves d'applaudissements à répétition, Dalida continue de se faire désirer. Dans la salle on ignore tout, bien entendu, de la série de problèmes techniques qui retardent le lever de rideau. Enfin, avec près d'une heure de retard, l'orchestre commence à jouer *In the Stone*, la grandiloquente introduction. Un ballet doit précéder l'entrée en scène de la vedette. Deux des panneaux miroirs, étroits mais très hauts, qui ferment le fond du plateau doivent en effet s'ouvrir sur le passage de Dalida, sexy en diable dans sa robe brodée de perles blanches et argent. Les musiciens lancent alors le premier titre du show, *Je suis toutes les femmes*, une énième chanson autobiographique écrite pour l'occasion et dans laquelle l'artiste fait allusion à sa vie de reine du disco mais aussi à son côté fleur bleue – elle est « l'amie de Pierrot », dit-elle. Or les panneaux ne daignent pas répondre aux commandes des techniciens. Dali jure, malmène de ses poings et de ses pieds le maudit décor. Côté public, la fureur de l'instant n'est pas perceptible. Lorsqu'elle apparaît enfin, la star affiche au contraire un large sourire – le self-control absolu d'une grande professionnelle. En coulisses, pendant ce temps, on tremble à la vue de ces immenses panneaux chancelant au-dessus de sa tête. Par chance, le spectacle se poursuit sous de meilleurs auspices. Pour interpréter *Comme disait Mistinguett* elle est d'abord enveloppée d'un ahurissant manteau de plumes de cygne roses, elle l'entrouvre sur sa silhouette de sirène et le laisse choir à terre, dévoilant un tout petit et très sexy justaucorps. Le public en reste bouche bée. Avec *Alabama Song* elle devient une entraîneuse de cabaret en frac aux déhanchements suggestifs, pour *Il faut danser reggae* c'est une fille du soleil qu'un petit ensemble bleu et argent copié d'un costume de Rita Hayworth dénude magistralement. Elle est bien toutes les femmes à la fois.

Pour ne pas dérouter le public venu applaudir la Dalida de toujours, celle des chansons intimistes, ses incontournables *Pour ne pas vivre seul* ou *Quand on n'a que l'amour* trouvent leur place dans cette cavalcade de lumières, de strass et de boys. Au milieu de cette première partie périlleuse mais finalement très applaudie est diffusé sur bande un petit sketch humoristique intitulé *Le Paravent de Dalida*, histoire de laisser à l'artiste le temps de souffler et d'enfiler une nouvelle robe. Il s'agit d'un dialogue avec son habilleuse. La chanteuse y joue les divas capricieuses, jure que c'est elle qui fait le succès de Le Luron au théâtre Marigny, proclame qu'elle a la voix qui porte et rapporte, et se plaint que la pauvre habilleuse lui passe son collant à l'envers. Et elle ne croit pas si bien dire puisque ce premier soir la pauvre Jacqueline lui enfile effectivement à l'envers le costume de *Gigi*, cette fameuse seconde peau couleur or conçue par Michel Fresnay. Qu'importe, *the show must go on* et le public n'y voit que du feu.

La première partie s'achève sur *Gigi l'Amoroso* et *Gigi in paradisco*. Dalida est éreintée mais le spectacle n'est pas terminé. La seconde partie offre de nouvelles séquences émotion – *Je suis malade* et *Avec le temps* –, des chorégraphies endiablées et très physiques – *Monday, Tuesday* et *Money, Money* – et enfin l'étourdissant final avec le medley d'un quart d'heure, *Ça me fait rêver*. Le public n'a rien deviné des embûches techniques et du stress de l'idole. Il l'acclame longuement, la partie est gagnée.

Quatre jours plus tard a lieu générale devant le Tout-Paris, suivie d'un dîner aux Jardins du Louvre. Accueillis par une haie de gardes républicains, cinq cents convives se rendent dans ce restaurant transformé pour l'occasion en temple égyptien. Au milieu des têtes d'affiches du show-biz, de Serge Lama à Hervé Vilard en passant par Sacha Distel et Dave, se tiennent François et Danielle Mitterrand, et même le poète Louis Aragon qui ne cache pas avoir été jadis amoureux de la star du jour. Consécration suprême.

En janvier 1980 Dalida relève ainsi le plus grand défi de toute sa carrière. Il lui faut triompher de la fatigue et du stress, convaincre les gens du métier qui ne la pensaient pas capable de pareille aventure à quarante-sept ans et qui riaient sous cape, résister aux attaques qui l'accusent de chanter en play-black – ce qu'elle ne fait en réalité que pour quatre chansons car il est impossible de concilier le chant et la rigueur de certaines chorégraphies ; c'est d'ailleurs ce qui se fait dans tous les shows à l'américaine et les revues musicales. Dalida donne le change ; la star accroche des sourires à ses fards mais la femme, à fleur de peau, fragile, est souvent peinée et de plus en plus fatiguée de ces coups bas et des faux-semblants.

Néanmoins, ce Palais des Sports est un triomphe, même si certains soirs on n'affiche pas complet… La presse porte aux nues la nouvelle Dalida, la énième… Elle fut chanteuse roucoulante des années Bambino, twisteuse, madone, voix de Ferré, de Lama et de Brel, danseuse des sept voiles, la voilà aujourd'hui discoqueen, meneuse de revue et Marlene de cabaret. Plus personne ne doute qu'elle soit éternelle. Un de ses albums est très naturellement intitulé *Et Dieu créa Dalida*. Même les plumes acérées de *Libération* s'adoucissent pour louer son talent. « Dalida est la dernière femme sauvage, […] un authentique personnage du spectacle. […] Ses rengaines accompagnent depuis plus de vingt ans l'histoire de chacun d'entre nous bien plus sûrement que la série de nos entichements honteux et successifs », écrit Michel Cressole le 11 janvier. Dans les pages du *Figaro* elle est une « femme-flamme [qui] brûle les planches, un beau feu d'artifice ». Dans *Le Quotidien de Paris* elle est « la France profonde, la vraie ». « Notre vérité se trouve chez Dalida. […] Je me demande sérieusement si Dalida n'est pas éternelle », écrit Jean-Pierre Enard. Le 19 janvier 1980, Richard Cannavo du *Matin de Paris* lui déclare sa flamme : « Madame Dalida, je m'incline devant vous. Devant votre travail, devant ces heures volées à la vie qui s'en va. […] Vous êtes, madame Dalida, une légende vivante. »

Les portes du Palais des Sports refermées, la vedette part en voyage. Après un gala pour l'Unicef au Moulin-

Rouge, elle rejoint la Guadeloupe. À Athènes elle remet le trophée de la Rose d'or à l'Italien Richard Cocciante, puis elle enregistre un « Numéro Un » des Carpentier qui rassemblera plus de soixante-dix pour cent des télespectateurs et se lance dans une longue tournée française tout au long de l'été. Jacques Morali, l'heureux producteur des Village People, qui a acquis les droits pour la France de la comédie musicale *Evita*, lui propose par ailleurs d'incarner Eva Perón, la célèbre madone des sanschemises d'Argentine.

En cette année 1980 elle retrouve aussi l'Italie. Depuis cinq ans elle avait refusé d'y remettre les pieds tant ses relations avec la Péninsule étaient conflictuelles. La brouille avait commencé à la fin des années 1960 après l'épisode Tenco et la tentative de suicide. La presse italienne, ô combien véhémente et tenace, s'était déchaînée contre Dalida, brossant à gros traits le portrait d'une femme sombre et embourbée dans son mal de vivre. Chaque semaine, les tabloïds se chargeaient de nourrir ce récit pathétique de quelque détail croustillant, de photos volées et d'anecdotes piquantes, quitte à les inventer de toutes pièces. On reprochait à la star de vivre à Paris et non sur le sol italien, et aussi d'avoir déclaré plusieurs fois qu'elle se sentait profondément française. L'idylle avec Arnaud Desjardins a permis aux journalistes de mettre encore un peu plus d'huile sur le feu : après avoir tenté de se suicider, un acte montré du doigt dans la très catholique Italie, voilà que la Gigliotti jouait les mystiques au bras d'un bonimenteur bouddhiste. Malgré cet acharnement des médias, Dalida a continué de se rendre régulièrement en Italie, même si ses ventes de disques n'y avaient plus rien à voir avec celles des années 1960. Mais en 1975, après un séjour durant lequel la presse a fait une nouvelle fois des gorges chaudes, et acides, de ses amours avec Richard, elle a décidé de n'y plus retourner. Ce n'est donc qu'en 1980 qu'elle retrouve la terre de ses ancêtres. L'accueil est poli et de son côté le charme est rompu. L'irrespect des Italiens l'a définitivement meurtrie, elle se sent trahie.

De voyage en conquête dans un empire sur lequel le soleil ne se couche jamais, le quotidien est une course, un défi perpétuel : faire mieux, donner plus… La sagesse d'hier semble fondre comme neige au soleil, Dali a oublié ses résolutions de mesure et de prudence. À nouveau, elle craint de s'égarer, de se laisser emporter dans le tourbillon infernal de sa carrière. Elle aperçoit au loin les démons du passé. N'est-elle pas en train de fuir le réel, de saborder sa vie personnelle, son couple ? L'équilibre si chèrement conquis se fissure, elle le sait. « Je suis dévorée par mon métier, c'est vrai, mais c'est un choix », confie-t-elle à *France-Soir* en août. Pourtant c'est plutôt un pis-aller. Lorsque la journaliste Michèle Dokan lui demande si elle est heureuse, elle répond : « Heureuse ? Ça ne veut rien dire. Je crois que je suis bien dans ma peau de temps en temps et ce n'est déjà pas si mal. […] Il y en moi une soif de quelque chose que je n'arrive pas à mettre à nu. » Sous ces mots fugaces recueillis pour un quotidien dont on sait qu'il enveloppera demain les épluchures de légumes se cachent, à peine voilés, les relents amers du mal de vivre, cette souffrance tenace et obsédante qui ne lâche jamais totalement ses proies : « La petite fille que j'étais me joue encore des tours. J'ai tout pour être heureuse et pourtant […] je reste insatisfaite. Il faut que je replonge en enfer pour découvrir pourquoi. »

Sans doute culpabilisée par ses absences répétées et la tyrannie qu'exerce sur elle son métier, elle accède au nouveau caprice de Richard qui lui réclame de quitter Montmartre pour Neuilly. Afin de sauver ce qui leur reste d'amour, elle se persuade qu'ils doivent construire leur nid ailleurs, affranchis des regards indiscrets, loin des souvenirs qui hantent les murs de la rue d'Orchampt, loin des fans qui les épient quotidiennement, scotchés à un banc à deux pas de la maison. Elle qui aime tant Montmartre se persuade des bienfaits de Neuilly. Elle y achète alors un terrain, dessine les plans d'un vaste palais, imagine une décoration de rêve, comme pour cimenter ce qui demeure du couple. Sept cent soixante-huit mètres carrés habitables, d'immenses chambres, chacune avec terrasse, des bureaux, un studio d'enregistrement, un atelier de sculpture. Pour un temps au moins Richard s'apaise.

La nouvelle maison sort de terre. Néanmoins rien ne saurait plus refleurir entre les amants d'hier, et aux plaisirs de l'alcôve Dalida se dérobe. Chanfray insiste, il lui reproche la fuite de son désir, elle souffre de plus en plus de ses infidélités. Destructeur, il provoque avec cruauté celle qu'il ne cesse pourtant jamais d'aimer, il convoite ses amies, la trompe dans l'espoir vicieux que ses forfaits lui reviennent aux oreilles. « Ce qu'il construisait d'une main, il le détruisait de l'autre », rapportera Dali. Pendant qu'elle chante, il drague les danseuses ou les fans qui font le pied de grue devant les coulisses dans le seul espoir d'échanger deux mots avec leur idole. Il lui fait payer au centuple chacune de ses victoires, chacun de ces instants de gloire où elle lui échappe. Les succès de sa compagne ne font que rendre plus évidente et insupportable sa faillite personnelle. Pour rivaliser avec cette femme à la stature décidément trop imposante, pour se donner la consistance qu'il n'a jamais eue, il joue les machos, se montre humiliant, se moque des triomphes de Dalida, des faiblesses de Yolanda – en public tout au moins. Le lendemain, comme un enfant que les regrets étreignent, le frimeur de pacotille s'excuse, pleure et supplie. La chanteuse est lasse de cette débauche de plaintes et d'infantiles demandes de pardon. L'espoir de sauver Richard de lui-même s'amenuise comme peau de chagrin et la pitié commence de l'emporter sur l'amour.

Un soir qu'il est allé trop loin, elle dort seule, le laissant larmoyer derrière sa porte. Elle sait qu'elle ne fléchira plus. Le lendemain, les mots tendres et les supplications n'y font rien. Non pas qu'ils glissent sur elle ; elle se sent brisée mais ne peut plus prendre le risque de s'enfoncer davantage dans cette histoire qui prend l'eau. Huit années d'amour s'échouent, vaines et lamentables, sur un rivage dévasté. Elle éprouve la sensation d'avoir perdu son temps, de s'être trompée une fois encore. Quarante-huit ans dans quelques semaines et la voici de nouveau seule.

Une nouvelle chanson signée Pascal Sevran, *À ma manière*, proclame sa liberté mais laisse aussi présager bien des lendemains en solitaire :

J'ai suivi la ligne d'amour
À ma manière.
Pour tous les chagrins que je traîne
J'ai mis mon cœur en quarantaine. […]
Ma vie, ma vie je n'en ai qu'une,
Mais je la veux libre et sans loi,
J'en ai le droit elle est à moi.

13

La vie en rose… et noir

Je suis tombée dans le domaine public.
On discute mes robes, mes lectures, mon répertoire,
mes amours même, alors vraiment je ne vois pas
au nom de quoi je ne pourrais pas dire mon mot.
[…] Moi, je vote pour un homme que je connais,
dont j'apprécie la sagesse intérieure
et les qualités humaines et intellectuelles.
Dalida dans *Le Matin*,
21 avril 1981.

La maison de Neuilly, trop prétentieuse, si éloignée du monde de Dalida et de ses racines, ne lui ressemble pas. Elle la revendra bien vite, soulagée de pouvoir rester rue d'Orchampt, dans sa « chaussette », comme elle dit – et qu'importe qu'au plus sombre de la nuit les silhouettes fragiles de ses amours perdues s'y promènent et dansent sur les murs. Ce sont ses souvenirs, elle les a apprivoisés à sa manière. Le premier dîner avec Luigi, la première soirée avec Desjardins, l'ombre juvénile de Lucio, la cuisine aux placards de Formica orange et les repas entre amis, l'atelier de peinture de Jean Sobieski au dernier étage, bien plus tard celui de sculpture de Richard. Dans le salon marron glacé et beige, les œuvres de ce dernier trônent toujours, des ibis d'argent et des chats abyssins ont trouvé refuge parmi les masques de pharaon dorés et les livres bien rangés ; il y a aussi une lithographie de Dali signée « Dali aime Dalida » et de gigantesques bouquets – des fleurs si belles qu'elles semblent fausses. Cette maison est un roman d'amour, tour à tour enflammé et désespéré, que Yolanda ne cesse jamais de relire.

18 mars 1981. « Aujourd'hui je porte la souffrance

plutôt que d'être emportée par elle. J'ai transformé cette souffrance en une carrière », confie-t-elle à Georges-Marc Benamou pour *Le Quotidien de Paris.* Ce soir, on fête le vingt-cinquième anniversaire de cette carrière ; les six lettres de DALIDA brillent à nouveau sur la façade de l'Olympia. Le hall est l'extraordinaire rendez-vous de personnes si différentes les unes des autres qu'il serait improbable qu'elles puissent se retrouver ailleurs. Les patrons et leurs employées de maison, des gens simples endimanchés pour le grand soir, des femmes trop maquillées et trop blondes montées sur échasses et puis, en arrêt devant des posters de Dali, des hommes volubiles et bien mis, pour ne pas dire très soignés, des garçons qui aiment les garçons. Avec des chansons comme *Pour ne pas vivre seul* et *Depuis qu'il vient chez nous*, l'artiste a montré en effet son intérêt pour la gent homosexuelle, et même son profond attachement. Pour les homos qui n'aiment pas les femmes mais les adorent, elle est la quintessence même de la femme, son expression la plus parfaite. Ils aiment sa grâce de diva, sa crinière de feu, ses déhanchements de vamp et son glamour excessif lorsqu'elle joue de ses mains si fines, de ses sourires et de ses battements de cils. Ils constituent l'un de ses meilleurs publics, fidèle à perpétuité. Les plus fervents d'entre eux, comme ses amis proches d'ailleurs, l'appellent « Maman ».

Pour l'occasion, on a revu et corrigé le show du Palais des Sports, adapté bon nombre de ses chorégraphies pour la scène plus humaine de l'Olympia. C'est un spectacle plus intime qui convient mieux à Dali. De la grosse artillerie on finit par se lasser, et elle la première. Elle trouve là un bon compromis entre les danses endiablées de ses refrains disco et les moments d'émotion dont ses fans sont si friands. Lorsqu'elle cesse de danser, lègère et futile, *Le Lambeth Walk*, *Chanteur des années quatre-vingt* et *Gigi in paradisco* sous les clignements des sunlights, elle se plante comme une statue devant son micro sur pied et chante sa vie : *L'Amour et moi*, *Le Slow de ma vie*, *Fini la comédie*, *Et la vie continuera*, *Je m'appelle amnésie*, *Partir ou mourir*, *À ma manière* ou *Il pleut sur Bruxelles*, magnifique hommage à Brel… Des nouveaux titres. Chansons du temps qui passe, de la nostalgie, de la dérive des bonheurs et des amours ensevelies, textes sur l'inquiétude et la déception bercés par des musiques mélancoliques. Un frisson parcourt l'auditoire. On se dit que ce ne sont que des chansons. Mais si c'était beaucoup plus ?

Tandis que deux petites années la séparent de son cinquantième anniversaire, elle chante *Une femme à quarante ans*, signée Didier Barbelivien. Le souci de se dérober au décompte des années ?

Les Rimbaud de mes dix-huit ans
N'osent pas m'appeler Madame.
Entre l'automne et le printemps
On est une femme à quarante ans.

Je m'appelle amnésie se voudrait presque ludique, anodine…

Pourquoi m'appelez-vous toujours Dali ?
Vous devez vous tromper, cher ami […]
Et vous m'inventez des prénoms inconnus
Dalida !
Hum ! Dalida ? Ah non vraiment j'connais pas !

Voici de nouveau Dali et Yolanda qui semblent se chamailler. L'une voudrait oublier l'autre, perdre la mémoire et, qui sait ? repartir de zéro... loin de l'ombre rampante de ce double qui prend décidément trop de place.

Sur grand écran, en fond de scène, défilent les images en noir et blanc de la Dalida d'hier, corsetée, ses formes généreuses comprimées dans une robe de velours, ses boucles brunes en cascade sur ses épaules rondes. Et puis l'écran monte dans le ciel du théâtre tandis qu'apparaît la blonde Dalida à la démarche chaloupée. Le temps d'un medley de chansons d'hier, elle porte la robe de velours pourpre de ses débuts à Bobino, vingt-cinq ans plus tôt. Au fil des ans, sa chevelure brune a doré sous les soleils artificiels, la silhouette s'est asséchée et musclée, le visage poupin semble avoir été sculpté au ciseau. La gitane est devenue star. Les gestes légers et souples d'hier, qui dessinaient une dentelle, sont aujourd'hui d'airain, plus graves, solennels et tragiques. Miracle chaque soir renouvelé du 18 mars au 19 avril 1981. Trente chansons et deux heures plus tard, les bras tendus, offerte, elle s'approche du public et l'étreint, si fière de porter à nouveau la robe de ses vingt ans. Elle seule connaît les sacrifices qu'exigent sa ligne de sylphide et ces instants de triomphe. Elle est si adulée qu'un soir elle chante devant une salle presque vide, pour le seul plaisir d'un richissime émir flanqué de son secrétaire et de sa légion de gardes du corps. Ces spectacles « donnés » à prix d'or lui offriront la liberté de rencontrer à faible coût son vrai public, celui de province, des plages et des places publiques décorées si gentiment de calicots à son effigie.

Les années passées auprès de Richard l'ont quelque peu éloignée de François Mitterrand et de son sérail. Elle l'a croisé de temps à autre, mais sans régularité. Simple hasard ou pur opportunisme de la part du leader socialiste, à quelques semaines des élections présidentielles les liens se resserrent. Roger Hanin se fait le médiateur d'un nouveau rendez-vous. Il demande à la vedette de se produire à Lille où Mitterrand doit prononcer un discours le 21 avril, à quelques jours du premier tour des élections. Éperdument fidèle et toujours admirative de l'intelligence et du charisme du politicien, elle accepte l'invitation, touchée qu'on ait pu penser à elle, ne s'imaginant pas être l'ultime arme d'une propagande parfaitement huilée. Pour elle cette participation est un rendez-vous de l'amitié et non la caution d'un quelconque engagement politique. N'a-t-elle donc pas tiré la leçon du meeting au cours duquel, sept ans plus tôt, elle avait brandi la rose dans le stade de Toulouse ?

Lille, ville populaire traditionnellement à gauche, accueille donc Dalida. Même si elle n'est que la vedette américaine du candidat Mitterrand tant attendu de tous, le public, venu en nombre, lui prête une oreille attentive et émue, notamment lorsqu'elle interprète *Je suis malade*. Les dernières notes de cette chanson sont à peine éteintes que des trompettes dignes d'un péplum retentissent dans le palais des sports. Acclamé comme un gladiateur dans l'arène, François Mitterrand fait son entrée parmi une foule déchaînée et se dirige, le port altier, vers le premier rang. Il serre la main de la chanteuse. Le spectacle peut reprendre et les militants scandent à gorge déployée : « Dalida avec nous ! Dalida avec nous ! »

Lorsque le show s'achève, le candidat rejoint la scène et étreint la star avec cérémonie. C'est une aubaine pour les photographes, on mitraille le duo de choc. Le contraste est saisissant : cerné de boys en tenue disco lamé or, Mitterrand, dans un costume gris souris, applaudit et congratule Dalida, moulée dans son collant doré. Et elle de distribuer des sourires sincères et de grands signes de la main.

Dès le lendemain, les clichés de ce meeting à paillettes font la une des journaux. N'était-ce pas le but ? En Italie on en rajoute en titrant : « Mitterrand et Dalida, presque un amour ! » Les rédactions du monde entier, et jusqu'en Amérique, ne manquent pas d'égayer leurs articles sur la campagne électorale française de ces photographies inédites. Dali ne songe pas à se dérober, ce serait peine perdue. Bien au contraire, elle confirme son soutien au candidat et apparaît enfiévrée par cette course aux voix des derniers jours dont on sait d'ailleurs qu'ils sont décisifs.

Le 21 avril toujours, *Le Matin* publie une interview de la chanteuse intitulée « La vérité de Dalida » et réalisée par Pascal Sevran, lui-même proche de Mitterrand. Ce sont des confessions de femme et de citoyenne davantage que celles d'une artiste. Elle s'explique : « Moi, je vote pour un homme que je connais et dont j'apprécie la sagesse intérieure et les qualités humaines et intellectuelles. Un homme au-dessus de tout soupçon. » Comme si elle faisait elle-même campagne, elle énonce son point de vue sur la drogue et sur la façon maladroite dont on emprisonne ses victimes, ou encore sur l'homosexualité que dépénalisera d'ailleurs Mitterrand à son arrivée au pouvoir. « Chacun est libre de son cœur et de son corps. » Cette phrase de la vedette réjouit une grande partie de son public. Enfin, lorsque Sevran envisage la possibilité que le candidat socialiste puisse être battu, elle prononce un éloge qui frise l'idolâtrie : « Ce sera surtout triste pour ceux qui espèrent.

[…] Un jour on le couvrira de fleurs, et l'histoire réparera l'injustice. »

Le 10 mai 1981, date du grand dénouement électoral, Dalida est bien loin de la France, sur les rives du golfe Persique, à Abu Dhabi, l'un des sept Émirats arabes unis. Là-bas, on l'accueille en chef d'État, même si son contrat exige qu'elle renonce à certaines chorégraphies et à quelques robes jugées trop osées. Elle se prépare à entrer en scène quand un coup de fil de Jacques Attali lui apprend, une demi-heure avant l'annonce officielle des premières estimations, que François Mitterrand a remporté l'élection. Au bout du monde, Dali est seule avec sa joie. Elle regrette de ne pas goûter à la liesse populaire qu'elle imagine si vive dans les rues de Paris.

De retour dans la capitale, elle organise un grand dîner de la victoire rue d'Orchampt en l'honneur du nouveau président et de cette France qui passe « des ténèbres à la lumière », selon les propres mots de Jack Lang. Au menu, ces fruits de mer que le grand vainqueur affectionne tant. Dans le salon ou dans la cuisine de Dalida, ces dimanches qu'elle hait par-dessus tout, se presse désormais dans la bonne humeur le petit monde du président : Jacques Attali, Jack Lang, l'historien Claude Manceron, Roger Hanin et son épouse, Christine Gouze-Renal, mais aussi un certain Bertrand Delanoë.

Ce dernier, conseiller de Paris, élu du dix-huitième arrondissement, a fait son entrée dans la maison la plus en vue de la Butte au tout début de l'année 1981. Il a été introduit chez la chanteuse par deux de ses amis, Lionel Jospin et Daniel Vaillant. Entre le jeune homme dont le front est balayé par une grande mèche et Dalida, c'est un coup de foudre de l'amitié. Ensemble ils passent de longues heures à se raconter, à se conseiller. À parler politique aussi.

Max Guazzini, lui non plus, n'est jamais bien loin ; il est « le petit frère adoptif », dira la cousine Rosy. Originaire de Provence, ce fils d'un concessionnaire en poids lourds est monté à Paris pour étudier le droit mais, fort de son physique à la Ringo, il ambitionnait plutôt une carrière de chanteur. Orlando lui a fait enregistrer deux chansons sur des paroles de Sevran. Sans succès et d'ailleurs sans trop de voix non plus. Il s'est bientôt retrouvé attaché de presse de son idole de toujours, Dalida.

Pascal Sevran est lui aussi l'un des piliers de la maison – et le fournisseur officiel en chansons depuis le succès mondial d'*Il venait d'avoir dix-huit ans.* Possessive comme une louve, Dali se réjouit d'avoir ses « petits » tout près d'elle. Sevran habite rue Gabrielle, Guazzini non loin de la rue Lepic et Delanoë dans un duplex dont les fenêtres ensoleillées plongent sur le restaurant du Moulin de la Galette, Da Graziano, dont la chanteuse a fait son deuxième salon. On se retrouve pour un verre ou un repas. Des éclats de rire, des coups de blues parfois et toujours de grandes conversations, des heures passées à parler de la vie ou de l'installation du nouveau gouvernement. Depuis le départ de Richard, la grande maison de la rue d'Orchampt est si vide que ce plaisant voisinage est bien rassurant. Dalida la Méditerranéenne recrée cette famille rêvée qu'elle n'a pas eu le loisir de fonder.

Le 21 mai 1981, à dix-huit heures, c'est la grande procession d'intronisation du nouveau président. François Mitterrand remonte la rue Soufflot jusqu'au Panthéon où il se recueille sur la tombe de Jaurès, père du socialisme français, et sur celle du résistant Jean Moulin. Au premier rang du cortège, entre Gaston Defferre et Pascal Sevran, Dalida, vêtue d'une robe estivale de couleur… rose, bien sûr.

Cette nouvelle vie en rose égaie particulièrement la petite bande qui voit bientôt se profiler d'alléchantes opportunités. À trente ans tout juste sonnés, Bertrand Delanoë est élu député du dix-huitième arrondissement et de sa chère butte Montmartre, et dans la foulée il se retrouve porte-parole national du parti socialiste et bras droit du premier secrétaire, Lionel Jospin. Max Guazzini, qui a repris ses cours de droit, assure les permanences juridiques du député Delanoë. Mais une bien plus grande aventure encore l'attend, celle de la radio avec la création de NRJ. Quant au troisième larron, Pascal Sevran, il se voit chargé par Jack Lang d'une mission officielle sur la chanson française tandis que la première chaîne de télévision lui offre un créneau de l'après-midi. Ainsi naît « La chance aux chansons », un divertissement délicieux exhumant interprètes et ritournelles d'un autre temps.

Dalida est finalement la seule perdante du sérail mitterrandien. Naïve, amie dévouée, elle n'a pas envisagé un seul instant de tirer son épingle du jeu. De promotion ou de passe-droit elle n'a de toute façon nul besoin. Mademoiselle Bambino sous de Gaulle, vedette sous Pompidou et star sous Giscard, elle n'a rien à craindre et pas davantage à espérer du règne de Mitterrand. C'est toutefois un tumulte d'attaques, de quolibets et de sous-entendus douteux qui commence à monter autour d'elle. *Le Canard enchaîné* s'interroge, amusé, à propos de l'endroit stratégique où le président pourra bien caser la chanteuse, d'autant que le ministère de la Culture a déjà été attribué à Jack Lang ! Elle ne se démonte pas et rétorque non sans humour dans les colonnes de *Libération :* « Que je sache, les chars russes ne sont pas arrivés en France. » Elle a d'autant plus de force pour se défendre que l'amitié de Mitterrand et de son équipe la remplit de joie et de fierté. Elle feint à peine d'ignorer qu'on la surnomme « la Panthère rose », et d'ailleurs François Mitterrand lui-même se voit affublé du très ironique « Mimi l'Amoroso ».

Pour la fête des Fleurs, le 1er juin 1981, Dalida est choisie par les fleuristes de France pour remettre à l'épouse du président le traditionnel bouquet de roses. Elle s'exécute et remet son présent à la première dame qui l'accueille à l'Élysée en présence de sa sœur, Christine Gouze-Renal. On se débarrasse bien vite des usages protocolaires pour retrouver le tutoiement. La maîtresse de ces lieux républicains convie la chanteuse et amie à rester déjeuner, et pour la mettre en appétit rien de tel qu'une visite du palais qui, une fois n'est pas coutume, laisse la visiteuse sans voix. Grisée par la joie du moment, elle s'empresse d'inviter son hôtesse et le présidentiel époux à dîner. Le soir même, rue d'Orchampt, tout ce petit monde a une nouvelle fois rendez-vous. Pascal Sevran appuie sur le champignon de son Austin pour s'échapper du Limousin et rejoindre Paris à la hâte. Pas question de rater le président !

Mais le lendemain Dalida fait une bourde. Spontanée et gaie comme un pinson, elle raconte en effet sa journée de la veille à une journaliste qu'elle connaît bien. Son déjeuner à l'Élysée, le dîner chez elle avec le grand homme et sa famille politique. Elle comprend son erreur lorsqu'elle découvre que son récit fait aussitôt les gros titres d'un quotidien. Elle se promet d'être plus méfiante à l'avenir, mais au fond tout cela l'amuse.

Mitterrand la fascine, elle le vouvoie et ne prononce jamais son prénom, préférant lui servir des « Monsieur le Président ». Un jour qu'il a deux heures devant lui, il surgit à Montmartre le temps d'un déjeuner improvisé. Un matin, il fait envoyer des ouvriers afin qu'ils éclairent de jour comme de nuit la rue d'Orchampt, encaissée et sombre. Dali est flattée de ces délicates attentions. Elle apprécie aussi l'entourage du président – ces gens si cultivés et délicats –, elle qui ne craint pas de dire à qui veut l'entendre qu'elle vit entourée de livres et de dictionnaires parce qu'il y a tant de mots qu'elle ne comprend pas. La petite fille de Choubra se réjouit d'arpenter les coulisses du pouvoir, ce nouveau monde qui attise sa curiosité et la distrait des plateaux de télévision et des gens du spectacle qu'elle connaît par cœur depuis tant d'années. Elle est enthousiaste comme une enfant à l'idée de rejoindre Mitterrand en ce dimanche de Pentecôte après qu'il a gravi la roche de Solutré entouré de ses gens. Et tout aussi euphorique lorsqu'il s'agit d'arborer le bonnet phrygien, en vue, qui sait ? d'incarner la prochaine Marianne.

Mais l'euphorie des premiers temps de la victoire ne va pas tarder à s'estomper. Dalida n'a d'abord pas prêté attention à tout ce qu'on disait d'elle et de ses amitiés. Ça n'était qu'une passade cette façon bien française que l'on a de vous chatouiller et de vous critiquer, pensait-elle. Mais à présent, de retour à Paris après de merveilleuses vacances d'été passées à Los Angeles où séjournaient aussi Michel Drucker, Line Renaud et Sheila, elle voit les regards se détourner et les chuchotements flotter dans l'air sur son passage. Des amis, des gens du métier, dont bon nombre ont le cœur – et le portefeuille – à droite, lui reprochent son engagement si voyant et son bulletin de vote. Les amuseurs publics, les chansonniers et autres échotiers trouvent à leur tour en elle le bouc émissaire rêvé. On caricature ses *r* roulés et sa petite coquetterie dans le regard, on singe la façon qu'elle a d'enrouler ses doigts dans ses cheveux lorsqu'elle chante.

Quant à la presse, elle ne se gêne pas pour tirer sur elle à boulets rouges. Un article de Pierre Laforêt intitulé « Madame Bambino est devenue la Panthère rose » et publié dans *Le Figaro Magazine* du 5 septembre 1981 n'y va pas de main morte. Le sarcastique journaliste revisite avec ironie le parcours de la vedette. Dès les premières lignes, alors qu'il aborde sa naissance, « trois ans avant que ne pointe l'aube, en France, du Front populaire », il assène un : « On n'échappe pas à son destin ! » Tout y passe, et particulièrement la quête spirituelle de la chanteuse. Il la décrit « durant dix années avec, sur son grand lit, en guise de couverture, l'ensemble des Larousse en six volumes, l'encyclopédie Quillet et le Littré au complet » ; il mentionne ses lectures de Freud et de Jung, « quelques milliers de pages papier bible à avaler entre un souper chez Barclay (et son cigare) et les fatigues d'une soirée à l'Olympia ». Et de conclure sur un fatal : « Extraordinaire Dalida ! Fabuleuse cervelle ! » Mais Dali a l'habitude de ces plumes plongées dans le vitriol et des jugements acerbes des bien-pensants. Le chien aboie, la caravane passe…

Le 1er janvier 1982, dans la nouvelle émission que lui consacrent les Carpentier, elle montre qu'elle est toujours là, star jusqu'au bout des ongles et chanteuse avant d'être militante et amie de Mitterrand. Maritie a imaginé avec talent un show élégant dont l'action se déroule dans un palace, l'Orlando Palace. Dalida incarne une diva capricieuse flanquée de ses petits bichons blancs et d'un monceau de bagages autour desquels s'empresse une armada de grooms. Une arrivée dans le grand hall vêtue d'un ensemble fourreau bleu constellé de paillettes avec col et manches de fourrure, le regard masqué par d'improbables lunettes de strass, un départ sur la chanson *Bye, Bye* avec lamé or et boa assorti : voilà du grand Dalida – dont la garde-robe pourrait inspirer Joan Collins pour son personnage d'Alexis Carrington ! S'y ajoutent bien sûr des duos et même une savoureuse interprétation d'*Alouette, gentille alouette* par Dalida, Nana Mouskouri, Mireille Mathieu et Chantal Goya qui à tour de rôle tentent de séduire le charmant Francis Huster.

Mais sous la débauche de kitch l'invitée des Carpentier, plus emplumée et endiamantée que jamais, laisse affleurer quelques messages bien sentis, comme lorsqu'elle interprète sa nouvelle chanson *Si la France* et parle de « la main gauche et la main droite enfin réunies ». Dans un sketch qui semble de prime abord ludique et léger pour illustrer la chanson *Ensemble*, également inédite, elle met en scène la dualité profonde qui ne cesse de la tirailler. Face à son miroir, Dalida sublime, ses cheveux blond cuivré lâchés sur un déshabillé saumon dont les manches bouffantes laissent entrevoir ses bras finement musclés ; dans le reflet du miroir, Yolanda la brune vêtue de la robe de velours rouge de ses débuts. Yolanda et Dalida s'interrogent et se répondent. À deux voix elles reprennent : « Essayons d'être une fois ensemble. » Le ton est lyrique, le regard de Dali est quelque peu égaré, ses mains semblent trembler dans sa chevelure bouclée. C'est un sentiment profond qui transparaît là, et sûrement pas une simple saynète pour divertissement télévisé.

On dit la diva favorisée par ses amitiés politiques, on pense que sur son passage les portes des plateaux de télévision s'ouvrent grandes, et c'est pourtant tout le contraire qui se produit. Peu à peu, Danièle Gilbert, Guy Lux et les Carpentier sont reconduits vers la sortie : la chanson populaire des années 1970 se voit congédiée. Dalida n'échappe pas à la sentence, et loin d'elle l'idée d'appeler l'ami François à la rescousse. D'ailleurs leurs rendez-vous commencent à s'espacer : c'est bien connu, l'exercice du pouvoir isole les élus. Les palais de la République sont cernés de remparts imprenables et la chanteuse se rend compte que le pouvoir enivre, que cette gauche qu'elle a si chaleureusement côtoyée est finalement un joli panier de crabes.

Elle qui a toujours été fière d'être populaire et d'appartenir à tous, aux patrons comme aux employés, comprend que son engagement politique l'a éloignée d'une partie de son public. Et même l'électorat de gauche n'apprécie guère qu'une chanteuse se soit mêlée de la chose publique. On l'associe désormais aux sphères du pouvoir, on l'imagine distante et coupée de ses fans. Du reste, engagements et propositions de galas se font moins nombreux. Prenant la mesure du déni dont elle fait l'objet, elle comprend qu'elle doit un temps prendre ses distances avec la scène publique française. L'année 1982 sera celle du silence : pas d'interviews, pas de télévision, pas de spectacles dans l'Hexagone. Il n'est pas davantage question d'accepter la Légion d'honneur que le ministre de la Culture lui propose et encore moins de figurer en Marianne sur les cheminées des mairies : ce serait réitérer la même erreur.

Avant de partir en voyage, elle commet cependant une dernière maladresse avec *La Chanson du mundial*. Cette marche cocardière aux rythmes d'artillerie lourde ne lui vaut que des quolibets. Richard Cannavo du *Matin de Paris*, pourtant grand admirateur de la chanteuse, lâche quelques mots sans équivoque : « Carton rouge pour Dalida. » Sans compter qu'un autre titre nouveau, *Confidences sur la fréquence*, mettant en scène un enfant en train de draguer une femme mûre, n'est pas non plus du meilleur goût. Côté cœur, rien de bon qui puisse la retenir à Paris. Le prince charmant tarde toujours à se montrer. Il est temps, décidément, de prendre le large pour se consacrer à d'autres rivages. Cet exil forcé sera l'occasion de se produire à l'étranger, se console Dalida. Le temps d'une brève rencontre avec François Mitterrand sous les ors de la République après qu'ayant eu vent de ses déboires il lui a téléphoné, elle lui explique son désir de changer d'air pour quelque temps. Bienveillant, il la convie le soir même rue de Bièvre pour un dîner entre intimes. Mais ce monde-là n'est résolument pas le sien, ses chansons l'attendent, elle n'a déjà que trop perdu dans cette aventure. Plus jamais elle ne conversera en privé avec le président.

Après plusieurs escales aux quatre coins de l'Europe et un détour par l'Amérique latine, elle s'envole pour l'Égypte où son étoile brille toujours plus haut. Elle y constate non sans tristesse les ravages d'une misère de plus en plus profonde. La douceur de vivre et la joyeuse insouciance d'antan ont viré à un misérable chaos. La fatalité est un poison qui paralyse le pays. Les égouts que l'on n'entretient plus recrachent une eau marron pestilentielle dans laquelle s'ébattent des enfants à demi nus. « La mort d'un pays ! » chuchote avec gravité Yolanda à l'oreille de Jeff Barnel qui l'accompagne.

Bent el-Balad, la Fille du pays en égyptien, revient avec une nouvelle chanson en arabe, plus exactement un medley toujours signé Jeff Barnel. Comme pour les succès français *Génération 78* et *Ça me fait rêver*, il a élaboré un pot-pourri de chansons traditionnelles d'Égypte réorchestrées sur des rythmes disco. Pour la première fois, Dalida pose sa voix sur des rengaines connues de tout le monde arabe, immortalisées par des artistes tels que Farid el-Atrache et Oum Kalsoum. Le succès d'*Aghani, aghani* est immédiat ; dans les échoppes des souks cairotes on s'arrache la cassette, le pays tout entier chante avec Dalida. Elle se rend ensuite au Maroc et dans les Émirats, où cheiks, princes des Milles et Une Nuits et autres milliardaires vont payer des fortunes pour que l'Égyptienne de Paris donne de la voix devant leurs familles et leurs cours ébahies.

14

Cinquante ans

La quarantaine
est un âge merveilleux pour la femme.
La période qui s'étend de quarante à cinquante ans
est celle où l'on vit le mieux.
Quand j'ai eu trente ans, j'étais terrorisée :
pour moi c'était le bout du monde !
Franchement je suis mieux aujourd'hui.
Je ne voudrais pas revivre mes vingt ans,
j'avais trop d'angoisses.
Dalida dans *Ciné-Télé-Revue*,
28 avril 1983.

17 janvier 1983. Rue d'Orchampt, le téléphone ne cesse de sonner, la porte d'entrée s'ouvre sur des livreurs aux bras chargés de fleurs. Dans le combiné, sur de petits bristols ou de jolies cartes peintes, toujours les mêmes mots : « Bon anniversaire ! » Les amis, les fans, la famille, tous y ont pensé. Les attentions sont délicates mais pour Dalida la journée est funeste. Ses cinquante ans elle ne les a pas vus venir et voilà qu'ils frappent à sa porte en ce jour d'hiver. Elle repense à cet enfant qu'elle n'a pas eu. « Je pourrais avoir un fils de vingt ans. C'est drôle, je pense toujours que j'aurais eu un fils », confiait-elle à la journaliste Michèle Dokan il y a trois ans. En réalité, cet enfant, celui de Lucio, n'aurait pas quinze ans. Elle aurait pu adopter mais s'est découragée. Le regret l'étreint, le vide la cerne. Pour une Méditerranéenne comme elle, une femme qui n'a pas donné la vie n'a pas vraiment accompli son destin. De cette souffrance il ne reste qu'une chanson, *Lucas*. Elle s'est habituée à combler les absences de sa vie par des chansons.

On vante sa beauté mais son miroir lui renvoie violemment l'image d'une femme vieillissante. Ses cheveux ne sont-ils pas trop longs pour son âge, ses fourreaux perlés trop fendus, ses escarpins trop hauts ? Le doute s'installe et tous les petits bonheurs sont dérisoires comparés à ce temps qui la ronge. Il lui semble que son personnage glamour, cette créature qu'elle a modelée en suant sang et eau, va se fissurer, se fendre et tomber en poussière sous le poids des ans. Comment chanter l'amour et jouer la séduction quand le temps vous rattrape et vous agresse ? Cette Dalida, Yolanda a toujours su la façonner et la maîtriser au fil du temps et des modes. Dans un bain de jouvence perpétuel, elle a affiné sa silhouette, l'a moulée dans des écrins de paillettes, a blondi ses cheveux, les a bouclés, a porté à ses lèvres des ritournelles sentimentales puis des chansons à texte et enfin des hymnes disco ; mais aujourd'hui elle est à court de ressources et l'avenir de sa créature lui échappe dangereusement.

Si elle s'apprête à promouvoir un nouvel album et enregistre un nouveau show pour les Carpentier, le dernier d'une si longue série, c'est plus par habitude et automatisme que par envie. Le métier et tous ses rituels la lassent, les heures de maquillage, les bigoudis et les coups de peigne zélés d'une armée de coiffeurs attentifs, les plumes, les strass… Jouer à Dalida l'amuse de moins en moins mais elle se persuade que c'est bien là sa mission. Songe-t-elle encore aux conseils du maître indien ? Il y a déjà bien longtemps… Et puis Orlando semble heureux de la voir si belle, parée de ses attributs de diva, sublimée sous les feux des projecteurs – projecteurs qui commencent d'ailleurs à lui jouer des tours. Elle sent que l'intensité des éclairages met ses yeux à rude épreuve. Le soir elle s'accroche à son miroir et constate que le strabisme de son enfance revient en force. Elle panique, on la rassure, ce qui a le don de la mettre en colère. « Je sais bien que je louche », répète-t-elle, terrifiée en pensant au bébé de Choubra condamné à l'obscurité derrière son bandeau. On met cela sur le compte de la fatigue, on lui répète que tout rentrera bientôt dans l'ordre. Mais elle sait que c'est bien plus grave, elle tremble à l'idée de revivre le cauchemar de l'enfance. Elle sait aussi combien le regard est important dans ce métier, à l'heure de faire face au public et à la caméra.

Le 6 mai prochain sera diffusé le show des Carpentier, un soutien capital pour le lancement du nouveau disque. Mais en ce début d'avril une autre publicité, bien fortuite celle-là, place Dalida à la une : l'anniversaire de Loulou Gasté. À l'occasion du soixante-quinzième anniversaire de son mari, Line Renaud organise une grande soirée de gala au Paradis latin. Le Tout-Paris est convié et de nombreux artistes ont accepté de chanter en l'honneur du compositeur de *Feelings*. Pour l'occasion, plus vamp que jamais, Dali porte une robe très moulante de Michel Fresnay, lamée d'azur et d'argent et réalisée de main de maître dans les ateliers de Mine Barral-Vergez. Encline au trou de mémoire, elle est tétanisée par le trac quand vient son tour d'interpréter un titre de Loulou, *Le Soir*. Comme elle le redoutait, les mots lui manquent soudain. Elle a beau reprendre, le texte s'effiloche et se déchire face à un auditoire inquiet. Tremblante au-dedans d'elle mais superbe d'aplomb, elle appelle à la rescousse l'amie Line qui la rejoint sur scène. Toutes deux reprennent ainsi la chanson en chœur et transforment la défaillance du moment en un numéro d'exception, jouant avec brio de la sensualité torride du texte. « Le soir tu es à moi », susurrent-elles, et aussitôt les deux blondes enlacées éclatent de rire – rire que toutes deux ont d'ailleurs très sonore. Un tonnerre d'applaudissements vient couronner le plus impromptu et hilarant duo saphique du show-biz.

Mais c'est plutôt la descente de scène qui le lendemain défraiera la chronique. En effet, pour rejoindre son siège, Dalida passe devant le maire de Paris. Courtois, Jacques Chirac se lève afin de saluer la vedette, laquelle, quelque peu aidée par Line, se retrouve projetée dans les bras du premier notable de la capitale. Alertés par l'improbable étreinte du chef du RPR et de la chanteuse, les photographes bondissent comme des lièvres, bousculant tout sur leur passage pour saisir cet instant d'éternité. Les mains jointes derrière la nuque de Chirac, Dalida amusée offre des chapelets de sourires à ses prédateurs et fait claquer un nouveau baiser sur la joue de son chevalier servant visiblement réjoui par un si tendre et vibrant hommage.

La voilà comme affranchie. Elle imagine que cette étreinte – dont elle dira d'ailleurs qu'elle a été sincère tant l'homme est charmant – va la détourner de son image de Panthère rose. Elle se rêve enfin apolitique et pourtant, le lendemain, la presse déblatère en long et en large sur la récupération de Dalida par la droite. « Je m'en sors d'un pied, j'y retourne de l'autre ! » plaisante-t-elle dans l'hebdomadaire *Elle*. Autant dire qu'à l'Élysée le baiser de la chanteuse n'est guère apprécié, et il le sera encore moins un mois plus tard avec la diffusion du dernier show des Carpentier.

Entre deux chansons, Maritie Carpentier a l'habitude en effet de laisser la place à des sketches comiques inédits. Cette fois, la vedette de l'un d'eux est Thierry Le Luron qu'affectionne Dali, même si dans ses spectacles il ne lui fait pas de cadeaux, notamment dans sa parodie guère flatteuse du *Lambeth Walk* où, déguisé en momie, il chante le *Ramsès Walk!* Dans ce nouveau sketch qui fera couler beaucoup d'encre, l'imitateur est déguisé en Jacques Chirac tandis que sous un portrait officiel représentant Line Renaud, fidèle amie du maire de Paris, Dalida, dans le rôle de sa secrétaire, son premier métier, tape une lettre censée être adressée à Yolanda Gigliotti. Les répliques sont cinglantes, comme Le Luron en a le secret. L'une d'elles – « Madame, vos jambes sont longues comme un septennat de Mitterrand » – fait mouche mais n'amuse guère la cour du président. La rupture est consommée.

Dans cette même émission du samedi 6 mai 1983, place est faite aussi aux chansons du nouvel album tout juste sorti. Entre deux rengaines légères aux accents de fête telles que *Les Petits Mots* ou *Le Restaurant italien* se glissent des textes graves autobiographiques nourris d'un désarroi et d'une tristesse que Dalida ne cherche plus vraiment à dissimuler. Au contraire, cette face sombre de ses jours elle la met en scène, la chante, la mime. Aux auteurs de ses chansons elle parle d'elle sans fard. Elle les encourage même à poser leurs mots sur ses états d'âme. Composition d'un personnage hollywoodien à la Norma Desmond, allégorie de la star prisonnière de sa tour d'ivoire, pense-t-on. Pourtant ce sont bien des chansons de chair et de sang dont chaque mot, choisi et pesé, laisse affleurer des émotions vives et brûlantes. Face à la caméra des Carpentier, alanguie sur un sofa, la chevelure plus choucroutée que jamais, elle prend la pose près d'un téléphone ivoire et or pour interpréter *Téléphonez-moi*. Son lamento rappelle qu'elle n'est qu'une femme et non pas une star pour regretter que les hommes craignent sa gloire et se dérobent.

Vous savez quelquefois la gloire
A fait des bleus à mon âme. [...]
Je ne suis pas une panthère rose
Qui griffe et puis qui s'en va. [...]
Sans vous toute ma vie ne tient qu'à un fil.

Refrain lancinant et suppliant que ce « Téléphonez-moi, téléphonez-moi, je n'attends que ça ». La chanson s'achève avec la mort – la mort solitaire et volontaire de la plus belle fille du monde : « Elle était riche, elle était blonde. » « Avant qu'il soit trop tard, téléphonez-moi ; les pilules d'espoir, j'en prends tous les soirs. » Derrière les héroïnes de Dalida se découpe la silhouette de Yolanda. Autant de bouteilles à la mer.

Autre thème récurrent – déjà présent dans les deux albums précédents –, celui de l'inexorable fuite du temps. Dali se replie sur ses souvenirs et caresse la nostalgie d'un monde qui n'existe plus qu'en rêve. Avec la chanson *Bravo*, toute de rouge vêtue dans le show des Carpentier, la main tremblante et le regard perdu, elle se projette dans l'an 2000, une date phare pour la vedette qui a déjà déclaré que ce serait celle de ses adieux au métier. Premiers mots signés Michel Jouveaux : « Mes cheveux blonds sont blonds depuis bien trop longtemps. » Le ton est donné, celui d'une lassitude. Constat pessimiste face à un monde qui a changé, qui s'est éloigné des douceurs d'hier :

Boulevard des Capucines,
L'Olympia tombe en ruine.
L'an 2000 est venu,
Personne ne chante plus.

La chanson est douloureuse, son interprète se montre désespérée et suppliante. En boucle dans le refrain, douze fois au total, elle répète « Bravo, donnez-moi un bravo ». Avec les accents pathétiques d'une idole d'hier que le temps aurait fait déchoir, elle implore qu'on l'aime encore.

Mes robes de lumière
Dorment sous la poussière,
Mais on fera semblant
Qu'elles m'aillent comme avant.
Je vais me maquiller ;
Attendez, vous verrez
Que je peux être belle
Comme au temps de Bruxelles.
Ne partez pas encore,
Je vais faire un décor.

Les dernières paroles tombent comme un couperet :

Donnez-moi un bravo,
Que je puisse partir,
Que je puisse dormir.

Une troisième chanson du nouvel album, également programmée dans le show télévisé, porte un lourd message : *Mourir sur scène.* Là encore le texte est de Michel Jouveaux. C'est en pensant à une bête de scène, en fait à Johnny Hallyday, qu'il a trouvé ses mots. Il s'agit d'un dialogue entre un artiste et la mort. Jeff Barnel, séduit par la densité de ces paroles, a composé la musique et s'est empressé de proposer la chanson à Orlando dont l'enthousiasme a été immédiat. Dalida, elle, s'est montrée réservée. Au mot « mort » elle aurait préféré « sommeil » ou « départ ». Contre toute attente, lors d'une séance de travail Orlando a fini par convaincre sa sœur d'enregistrer *Mourir sur scène* sans qu'il soit pour autant question d'intégrer ce titre dans l'album. Le résultat s'est avéré si probant, l'interprétation si puissante, que la chanson a trouvé place non seulement sur le trente-trois-tours mais aussi en face A du nouveau quarante-cinq-tours avec le succès que l'on sait.

L'album achevé, Dalida nage en eaux troubles. Comme le clame sa chanson *Bravo*, le public change, les médias plus encore. Le petit monde des variétés est exsangue. Les artistes des années 1970 sont contraints de passer la main. Les duos, les robes du soir et les décors de carton-pâte imaginés par Maritie Carpentier sentent désormais la naphtaline et les chanteurs ne sont plus accompagnés par le grand orchestre de Guy Lux mais par des bandes parfois trop usées d'avoir couru de plateau télé en gala de province. C'est l'ère du clip, de ces images martelées qui tuent l'imagination. Des jeunes aux oreilles percées d'épingles de nourrice, aux cheveux teints en rose dressés sur la tête gravent leur désarroi sur les murs des villes. Désabusés, ils conjugent leur vie au *no future*. Et comble d'une France qui change, nos chères têtes blondes ne s'appellent plus Sophie, Nathalie, Karine ou Valérie mais Brandon, Kelly, Pamela, comme les personnages des séries télé américaines à succès. De 1984 à 1986, les prénoms le plus communément choisis sont Jonathan et Jennifer : la série *Pour l'amour du risque* fait un carton. En août 1980 Jo Dassin est mort à Tahiti, en mai 1982 Joëlle, du groupe *Il était une fois*, a disparu à son tour. Après Cloclo, c'est une grande page qui se tourne. Dans le paysage de la chanson apparaissent Richard Gotainer, Linda de Suza, Lio, Alain Bashung, Rose Laurens, Jean-Jacques Goldman et Indochine. Dorothée chante *Hou, la menteuse* et un jeune chanteur belge *La Danse des canards*. Autres temps…

Fine observatrice de cette nouvelle époque et de plus en plus lasse de son métier, particulièrement après les déceptions que lui ont causées ses amitiés politiques, elle confie à plusieurs de ses proches qu'elle en a assez de lever la jambe, qu'elle raccrocherait bien son tablier de plumes et de lamé or. Elle sait toutefois combien toute son existence repose sur son seul accomplissement artistique. Si un nouvel amour éclairait sa vie, elle franchirait peut-être le pas ou du moins mettrait-elle la pédale douce, mais puisque ce n'est pas le cas…

Pour rester en haleine, elle cherche un projet qui saura renouveler son enthousiasme, lui permettre de se dépasser. Orlando, tout aussi gourmand et l'imagination sans cesse en alerte, explore des pistes susceptibles de tenter sa sœur. Il y a bien le projet de la comédie musicale *Evita* d'Andrew Lloyd Webber, portée avec brio en Amérique par la chanteuse Julie Covington. Le thème principal, *Don't cry for me Argentina*, a d'ailleurs été adapté en français il y a six ans par Pierre Delanoë et interprété par Petula Clark sous le titre *La Chanson d'Evita*. Le parcours d'une fille du peuple un peu trop potelée qui a sculpté sa légende en même temps que sa silhouette, blondi ses cheveux pour ressembler à ses idoles, Norma Shearer et Jean Harlow, et gravi une à une les marches de la gloire, voilà qui a de quoi fasciner Dali, et tant pis si Eva Perón est morte à trente-deux ans. Par la magie du spectacle la chanteuse pourrait sans trop de problèmes se délester d'une vingtaine d'années. Mais il y a un obstacle technique : la partition musicale exige une grande étendue vocale à laquelle l'artiste ne peut prétendre sans danger. La mort dans l'âme, il faut abandonner le projet.

Belle et charismatique, elle n'en inspire pas moins des auteurs qui rêvent d'adapter pour elle de grands mythes féminins. Ainsi se voit-elle proposer de faire revivre le destin de Maria Callas, disparue six ans plus tôt. Un même sens du drame, des similitudes dans le tempérament volcanique et dans leurs physiques, tous deux méditerranéens, sculptés, le nez fort, la bouche large. Mais Dali est bien trop lucide pour se fourvoyer dans une pareille gageure. Sous les traits de la plus grande cantatrice du siècle elle craint de friser le ridicule. Ce rôle-là est lui aussi écarté.

Elle ne tarde pas à penser aux femmes illustres de l'Antiquité égyptienne. Plus que la femme pharaon Hatshepsout ou Néfertiti, elle envisage, conseillée par son frère, d'incarner Cléopâtre. Cette reine d'Égypte dont les yeux étaient rivés sur Rome est décidément un rôle idéal pour Dalida, mi-égyptienne, mi-italienne. Vittorio Rossi, qui vient de donner dans l'opéra à l'égyptienne avec sa création d'*Aïda* de Verdi à Bercy, est aussitôt mis à contribution par Orlando ; il déborde d'enthousiasme pour ce projet royal. Il imagine et écrit *Je suis Cléopâtre*, une fantasmagorie chantée et dansée dont l'action se déroule à la fois de nos jours et en rêve dans l'Égypte et la Rome antiques. Le personnage de l'époque contemporaine s'appelle Iolanda, elle vient de quitter les deux hommes de sa vie, César et Antoine, pour visiter l'Égypte où elle souhaite faire le point sur sa vie. Au musée du Caire où l'on présente pour la première fois le trésor de Cléopâtre, elle se glisse dans le sarcophage de la reine et se transforme en Cléopâtre pour un grand voyage dans les couloirs du temps. Pour ce grand spectacle on avance le budget pharaonique de deux milliards et demi de centimes et on annonce la participation d'Anthony Perkins et d'Omar Sharif aux côtés de Dalida.

En ce mois de juillet 1983 Paris s'endort sous une nappe de chaleur. Les cours de récréation des écoles sont muettes, les façades des immeubles sont constellées de volets clos, çà et là, aux portes des bureaux et des boutiques, fleurissent des écriteaux : « Congés annuels. » Les artistes ne jouent plus dans les théâtres et la télévision rediffuse des séries américaines. Rue d'Orchampt, Dali a baissé les stores afin de conserver à la maison un peu de fraîcheur. Le soir, elle dîne légèrement chez Graziano, à deux pas.

C'est dans cette apparente quiétude que lui parvient l'horrible nouvelle : Richard est mort. Suicidé. Auprès de sa dernière compagne. Dans un sentier égaré au col de Correbasse, tout près de Ramatuelle, on a retrouvé leur voiture avec leurs corps sans vie à l'intérieur. Cocktail de somnifères et inhalation de gaz d'échappement par un tuyau de caoutchouc raccordé au pot de la voiture, a conclu la police.

Ces derniers temps, le couple totalement désargenté avait continué de mimer la grande vie. Sans illusions. Villa avec piscine dans le Sud, domesticité et ivresse de vivre dans les lieux branchés de la côte. Une vie à crédit, pathétique. Des jours et des nuits à danser sur un fil au-dessus du vide. Richard et ses quarante-trois ans que les ombres de l'enfance ne cessaient de terroriser, séducteur sur le point de ne plus l'être, abandonné de tous et plus encore de sa jeunesse.

Dans l'âme déjà tourmentée de Dali, l'annonce de la mort de Chanfray est un coup de tonnerre. Cette nouvelle elle l'a redoutée tant de fois. Les huit années passées ensemble tournent en boucle dans sa mémoire, leur amour que leurs blessures intimes avaient ciselé et le flot de trahisons, les coups de démence qui l'ont meurtri et anéanti. Le plus grand échec de sa vie, se répète-t-elle. Elle n'est jamais parvenue à sauver Richard de lui-même. Dans la glace, en dépit de son port de tête altier et de ses allures de conquérant, il voyait son pire ennemi, un détestable raté. Il n'avait cessé de le malmener et de le blesser. Il a fini par le tuer, en pleine nature, sur un chemin sans issue.

Les visages de Lucien, Luigi et Richard passent et repassent devant les yeux immobiles de Dali. Ses trois amours, ses trois hommes qui n'ont pas attendu de finir de vivre pour mourir. Trois personnalités blessées et fragiles que ni la vie ni l'amour ne sont jamais parvenus à réconcilier avec eux-mêmes. Paul Valéry a écrit : « Dans ceux qui se suicident, il y a ceux qui se font violence et ceux qui, au contraire, ne font que céder à eux-mêmes. » C'est parmi ces derniers que se trouvent les hommes de Dalida.

La disparition de Chanfray la ramène à sa propre tentative de suicide de 1967. Le mal de vivre au creux de l'âme, le désir qui se fait la belle, le corps lourd que chaque effort endolorit. Elle frissonne encore d'effroi à la seule pensée de cet état de veille, entre vivre et mourir. La petite flamme qui avait toujours brillé dans son regard vacille, disparaît parfois. Son pas a perdu de son impatience et sa démarche, de sa légèreté. Quant à ses cheveux, elle les dissimule souvent sous un béret depuis qu'un coiffeur au génie discutable l'a convaincue de les couper. Elle s'est condamnée au supplice qu'en d'autres temps Dalila avait imposé à Samson. À son tour elle y perd ses forces, se sent démembrée. C'est une violente mutilation, comme si elle avait cherché à se dégrader, à se déformer – un renoncement, quelque chose d'une petite mort. Ses proches, Orlando le premier, voient bien qu'elle est absente, comme repliée sur un monde qui n'appartient qu'à elle. Habituée à paraître en toutes circonstances, elle affiche un sourire figé pour mieux s'évader quand les conversations battent leur plein.

Un rendez-vous auquel elle tient plus que tout vient néanmoins la distraire, celui du dimanche. Ce jour-là elle brise la monotonie de sa solitude, solitude qu'elle dit aimer mais qu'elle fuit pourtant dès que possible, et reçoit ses proches rue d'Orchampt. Jeff Barnel et Pascal Sevran sont souvent de la partie. Dès le vendredi elle s'inquiète de savoir si les amis seront bien présents. Ces après-midi dominicaux commencent vers seize heures autour d'une table à jouer installée dans la grande entrée. Dali adore le rami, alors la dizaine de convives toujours ravis de faire plaisir à leur hôtesse tapent le carton. Sur le coup de vingt heures, les joutes s'interrompent et l'on se retrouve autour d'un apéritif face au journal télévisé. Pendant ce temps la maîtresse de maison s'assure en cuisine que les agapes sont prêtes. Elle a préparé ses fameuses salades aidée de son personnel – toujours en quantité tant elle craint que l'on manque. Elle veille personnellement et avec un soin infini à l'art de la table, disposant des sets brodés, des serviettes fines et colorées, des assiettes de faïence ancienne et des saladiers en olivier aux courbes lisses et parfaites. Ces jours-là, elle préfère aux compositions de roses et d'orchidées de petits vases de fleurs des champs.

À table, les conversations sont souvent animées, le ton monte facilement, on se fâche pour se réconcilier aussi vite. À l'orientale. On parle chanson, politique, amour ou philosophie, mais sans jamais dire de mal de personne. Lorsque le terrain est glissant, que l'on en viendrait presque à médire, ce qui est plutôt courant dans le petit monde du spectacle, Dali fait silence ou invite habilement ses amis à plus de bienveillance. Elle n'aime rien tant que la liberté de ton mais au fond elle reste très sage et d'une incroyable candeur, surtout lorsqu'il s'agit des choses de l'amour. Les idylles malheureuses, les déceptions sentimentales ne semblent pas l'avoir aguerrie. À mots couverts elle parle d'un amour pur et idéal comme on en trouve dans les chansons, comme celui qu'elle dépeint dans un titre de son dernier album, *Le Premier Amour du monde*.

Il n'échappe à personne que ses pensées vagabondent de temps à autre et puis soudain, avec autorité, elle convoque à nouveau la tablée autour du tapis de jeu, non sans être allée auparavant se vider l'estomac. Le lendemain, elle s'astreindra à une diète sévère et n'absorbera que du thé au lait. Quelques bâillements, les douze coups de minuit qui approchent et l'infatigable joueuse retarde encore le moment de fermer sa porte sur son dernier hôte. Elle engage ses derniers centimes avec autant de passion que s'il s'agissait d'une fortune, elle déteste perdre. Elle est si contente de jouer, de sentir l'empressement de ses amis à se lancer dans une nouvelle partie. Il n'est pas rare que le tripot de la rue d'Orchampt éteigne ses feux vers deux heures du matin, laissant ses joueurs du dimanche sur le carreau.

Tandis que le grand projet de spectacle musical autour de Cléopâtre piétine et se trouve régulièrement renvoyé aux calendes grecques, Dalida se décide à accepter la proposition de Jean-Christophe Averty. Fou d'effets spéciaux et d'électronique, il lui propose de filmer un show dont elle sera la vedette et dans lequel elle interprétera les grandes chansons de sa carrière. Le titre *Dalida idéale* est avancé et cette production comptera à la fin de 1984 parmi les premières cassettes vidéo commercialisées. Averty s'est déjà attaqué à des sommités telles que Brigitte Bardot, Georges Brassens ou Yves Montand. Selon lui, Dalida « est un merveilleux objet de spectacle » dont il entend explorer et mettre en scène toutes les facettes.

Le tournage se déroule en mars 1984 dans une appréhension terrible pour la chanteuse. Ses problèmes oculaires ont redoublé. Elle porte de plus en plus souvent des lunettes teintées tant la lumière du jour lui est douloureuse. Affronter la caméra et les éclairages pendant près d'un mois la terrifie, crainte justifiée puisque dès le premier soir elle voit dans le miroir son regard la trahir. Au fil des jours elle s'efforce de tricher, garde les yeux mi-clos, les ferme, joue de ses mains et de ses déhanchements afin de détourner l'attention. Averty a beau renoncer aux plans rapprochés, la rassurer sur sa beauté, elle n'est pas dupe, elle sait pertinemment qu'elle n'est pas pleinement maîtresse de son image. Les folies du réalisateur exigent de nombreuses prises ; un seul plan de quelques secondes peut être tourné de plusieurs manières sous des angles différents. Aussi nerveux et colérique qu'un gosse indomptable, Averty pique des colères terribles contre ses techniciens. Infatigable, aussi docile qu'une débutante, Dali s'exécute, ondule, danse, peaufine ses play-back, change et rechange de robe – pas moins de quarante-deux fois –, porte des merveilles de strass, de cuir ou de lamé signés des plus grands couturiers, Saint Laurent, Dior, Azzaro, Jitrois, Balmain, Rabanne. Des dizaines de fois, elle s'abandonne aux mains du coiffeur et du maquilleur, détournant son regard du miroir pour fuir l'objet de son tourment. Vêtue comme une star hollywoodienne, elle revisite en chansons toute sa carrière de *Bambino* à *Gigi* en passant par *Mourir sur scène* et ses derniers titres, *Soleil* et *Femme*, l'adaptation française du célèbre *Smile* de Chaplin. Quatre-vingt-dix minutes surchargées d'audacieuses incrustations visuelles, d'une débauche kitchissime de couleurs, de superpositions, d'une féérie de scintillements et de clignotements électroniques : une prouesse d'innovation dont la chanteuse murmure qu'il s'agit là de son testament. Mais lors de la projection elle ne voit qu'une chose : son regard infidèle.

Trois ans sans se produire à Paris, des galas en province de plus en plus rares : elle a le sentiment déplaisant de s'être trop éloignée de son public, notamment en chantant régulièrement dans des soirées privées moyennant des cachets astronomiques. Elle décide de se lancer dans une nouvelle tournée d'été soutenue par Europe 1 et Sud Radio. D'autant que le dernier quarante-cinq-tours – *Soleil*, une chanson sensuelle et entraînante, en face A et *L'Innamorata* en face B – fait déjà son chemin sur les ondes. Sous les titres *Mediterraneo* et *Soleil mi sol*, la chanson de l'été connaît aussi un franc succès en Italie et en Espagne. Dans ce dernier pays sort par ailleurs un album comprenant des adaptations de dix de ses tubes.

Fatiguée par ce périple estival, elle quitte la France à la mi-août sous un ciel gris pour rejoindre avec Bertrand Delanoë l'île de Saint-Barthélemy où un ami possède une résidence de rêve. Durant deux semaines elle passe de longues heures à méditer sur le sens de son existence, à partager mille pensées intimes avec Bertrand. « Là-bas, nous avons beaucoup échangé sur l'amour, la mort, le suicide », se souviendra-t-il ému. Le reste n'appartient qu'à eux, protégé par le sceau de leur amitié.

Elle parle de bilan, cette idée la hante. Surgit une phrase terrible qu'elle répétera plusieurs fois comme une sentence : « J'ai réussi dans la vie mais j'ai raté ma vie. » Elle ressasse un à un les choix qu'elle a faits et se demande quel crime elle a bien pu commettre pour vivre ainsi, seule et sans enfant, privée de l'espoir d'un lendemain heureux. N'a-t-elle pas assez aimé, pas assez donné, ou mal ? Toujours cette notion de faute qui plane au-dessus de sa vie, cette éducation judéo-chrétienne tenace malgré son combat de chaque instant pour la fuir.

Loin du monde, plus besoin du brushing volumineux ni des fards, inutile d'afficher des sourires quand on a le cœur à pleurer. À ses trop voyantes parures de vedette elle préfère les couleurs tendres, aux robes fendues des pantalons confortables. Yolanda peut s'affranchir de Dalida, de cette ombre d'elle-même dévorante et violente, de cette auréole aveuglante. Les triomphes de Dalida ne rendent que trop visibles les échecs de Yolanda. Quand Dalida se hisse sur la pointe des pieds pour être vue et rayonner, Yolanda rapetisse, se recroqueville. Séparée de sa tyrannique jumelle, la voilà libre. Pour quelques jours au moins.

Il est temps de retrouver Paris, sa « chaussette » de Montmartre, ses rites quotidiens de femme seule. Dans son salon-écrin que caressent des soieries d'Orient, des tentures de percale, des bouquets de plumes et une forêt de plantes vertes, elle se pelotonne tout contre Pacha et Vizir, les petits carlins qui ont remplacé Gerda après sa mort. « S'ils grognent, ce qui est assez rare, c'est que je dois me méfier ! » s'amuse la maîtresse de maison. Elle les admire, parle d'eux comme le font les gens seuls. Elle dévore les ouvrages reliés en cuir dont sont garnis les larges rayonnages de sa bibliothèque, arrange ses fleurs dans de grandes coupes, regarde au loin battre le cœur de Paris sans se soucier des cars de touristes à qui l'on indique le chemin qui conduit chez elle : le 11 *bis*, rue d'Orchampt est à Montmartre ce que La Madrague de Brigitte Bardot est à Saint-Tropez. Elle tape aussi le carton avec Jacqueline. Habilleuse de Line Renaud quand elle menait encore la revue, celle-ci est ensuite entrée au service de Dali avant de partager son quotidien, de lui tenir compagnie avec un dévouement absolu.

Dans un coin du salon, une collection de montres, une passion née treize ans plus tôt parce qu'un fan a pris l'habitude de lui en envoyer une chaque 1er janvier. Curieuse marotte pour quelqu'un qui redoute tant la fuite du temps.

Après avoir tant travaillé, sillonné le monde et confondu le jour et la nuit à force de décalages horaires, Dalida cultive désormais la paresse et ne quitte parfois son lit que vers quinze heures. Lovée entre ses coussins et sous sa couette à fleurs, elle s'adonne des journées durant à la lecture. À la tête du lit, dans l'alcôve, une longue tablette recouverte de ses livres, une peluche, des petits carnets et des stylos ; à sa gauche, le téléphone ; à ses pieds, le bouquet de fleurs composé la veille sur lequel elle pose à son réveil son premier regard ; juste à côté, *Télé 7 Jours*, le programme de ses soirées en solitaire et de ses nuits d'insomnie. Sur le coup de dix-neuf heures, elle se dirige vers le frigo et monte dans sa chambre un petit plateau-repas, sa première nourriture depuis son thé au lait du réveil. Elle feuillette un livre et d'une négligente pression du doigt sur sa télécommande passe d'une chaîne à l'autre. Les heures défilent et la fatigue s'installe, elle s'endort au petit matin, hypnotisée par la mire de son écran. Pas question d'éteindre ses deux lampes de chevet. Vivre sans lumière, ce serait déjà mourir.

15

Au sixième jour

– Personne n'a ton sourire.
– Ce n'est plus un sourire, c'est une cicatrice.
Réplique du *Sixième Jour*,
de Youssef Chahine.

Depuis la fin des années 1970 la radio déchaîne les passions. Les jeunes en avaient assez des ondes de leurs parents, de ces mastodontes d'un autre temps ; ils désiraient une antenne ouverte à une nouvelle liberté de ton et à leurs musiques. Ainsi, sans autorisation, à la sauvage, des férus de radio et de libre expression ont émis avec les moyens du bord. Si ces petites stations sont nées à Paris et dans sa périphérie, elles n'ont pas tardé à s'établir en province et à pousser comme des champignons. Des écolos parisiens ont créé Radio Trou des Halles, des indépendantistes bretons Radio Verte, tandis que la CGT s'est mise à émettre sous l'appellation Radio Quinquin. Les autorités, qui dans un premier temps, se contentaient de brouiller ces ondes interdites, ont musclé leur répression et en sont venues à confisquer le matériel, à distribuer des amendes et parfois même à condamner les contrevenants à des peines de prison. L'élection de Mitterrand a modifié la donne, d'autant que le président a lui-même été condamné en 1979 pour les émissions illégales de Radio Riposte, l'antenne socialiste. Ainsi, depuis le 9 novembre 1981, les radios libres sont entrées dans la légalité sans pour autant obtenir l'autorisation d'être financées par la publicité, ce qui bien sûr limite leur développement et finit même par mettre en cause leur survie. Néanmoins, des centaines de radios ont vu le jour, saturant bientôt l'espace hertzien. Une haute autorité de la communication audiovisuelle a bientôt été créée dans le but de contrôler le phénomène et de répartir les fréquences.

Dalida s'intéresse de près à ces jeunes radios qui, selon elle, sont le seul moyen de donner la parole à une nouvelle génération d'artistes : sur scène les premières parties de récitals et les radio crochets ont disparu. Elle n'oublie pas que Bécaud et Aznavour lui ont prêté il y a près de trente ans un peu de leur scène afin qu'elle rencontre le public. Ce coup de pouce, elle-même l'a ensuite donné à Hervé Vilard, Michel Polnareff, Nicolas Peyrac, Mike Brant. Elle est d'autant plus sensible à ce média que son ancien attaché de presse, l'ami Max Guazzini, s'est lancé à son tour dans la grande aventure des radios libres. Avec l'aide de Bertrand Delanoë, il est en effet devenu en 1982 l'avocat de NRJ, fondée par Jean-Paul Baudecroux. Pour avoir arpenté les studios avec Dalida, Max, fin limier, a très vite gravi les échelons et est devenu directeur des programmes musicaux puis bras droit du grand patron. Le succès de NRJ est si soudain et retentissant, notamment grâce à un excellent relais dans toute la France, qu'à la fin de novembre 1984 la Haute Autorité songe à revoir ses attributions de fréquences. Le cas NRJ est au cœur de la discussion. On reproche en effet à la jeune radio la trop grande puissance de son émetteur, bien supérieure à celle autorisée.

Le 4 décembre, la sentence tombe : il lui est désormais interdit d'émettre. On s'apprête à saisir le matériel.

Panique à bord ! Les animateurs utilisent alors leur tribune et invitent les auditeurs à se rendre aux studios afin d'empêcher la saisie. Levée de boucliers et appel à une grande manifestation populaire le 8 décembre place du Châtelet. Tandis que Jean-Paul Baudecroux demande leur soutien à différents artistes, Guazzini bondit sur son téléphone et prie Dalida d'intervenir auprès du gouvernement, ce qu'elle s'empresse de faire même si ses liens avec Mitterrand ne sont plus ce qu'ils étaient. Elle appelle Jacques Attali, le conseiller du président. Quelques heures plus tard, la saisie est levée. Non seulement celle de NRJ mais aussi celle d'autres radios. « En sauvant NRJ, Dalida a sauvé toute la bande FM », déclarera Max Guazzini.

La manifestation du 8 décembre n'est pas pour autant annulée, il faut se mobiliser sur la durée. Les fidèles auditeurs de NRJ ont quitté leur transistor pour descendre dans la rue et s'assurer que la saisie n'est pas simplement reportée. On ne dénombre pas moins de trois cent mille manifestants. Perchée sur un char improvisé, victorieuse et tout sourires, apparaît leur marraine : Dalida est enveloppée dans une épaisse fourrure et enlacée par Jean-Luc Lahaye, un autre de ses petits protégés qui a même habité un temps rue d'Orchampt. Elle se sait d'une autre époque musicale mais rien ne saurait la rendre plus fière que ce soutien qu'elle a pu apporter à la jeunesse. Et tant pis si ces nouvelles radios ne diffusent pas ses chansons. Elle ne craint pas de laisser sa place à d'autres. Elle mesure la chance qui a été la sienne et l'extraordinaire longévité que lui a offerte son public.

Depuis plusieurs mois déjà, elle dissimule de plus en souvent son regard derrière de grandes lunettes teintées. Son strabisme devient préoccupant et la douleur à laquelle il la condamne va augmentant. La pensée des trois opérations subies dans sa jeunesse la hante et le seul projet d'affronter une nouvelle intervention, l'obscurité et les souffrances de la convalescence la terrifie. Le spécialiste de l'Hôtel-Dieu qu'elle finit par consulter envisage deux opérations pour stabiliser son œil droit. Mais alors qu'elle se rend au Québec pour enregistrer une émission télévisée, elle rencontre à Boston un grand professeur qui recommande au contraire de ne pas intervenir. Comment décider quand les médecins eux-mêmes ne s'accordent pas sur le diagnostic ?

De retour à Paris, elle retrouve son cocon de la rue d'Orchampt et décline toutes les invitations de la télévision. La perspective d'être filmée en gros plan lui devient totalement insupportable. La promotion de son dernier album en pâtit. Sobrement intitulé *Dali*, il comprend des reprises de grands tubes américains, en particulier *Pour te dire je t'aime*, adaptée du célèbre *I Just Called to Say I Love You* de Stevie Wonder ou *Kalimba de luna* et deux très émouvantes chansons inédites, *Une vie d'homme* et *Pour en arriver là*, un titre une fois encore très autobiographique.

Si les sorties officielles de la vedette se font plus rares, elles n'en sont que plus remarquées. Ainsi, lors de la grande soirée de gala donnée à l'occasion des quarante ans du Lido le 15 mars 1985, Dalida ne passe pas inaperçue. Elle joue au contraire la carte de l'audace en dissimulant son regard fragile derrière d'extravagantes lunettes signées Dior, constellées de strass et dont les longues griffes enserrent son front et ses cheveux retenus en chignon. Le large col et les boutons de sa veste au décolleté vertigineux sont parsemés des mêmes fausses pierreries. Une diva dans toute sa splendeur !

Cette fantaisie d'un soir ne résout en rien le mal dont

souffrent ses yeux. Une nouvelle consultation auprès d'un chirurgien des Quinze-Vingts, madame Godet-Joly, la convainc enfin de recourir à l'opération tant redoutée, selon une technique venue d'Allemagne. Au bout de nombreuses visites préparatoires, elle subit l'intervention sur son œil droit le 9 avril 1985 après une nuit d'angoisse. Des lettres, des fleurs, des petits cadeaux de ses admirateurs inquiets envahissent le vestibule de la rue d'Orchampt. Après trois jours d'hospitalisation, Dali regagne son domicile et entame une convalescence de plus d'un mois. Son œil semble se stabiliser avec succès. Elle retrouve confiance et s'apprête même à reprendre le chemin des studios de télévision pour promouvoir les deux titres de son nouveau quarante-cinq-tours, *Reviens-moi* et *La Pensione blanca*. Mais voilà qu'elle sent à nouveau une gêne tirailler son regard.

La douleur se fait persistante et elle constate que son œil droit glisse. Elle a mené jusqu'ici un tel combat qu'il n'est plus question de battre en retraite. Aussi, malgré des sueurs froides, accepte-t-elle la proposition de son chirurgien d'opérer l'œil gauche afin qu'il guide l'autre. Deux mois après la dernière intervention, elle est donc sur le point de subir sa cinquième opération de chirurgie oculaire.

Un projet professionnel n'est pas étranger à cette décision. Le réalisateur égyptien Youssef Chahine vient d'annoncer au micro de Jean-Pierre Elkabbach que l'héroïne de son prochain film, une adaptation du roman d'Andrée Chedid *Le Sixième Jour*, serait Dalida. L'intéressée, qui n'est même pas au courant, est très flattée par la proposition de ce cinéaste qu'elle connaît depuis si longtemps. Elle s'enthousiasme aussitôt pour ce rôle de grand-mère courage. L'action se déroule en 1947 dans un Caire ravagé par le choléra. Saddika, blanchisseuse, élève son petit-fils Hassan et veille avec grand dévouement sur son mari paralysé. Sa seule évasion : les films américains. Hassan est frappé par le choléra. Alors que les Anglais qui occupent le pays isolent les malades dans des camps, Saddika se bat pour cacher son petit-fils hors de la ville et lui montrer la mer qu'il rêve de découvrir. Pour Dalida, c'est une chance inespérée de rompre avec son personnage glamour de chanteuse. Elle apparaîtra sans maquillage, vêtue d'une djellaba traditionnelle noire, ses cheveux dissimulés sous un voile.

Le 31 mai 1985, Jacqueline Cartier annonce dans *France-Soir* le début du tournage pour octobre et publie une véritable déclaration d'amour de Chahine : « Je voulais Dalida, sa voix, son visage. Je sais, moi, qu'elle a les tripes de la Magnani. » La promesse de cette aventure inédite, de ce rôle dramatique comme jamais on ne lui en a proposé donne à Yolanda le courage de recourir à l'opération de la dernière chance. Son regard doit être parfait, et pour cela elle trouve des forces nouvelles.

Après de longues semaines de rééducation à l'abri de la lumière, la douleur s'estompe enfin et le regard retrouve sa stabilité. Certes il conserve quelque chose de mystérieux, mais cette fois Dali envisage plus sereinement son retour devant les caméras. Elle connaît même un regain d'énergie… dont la réussite de l'intervention chirurgicale n'est pas la seule raison. Si l'artiste se sent plus légère et plus vive, c'est qu'un homme est entré dans sa vie. Un check-up médical alors qu'elle se sentait si fatiguée lui a permis de rencontrer tout récemment François, un médecin au charme certain, divorcé et père d'une fille de vingt ans. De sept ans son cadet, il a, en plus de ses talents de praticien, une grande culture et de l'humour. Elle qui a l'habitude de sceller des liens – d'amitié comme d'amour – autour d'une bonne table ne manque pas de convier son médecin à l'un de ses dîners. Le tu remplace bientôt le vous, on se téléphone souvent, longuement. Elle se réjouit de cette complicité naissante et plus encore que François se moque éperdument qu'elle soit Dalida. Elle se permet d'être naturelle et ne précipite rien, préférant freiner ses élans romantiques, même si elle ne peut s'empêcher de guetter la sonnerie du téléphone. Femme de tête bien décidée à parvenir à ses fins, elle sait aussi combien les hommes manquent de témérité à l'heure de se déclarer. Aussi convie-t-elle François à la rejoindre à la fin de l'été dans sa villa de Porto-Vecchio. C'est là, entre ciel et mer, loin de leurs univers respectifs, qu'ils se rapprochent tendrement et succombent après plusieurs mois de parade amoureuse à leur attirance commune. Trois jours entre parenthèses à ne se soucier que de la présence de l'autre, à redécouvrir le langage des corps et des confessions intimes.

Dali revient à Paris aux premiers jours de septembre plus belle que jamais, l'âme apaisée et le corps exalté. Pas question pour autant de laisser luire en public l'étincelle de son nouveau bonheur. Elle le tient secret au chaud de la rue d'Orchampt, reçoit moins le dimanche, préférant aux tablées bruyantes la douceur des dîners aux chandelles. Un petit air d'amour flotte à nouveau sur Montmartre.

Rassurée quant à ses yeux et nourrie par cette nouvelle relation, elle ne craint plus de reprendre du service à la télévision. Décidée à frapper fort, elle accepte l'invitation de Patrick Sabatier à participer au « Jeu de la vérité », l'émission la plus populaire du moment dans laquelle, un vendredi par mois sur TF1, une célébrité se prête en direct et sans filet au jeu des questions des télespectateurs. Rendez-vous est pris pour le vendredi 11 octobre 1985. Rue d'Orchampt, l'agitation bat son plein. Les amis, Orlando, Rosy, Jacqueline imaginent les questions et préparent la chanteuse aux réponses. C'est à croire qu'elle révise pour un examen capital. Et sans doute l'est-il, à en juger par la traversée du désert que coûtera cette émission à Chantal Goya…

Le jour J arrive et Dali, comme à l'heure d'une grande rentrée parisienne, est très stressée. Quinze millions de téléspectateurs suivent chaque semaine ce programme. Soucieuse d'être bien assise et sans doute par superstition, elle apporte de chez elle deux coussins qu'elle fait poser sur le fauteuil du plateau. Très en beauté dans une combinaison pantalon noire de chez Dior dont la veste est brodée de sequins d'or, elle fait son entrée en interprétant son dernier titre, *Le Temps d'aimer*. La chanson terminée, elle rejoint Patrick Sabatier dans la fosse aux lions où elle devra livrer combat. La main droite levée, elle jure de dire toute la vérité.

La première question porte sur son strabisme. En apparence détendue, elle relate ses mésaventures depuis l'enfance, revient sur les deux dernières interventions et termine en ajoutant qu'elle gardera néanmoins un « certain regard ». Les questions s'enchaînent, bienveillantes et sages pour la plupart, sans que Dalida cherche à se dérober à l'indiscrétion des auditeurs. Un jeune Marseillais révèle à l'antenne qu'il est transformiste et homosexuel et que son imitation de la star est le clou de son spectacle. C'est l'occasion pour la star de rappeler qu'elle admet parfaitement l'homosexualité même si elle ne se sent pas marraine des gays ainsi que le prétend le garçon à l'antenne.

Lorsqu'on l'interroge ensuite sur sa vie privée, sans craindre les mots elle évoque sa solitude et l'échec de sa vie de femme. « Aujourd'hui je me retrouve toute seule », dit-elle. Espère-t-elle à cet instant que son histoire avec François pourra la contredire ? On lui parle bien sûr du suicide de ses trois hommes. « Je n'y suis pour rien », répond-elle en rappelant que Lucien a mis fin à ses jours dix ans après leur séparation et Richard, trois ans. La question n'est pas méchante mais pour Dali le sujet est sensible. D'ailleurs, ce questionnement est aussi le sien, une ombre sur sa vie qu'elle ne parvient pas à dissiper totalement.

La politique ne manque pas d'être abordée : « Je suis une amie personnelle des Mitterrand. Je le demeure. Je respecte cet homme qui est en plus un bon président de la République. » Dans une interview publiée ce même jour dans *France-Soir*, elle s'est montrée plus loquace : « D'ailleurs, cet ami, je ne l'ai pas revu depuis trois ans. Vous savez, mes soi-disant amis de gauche ne se sont pas tellement manifestés lorsque j'ai été gravement opérée d'un œil. Mais ce que je peux vous révéler, c'est que j'ai reçu entre autres deux magnifiques gerbes avec des mots touchants : c'étaient ceux de Charles Hernu et de… Jacques Chirac ! »

Une mamie lui demande si la potion de Richard Saint-Germain contre la vieillesse existe et où elle pourrait se la procurer. Sa tentative de suicide, sa recherche spirituelle, Dieu. Une à une les questions se déroulent, semblant tisser le fil de sa vie. « Ce Dieu-là, je n'y crois pas. Je pense que ce sont les hommes qui l'ont créé. Je crois à une énergie supérieure à nous, qui régit l'univers dont nous ne sommes qu'une parcelle, et peut-être que cette énergie s'appelle Dieu. » Le combat de fauves qu'elle avait craint n'a pas lieu ; c'est une rencontre de l'amitié, un rendez-vous de trente années de complicité et de vies mêlées. On connaît ses chagrins, ses amours perdues, on a montré du doigt ses amitiés politiques, on a partagé avec elle ses épreuves, son désir de mourir, ses heures de gloire les soirs de première à l'Olympia ou lors de galas populaires en plein air sur les places de villages. Dalida est la sœur, l'amie dont on devine la présence dans l'album-souvenir de la famille. L'émission s'achève sur son interprétation de *Mourir sur scène*.

À Los Angeles, Elizabeth Taylor est entrée en croisade aux côtés d'une cohorte d'artistes contre une nouvelle et terrible maladie, le sida. L'épidémie se développe rapidement sans que la France se sente encore véritablement concernée. Line Renaud, que ses voyages réguliers aux États-Unis ont alertée sur le phénomène, décide à son tour de rallier les artistes à cette cause. Quelques coups de téléphone à des amis proches, Dali, Nana Mouskouri, Raymond Devos, et l'Association des artistes contre le sida voit le jour. Le 25 novembre 1985, lors d'une première réunion officielle, les rejoignent Francis Huster, Thierry Le Luron, Jean-Paul Rouland, Patachou, Marthe Mercadier, Sophie Desmarets, Suzanne Flon, Marie-Hélène de Rothschild. « Je pars à la bataille pour gagner ! » proclame Dalida, qui enregistre un spot d'appel aux dons pour la télévision.

Lasse des tournées au bout du monde et des chambres d'hôtel sans âme, mais par-dessus tout désireuse de ne pas trop s'éloigner de François, elle se produit moins sur scène, se contentant de quelques galas dans les Émirats arabes, payés à prix d'or. Elle prend néanmoins plaisir à enregistrer un nouvel album intitulé *Le Visage de l'amour ;* c'est le titre d'une chanson écrite par Charles Trenet après qu'il a entendu Dali dire au « Jeu de la vérité » que le public avait pour elle le visage de l'amour. Figurent également sur ce disque *Salut, salaud*, qui raconte une rupture, la reprise en italien de *Tout doucement*, le tube de Bibie *(Semplicemente cosi)*, *Le Vénitien de Levallois*, *Parce que je ne t'aime plus* et un titre autobiographique de plus, *Les Hommes de ma vie*.

J'ai pleuré l'Italien,
Sa chanson sans refrain
N'était pas terminée
Quand il s'en est allé.
C'est fragile, un artiste,
Depuis mon cœur est triste.

Les douze coups de minuit ont retenti depuis quelques heures et Dalida se persuade que cette année 1986 sera celle de toutes les promesses. Elle vient de passer cette Saint-Sylvestre auprès de François. N'est-ce pas un signe ? C'est alors que Chahine, aux abonnés absents depuis plusieurs mois, resurgit le temps d'un coup de fil pour lui annoncer le début du tournage du *Sixième Jour* dans quelques semaines. Pour l'avoir connu en 1953 quand il était assistant dans cette production avortée où elle-même devait être la doublure de Rita Hayworth, elle sait combien Youssef, que l'on surnomme Joe, est imprévisible et tyrannique.

Ce rôle, elle en a rêvé, elle l'attrape à bras-le-corps. Enfin un film dans lequel on ne lui demande pas d'être

Dalida, de pousser la chansonnette. Elle fait annuler des galas, termine à la hâte les cessions d'enregistrement du nouvel album et se consacre entièrement au *Sixième Jour*. Yolanda congédie la chanteuse : « Ne me parlez plus pour le moment de chanson ni de télévision ! » prévient-elle.

C'est pendant un dîner dans un restaurant parisien qu'a lieu la première séance de travail avec Youssef Chahine. Le cinéaste fait très longuement parler son actrice, lui pose quantité de questions, la contraint à dénuder son âme, à confier ses émotions intimes, ses souffrances, à dévoiler le regard qu'elle porte sur les hommes et jusqu'à ses penchants érotiques. « Tu as eu beaucoup de souffrances dans ta vie. La souffrance est en toi. Tu vas nous la redonner », exhorte-t-il. D'un tempérament pourtant secret et pudique, elle se livre. Entre eux deux s'instaure une confiance qui, elle en est persuadée, sera la clé de voûte du film.

Parce qu'elle tient à tourner en égyptien, elle travaille son texte avec un répétiteur et peaufine sa prononciation au point de faire sien l'accent rural de son personnage. Quand vient le moment de s'envoler pour Le Caire, elle maîtrise parfaitement ses répliques et commence à appréhender avec une grande justesse l'âme de Saddika. Aussi apeurée qu'excitée à la perspective d'endosser ce premier grand rôle dramatique, elle est néanmoins malheureuse de s'éloigner pendant trois mois de François. Elle se rassure en se souvenant qu'il lui a parlé plusieurs fois de la rejoindre.

Mais alors qu'elle croit contrôler son histoire d'amour, la tenir à distance de sa vie publique, la publication d'un article vient tout compromettre. Ils ont bien été vus ensemble lors d'un spectacle de Henri Salvador au Palais des Congrès, mais à part son visage et sa profession on ne connaît rien de cet homme. L'un de ces tabloïds prompts à broder une histoire sur un simple échange de regards échafaude et publie quelque affabulation à propos de la nouvelle idylle de la chanteuse : Dalida vendrait sa maison de Montmartre pour vivre sous le toit de son nouveau compagnon. Lorsqu'elle prend connaissance de cet article, elle est déjà en partance pour l'Égypte. Elle frémit à la seule pensée de la réaction de François. Et s'il allait croire qu'elle est responsable de cette publication ? S'il s'imaginait que telles sont véritablement ses intentions ? Elle sait aussi combien les débuts d'une histoire sont fragiles, combien la conquête de la confiance de l'autre est une tâche épineuse, d'autant que François, par nature et à cause d'un passé sentimental douloureux, craint de s'engager, d'être prisonnier d'une femme qui serait trop en demande. Par téléphone, dès son arrivée au Caire, elle lui explique qu'elle n'est en rien responsable de tout cela, qu'il ne s'agit là que d'un racontar. Mais le charme semble rompu, des bribes de silence entrecoupent la conversation. Peut-être se sent-il enchaîné ? Son visage et son prénom ont été dévoilés, sa vie intime a été exposée, or il n'est pas de ces hommes que la célébrité grise. Sa discrétion et sa liberté sont blessées, elle le sent et ne sait comment le rassurer à distance.

Elle débute le travail de répétition dévorée par l'angoisse, déchirée entre la pensée de François et l'immense tâche à accomplir. Dix ans après avoir arrêté de fumer, elle reprend. Chahine la prie de faire le vide en elle pour s'ouvrir à Saddika, de gommer sa séduction de femme fatale pour créer celle, brute et indomptée, du personnage. Ses cheveux sont enserrés sous un voile noir, ses ongles ont été coupés, son visage est à peine maquillé, sa silhouette totalement enfouie sous ses étoffes de paysanne. « Chahine est un voleur d'âmes. Il veut tout », s'émeut-elle. À Frédéric Mitterrand venu l'interviewer elle déclare : « J'ai perdu mon identité. Les cheveux, les mains, pour moi, c'est très important. On m'a coupé les ongles et on a caché mes cheveux. C'est formidable, je vis une histoire. J'avais toujours joué Dalida et là, je ne sais pas qui est Dalida, maintenant je suis Saddika. »

De ce Caire endolori par l'épidémie de choléra et la domination anglaise Yolanda se souvient, elle avait quatorze ans. Sa mère exigeait qu'elle se lave les mains avec de la bergamote et lui donnait à manger de la salade bouillie. Elle retrouve des émotions, des saveurs et des couleurs qu'elle pensait oubliées. Elle se réjouit que dans son désordre l'Égypte soit toujours le pays d'entraide et de chaleur humaine qu'elle a connu. Les liens familiaux et amicaux ne se distendent pas avec les années et « solitude » est un mot qu'en arabe on ne prononce guère. Les souvenirs de la vraie vie se fondent dans ce décor d'une misère reconstituée.

Elle est Saddika, cette femme sombre et austère qu'un jeune montreur de singes et chanteur de rue, Okka, courtise et auquel elle se refuse, tiraillée entre son désir d'amour et son corps opprimé par les tabous orientaux. Dalida contemple Saddika et admire qu'elle soit la figure même de la mère, celle qui protège. En partageant le quotidien du jeune acteur qui incarne son petit-fils elle comprend et ressent une nouvelle fois l'immense vide qu'a creusé en elle l'absence d'enfant.

Dans les jours qui précèdent le tournage, elle s'enferme chez Youssef Chahine, son créateur, et répète avec lui comme au théâtre. Il mime la façon dont elle doit toucher les objets, jouer de ses mains, marcher. Pendant le tournage, les conditions de vie et de travail, du lever à cinq heures du matin jusqu'au coucher tard dans la nuit, sont difficiles et très éloignées du confort auquel est habituée la chanteuse. L'abandon de soi est périlleux et pénible mais elle apprend beaucoup. Elle ne se plaint pas, oublie ses loges de velours pourpre pour s'accoutumer à sa cellule misérable peinte en bleu. C'est une nouvelle étape de sa quête intérieure : « J'ai rencontré une partie de moi-même que je ne connaissais pas, que j'avais oubliée », confie-t-elle à Charles Tesson des *Cahiers du cinéma.*

Elle vit enfermée dans son rôle, dans les combats de Saddika, mais voilà la réalité qui resurgit dans toute sa violence : une rébellion éclate au cœur de la ville, les policiers se soulèvent parce que le gouvernement veut leur imposer une année de service supplémentaire pour un salaire toujours plus misérable. Il faut interrompre le tournage et se mettre à l'abri. Des heures de lutte acharnée, des blessés par centaines. Dalida vit quatre jours recluse dans son hôtel, entre rêve et réalité, dans la terreur de cette violence de fin du monde, à guetter un courrier de François qui ne viendra pas, ou un coup de fil. À relire, retravailler interminablement les répliques de Saddika. Une semaine de répit lui permet de rentrer en France. De passer quelques jours avec François, espère-t-elle. Mais il se dérobe à ses appels et ne lui offre de son temps si précieux qu'une seule soirée. Le cœur en berne, elle repart pour Le Caire.

Au bout de trois mois de travail en Égypte, Dalida peut rentrer à Paris et reprendre sa vie de chanteuse. Pourtant, rien ne sera jamais plus comme avant. Chahine lui a donné le goût d'autre chose et Saddika celui d'une autre séduction, d'une profondeur et d'une vérité pour elle inédites. Pendant son séjour au Caire est sorti son album *Le Visage de l'amour*, mais elle ne s'en soucie guère. La femme qui pose sur la pochette, drapée d'un énième fourreau de lamé or, ne lui ressemble plus beaucoup : c'est une photo prise lors du tournage d'une publicité pour le désodorisant Wizard sur l'air de *Gigi l'Amoroso !*

Elle prend tout de même le chemin des plateaux de télévision, promotion oblige. Elle a terriblement maigri, son ossature, qu'elle a toujours eue très masculine, apparaît plus visible, abrupte, tant sur le visage que sur le corps. Le bas faisant office de filtre sur la caméra qu'exigent nombre d'artistes pour adoucir l'image ne parvient plus vraiment à atténuer la dureté de ses expressions. Dalida a un visage très mobile. À la moindre fatigue, selon l'humeur du moment ou, pis, après une de ces colères intempestives dont elle reste coutumière, ses traits peuvent se transformer. Soudain ils se creusent, ses yeux s'assombrissent et perdent de leur fixité. Elle le sent et doit alors écarquiller les yeux pour stabiliser son regard, ce qui lui donne un air béat des plus incongrus. Décidément, ces passages à la télévision l'ennuient. Elle n'est pas d'humeur à sourire, elle mime sans plus de conviction un ou deux play-back, évoque le tournage du *Sixième Jour* et s'en retourne comme elle est venue.

Les retrouvailles avec Paris, elle les avait espérées tendres. Elle veut croire encore à son histoire avec François. En vain. Il ne rompt pas vraiment mais garde ses distances, annule des rendez-vous, les reporte. Quand ils dînent ensemble, aux douze coups de minuit il ferme la porte derrière lui, laissant son hôtesse à sa solitude. Les nuits sont longues quand on guette le sommeil. Elle décide de mettre fin à cette relation qui n'en est plus une. Mais le lendemain un infime espoir renaît, ils se parlent au téléphone puis se revoient…

Dali accuse le coup de ces trois mois de tournage intensif au Caire et se sent lasse. Plus qu'à l'habitude. Elle erre dans la maison sans autre désir que celui de s'étendre pour attendre un improbable dénouement. Ses proches parlent d'abord de fatigue physique, mais c'est bien de dépression qu'il s'agit, d'une insondable et indescriptible douleur de vivre. Quand ils s'inquiètent pour elle et la questionnent, elle les prie de seulement veiller sur sa carrière mais de ne pas fouler son jardin secret. Le sujet est clos, personne n'oserait la contrarier. Elle répète : « Tout va très bien, je vais très bien ! »

16

À bout de souffle

La mort fait partie de la vie,
on ne devrait pas en avoir peur.
Je ne voudrais en aucun cas
que l'on me vole ma mort.
Dalida à Ève Ruggieri.

Même le dimanche, rue d'Orchampt, tout est silence. Dalida n'a plus le goût des grandes tablées, des discussions sonores. En ce mois de mai 1986, elle double en français son personnage de Saddika en vue de la sortie du *Sixième Jour* en décembre prochain. C'est seulement maintenant qu'elle découvre le film, car elle a jusqu'alors refusé de visionner les rushes. Cette autre femme, voilée dans ses pudeurs, dramatique et désincarnée, lui plaît. Il y a des mois qu'elle n'a pas chanté, il lui semble même qu'elle a oublié ses chansons et ses jeux de scène. Un voyage aux Seychelles est finalement le bienvenu. Y sont prévus deux spectacles et quelques jours de vacances. Le sable blanc à perte de vue, la mer turquoise. Le lieu est idéal mais François a décliné l'offre qu'elle lui a faite de l'accompagner. Vêtue de sa combinaison moulante de scène, elle prend la pose, alanguie sur la plage. Mais à quoi sert d'être si belle quand on doit rester seule ?

Elle est de retour en France à la fin de juillet mais rien ne la retient dans la capitale. Alors cap sur Porto-Vecchio : rendez-vous est pris là-bas avec quelques amis. C'est une maison de passage où il fait bon vivre. Sursaut de bonheur dès que François accepte de s'y rendre, de la joie quand trois jours durant ils sont ensemble, presque complices, et puis nouvel accès de déprime quand, prétextant une affaire urgente, il s'en retourne à Paris. Tout à coup, le ciel n'est plus aussi bleu ni le soleil aussi ardent. Lorsqu'elle le voit quitter sa villa de Corse, quelque chose se rompt en elle. Son espoir. Elle sait qu'elle ne doit plus rien attendre, qu'il ne lui donnera pas davantage. Passive, elle se voit pieds et poings liés dans cette mascarade, mais la battante d'hier ne trouve pas la force de rompre ses liens. Les masques finiront bien par tomber. On repousse encore le moment.

Avec la fin de l'été, tout le monde a beaucoup à faire. C'est la rentrée scolaire, une nouvelle saison débute dans les théâtres et Dali, elle, se sent bien étrangère à cette effervescence. Sur un coin de son bureau elle reprend le testament déjà modifié à plusieurs reprises depuis quelques mois, elle le finalise et, aux derniers jours de septembre, le fait enfin valider auprès de son notaire, juste avant de s'envoler pour l'Égypte où *Le Sixième Jour* sera présenté dans deux jours.

Pour la troisième fois depuis son départ d'Égypte en 1954, trente-deux ans plus tôt, elle exprime le désir de fouler le sol de Choubra. La rue Khamra Weya a encore changé, de nouveaux bâtiments ont été construits à la va-vite et en désordre. Sans mot dire, Yolanda contemple sa maison de jadis, la caresse lentement et tendrement du regard, comme lorsqu'à l'approche d'un très long voyage on veut graver dans sa mémoire les images de son ancienne vie. Pense-t elle déjà ne jamais revenir au pays de l'enfance ?

Non loin se dresse l'église Sainte-Thérèse. Agenouillée devant la statue de la sainte de Lisieux à qui elle avait il y a bien longtemps confié ses rêves de gloire, elle instaure avec elle un dialogue intime. Le dernier. Lui confie-t elle qu'elle s'est trompée de bout en bout, qu'à frôler de si près les flammes du soleil elle s'est brûlé les ailes et consumé le cœur ?

En septembre, au Caire, la chaleur écrasante n'a pas diminué. Ce 29 au soir, tandis que le soleil embrase l'horizon, il n'y a pas un souffle d'air. Dans sa robe de mousseline bleue aux parements de voiles sombres et de broderies, elle s'apprête à traverser Choubra pour atteindre le Moderne, le cinéma où aura lieu la projection du *Sixième Jour*. La décapotable se fraie au pas un chemin parmi une foule déchaînée. Dalida, reine en gloire auprès de son partenaire Mohsen Mohieddine, salue son peuple de fidèles. Accrochés aux balcons, aux arbres, à la voiture, plantés devant les échoppes ou au milieu de la rue, les habitants de Choubra fêtent leur plus illustre ambassadrice. On veut la toucher, lui parler. Elle n'a pas peur, cette vague d'amour ne la noie pas mais l'enveloppe. Elle se sent protégée. Elle est à eux, portée par leurs cœurs et leur joie, comme ce jour où le peuple du Caire s'est emparé de la dépouille d'Oum Kalsoum pour, à bout de bras, de main en main, lui faire traverser la ville. La voiture glisse lentement devant la maison de la rue Khamra Weya. Sur cette façade de pierre jaunie les temps se confondent ; un instant le passé et le présent s'étreignent. Cette fois au moins, Dalida ne craint pas son passé, ne tremble pas en pensant au lendemain ; elle ne se dérobe pas à l'instant présent et le goûte avec gourmandise. De chaque côté de la voiture semble défiler le film de sa vie.

Après avoir mis pied à terre, elle peine encore à atteindre les portes du cinéma. Dans une joyeuse bousculade on l'acclame, on scande son nom. Le visage en sueur mais irradiant, elle rejoint le balcon de cette salle d'un millier de sièges, et tandis qu'elle prend place, un projecteur se pose sur elle. Dans les cris, les trois syllabes de son nom rebondissent entre les lèvres de chaque spectateur. Elle se lève et salue, le geste haut et franc, les yeux brillants de reconnaissance. L'obscurité tombe enfin sur la salle en liesse et sur la star qui s'esquive par une sortie de secours. Le film commence. Plus jamais les Égyptiens ne reverront Dalida.

L'actrice s'efface pour que la chanteuse reprenne du service. À contrecœur. Crève-cœur, haut-le-cœur. Elle souhaitait distinguer le cinéma de la chanson, pourtant elle s'exécute lorsqu'on la prie d'enregistrer *Le Sixième Jour*, un titre inspiré du film. Quelques jours plus tard elle s'envole pour Los Angeles où elle donnera deux spectacles. Toujours ce show à l'américaine qu'elle a fini par abhorrer, avec ces boys au milieu desquels elle se sent maintenant si ridicule, ces paillettes qui lui donnent désormais la nausée. Le *Cléopâtre* à Bercy est sans cesse repoussé, on songe à une salle plus petite, la production patine dans le vide et l'année 1988 est désormais évoquée. Dalida ne semble guère le regretter. Ce projet lui semble tout à coup au-delà de ses forces, écrasant, inhumain. Parce que l'avenir l'effraie, elle regrette le temps des Olympia, quand le rideau s'ouvrait simplement sur sa silhouette d'immaculée madone, quand face au micro, devant l'orchestre de Guy Motta, elle se contentait de chanter sans falbalas ni jeux de jambes. Que ce temps-là lui semble doux !

Elle est en quête d'intimité, de simplicité et de confiance ; défricher des terres vierges n'est plus de son ressort. Son mal de vivre grignote son énergie, elle se recroqueville sur un monde dont elle a balisé les frontières, autour duquel elle a élevé des remparts. Même ses proches n'ont plus guère droit de cité rue d'Orchampt, elle s'invente des obligations, des rendez-vous, prétexte la fatigue pour échapper à leurs visites et à leurs invitations. Elle pleure ses deux chiens morts à quelques mois d'intervalle, se complaît dans cet univers rétréci, confiné, protégé, et jouit tristement de son ennui. Un ennui immense et obsédant.

Il lui reste une carte à jouer, la sortie en France du *Sixième Jour*, le 3 décembre 1986. Il faut que ce jour-là on l'accepte dans le rôle de Saddika pour enfin la débarrasser de son masque de chanteuse. Durant les trois semaines qui précèdent, elle se démène pour assurer la promotion. Avec zèle et patience elle brave sa lassitude pour arpenter les studios de télévision. Toujours les mêmes questions pour les mêmes réponses, les mêmes échanges de politesses et de banalités. Elle se plie au jeu pour la bonne cause, la sienne. Chez Drucker, Gildas, Poivre d'Arvor, Sabatier, dans des émissions de variétés, de cinéma, des journaux télévisés. Le mercredi même de la sortie, elle est encore à vingt-deux heures au journal télévisé de FR3. « Ma vocation profonde, c'est la tragédie », s'épanche-t elle. Le lendemain, elle est chez Christophe Dechavanne dans « C'est encore mieux l'après-midi ». Elle se réjouit : « J'aime la Dalida du film. Chahine est un voleur d'âme ; il m'a fait sortir toutes les blessures de ma vie dans ce rôle. »

La presse ne tarit pas d'éloges sur la métamorphose de Dalida. Pour Olivier Séguret dans *Libération* du 3 décembre 1986, « mère arabe modeste et vertueuse, veuve fidèle et dévouée, [elle] traverse *Le Sixième Jour* avec une grâce insensée. Progressivement, elle assassine son propre mythe, le dilue, le brûle et remet tout en jeu. […] On ne voit plus la légende : on s'initie à la tragédienne. Mais bientôt, quand elle remontera sur scène, généreuse incarnation de nos amours, Dalida réinventera la chanteuse qu'elle a toujours été. » Même les élitistes *Cahiers du cinéma* en perdent leur latin et, sous la plume de Serge Toubiana, y vont de leur panégyrique : « Il faut redire [...] ce que la beauté du personnage doit à l'interprétation de Dalida. Rarement une comédienne se sera fondue avec une telle conviction dans le personnage mélodramatique qu'imposait une telle partition, en prenant de tels risques. »

Toutefois le grand public n'est guère sensible au film : trop haut de gamme, trop égyptien, trop éloigné de l'image de Dalida. Cette Dalida-là, voilée, mère courage et égyptienne, il ne la connaît pas, c'est une étrangère qui ne chante pas dans sa mémoire, alors il la boude. Les salles sont vides. Yolanda réalise combien elle est enchaînée à Dalida. Elle étouffe au-dedans de sa créature. « Au sixième jour, ou on meurt, ou on ressuscite », écrit Andrée Chedid. Yolanda, elle, ne ressuscite pas.

L'année 1986 s'achève sur cet échec. Dali ressasse. Elle se retrouve vingt ans en arrière quand il lui semblait que le sol se dérobait sous ses pas. Les combats d'hier se conjuguent au présent, ils l'obsèdent. À propos de ses années d'hiver elle se confiait il y a peu à Fabienne Pascaud de *Télérama :* « Ma descente aux enfers s'est alors transformée en guerre sainte contre moi-même, mes demandes excessives, mes vides. » Et voilà qu'elle reprend les armes. Mais elle est lasse.

On est entré dans l'hiver, le dernier d'une vie. La butte Montmartre flotte entre les nuages gris, le froid pince et mord quelques passants égarés. Dali ne passe presque pas le seuil du 11 *bis*, rue d'Orchampt : l'extérieur l'intéresse si peu. Les volets sont souvent à demi clos, les stores baissés. Elle passe beaucoup de temps entre sa chambre et la petite pièce attenante, son boudoir aux faux airs de loge avec le miroir bordé de grosses ampoules. C'est là que des heures durant elle tape le carton avec Jacqueline. La lumière du jour n'est pas de la partie, elle lui préfère des loupiotes timides. Le monde l'effraie, la lumière la brûle. Des journées entières elle erre en peignoir, les cheveux noués à la va-vite, sans maquillage, une cigarette continuellement accrochée aux lèvres. Elle tricote des écharpes. « Vous aurez quelque chose fait de mes mains », lance-t elle à Orlando que cette curieuse occupation inquiète. Elle relit des petits carnets noircis au fil des ans, des lettres, en jette beaucoup, en met d'autres à l'abri. C'est l'âge de braise. Le feu s'étouffe, la chaleur et la lumière commencent à faire défaut.

Hier si généreuse, aujourd'hui elle ne pense plus qu'à elle. Elle survit rivée à sa peine, suspendue à ce maudit miroir qui est de mèche avec le temps qui passe, ce temps qui dégrade et ternit. Elle refuse les mains tendues, les paroles de réconfort. Le regard dans le vide, elle fixe l'abîme. Jacqueline, aussi dépressive qu'elle, est son unique compagne. Dali ne tolère du monde des humains que le regard de cette femme, que sa présence taciturne. En ombre chinoise paraît parfois la silhouette de François – juste un rendez-vous volé pour lequel elle se redresse. Après son départ, elle referme la porte et court se blottir seule contre sa détresse au fond de son lit. Elle s'abrutit devant son téléviseur depuis qu'elle n'a plus le courage de lire, se moque du jour et de la nuit et s'endort quand le corps cède à la fatigue. Elle dort beaucoup, de plus en plus. Une fuite. À l'ami Graziano, le patron de sa cantine du bout de la rue où elle se rend de moins en moins souvent, elle confie combien l'envie de mourir la taraude, elle assure que cette fois elle ne se manquera pas. Quand les amis s'inquiètent pour elle, elle les rassure, jure encore et toujours que tout va bien.

Le 7 mars 1987 au soir, elle quitte sa cage dorée pour se rendre à la cérémonie des Césars. On l'a invitée à remettre la récompense de la meilleure musique de film. Une photographie l'immortalise dans une robe vaporeuse bleu lavande que recouvre une fourrure blanche. Étrangement, elle porte un chignon, une coiffure totalement inhabituelle en public. Dalida, c'est la crinière de feu avant tout, elle le sait. Cette fois, en dissimulant ses cheveux, elle se détourne un peu plus de Dalida. Son regard est infiniment triste, lointain ; elle ne voit rien ni personne et se contente d'être là.

Un mois plus tard elle se persuade qu'une petite semaine de thalassothérapie à Quiberon lui redonnera des forces. Entre ces eaux vivifiantes, les soins apaisants et les repas frugaux, elle fait la connaissance de Nadine de Rothschild et même d'un homme charmant qui serait ravi de la revoir à Paris. Mais elle n'a plus le cœur à croire à l'amour. Elle est désabusée, usée. Et puis François rôde toujours, ni lui ni elle n'ont trouvé la force de rompre. Rien ne se fait, rien ne se défait.

Le 5 avril, elle se rend à une rencontre d'admirateurs organisée par son fan-club. Tendre, attentive, elle caresse la joue de l'un, frôle la main de l'autre. Le regard brillant, elle leur parle : « Je sais que vous vous battez pour moi. Vous êtes comme mes guerriers. Continuez de vous battre pour moi, continuez de m'aimer. »

Certains jours, elle trompe son monde à merveille. Elle fait les gestes de la vie, sourit et se projette même dans l'avenir. Quand Orlando lance le projet d'un nouvel album, elle le suit comme un bon petit soldat et rencontre, visiblement ravie, Jacques Morali à qui a été confiée l'écriture des chansons. Le 27 avril, elle part pour Antalya, sur la côte turque, où elle donnera un grand gala en présence du président de la République et d'un parterre de personnalités du pays. À sa descente d'avion, son agent local, Erkan Ozerman, lit pourtant quelque chose d'anormal dans le regard de son artiste et amie. « Elle semblait si fatiguée. Il y avait quelque chose qui n'allait pas : elle était trop calme. »

Les galères de tournée elle connaît par cœur. Les bleds paumés invisibles sur une carte, les terrains vagues tapissés de boue qu'il faut transformer en théâtres de plein air, les concerts en Égypte quand la puissance électrique est réduite de moitié après vingt heures, les avaries diverses, le vent dans les micros. Elle a goûté à tout mais cette fois c'en est trop. Un technicien ne s'est pas réveillé, les malles cabines contenant les costumes de scène et une partie du matériel n'ont toujours pas été livrées. Sans compter cette température de huit degrés en pleine belle saison et des pluies diluviennes qui balaient le boulevard Ataturk, la Promenade des Anglais locale. On a finalement recours à un avion taxi pour acheminer le matériel manquant. Parce que les malles sont trop volumineuses pour le coucou, on les vide et on balance les costumes dans des sacs-poubelles. À la vue de ces ballots informes contenant ses habits de lumière, Dali a les nerfs qui lâchent. La fatigue du voyage, les désagréments accumulés et le trac : trop c'est trop ! « Terminé *Gigi in paradisco*, ras le bol de cette chanson, ça m'épuise ! On va faire le ménage ! » tempête-t elle. Et d'ailleurs elle répète qu'elle en a marre, qu'elle va arrêter ce métier.

Une répétition bâclée, des conditions de panique extrême peu propices à la concentration, et Dalida s'enferme dans la loge. Les bigoudis, le maquillage, la robe de lamé, autant de rituels, et une fois de plus le miracle se produit. Elle laisse la lassitude et les meurtrissures au vestiaire et saisit à bras-le-corps chacune de ses chansons. Le partage, la liesse populaire l'emportent sur tout. On l'accueille avec une haie de couronnes de fleurs installées sur des trépieds ; pour nous elles sont mortuaires, pour les Turcs c'est un hommage de bienvenue. Ce public d'Antalya est le dernier d'une carrière qui a débuté il y a plus de trente ans. Le sait-elle ? L'a-t elle déjà décidé ? Questions sans réponses. Tant et tant de regards brillants de joie et d'émotion croisés dans les théâtres du monde entier, et c'est ici que doit se rompre le charme sous d'ultimes bravos. Ces spectateurs-là, les regarde-t elle différemment, plus intensément ?

Le rideau tombe. Les mots de ses chansons viennent de palpiter pour la dernière fois, ils ont battu la chamade et se sont essoufflés au creux de cette voix qui n'appartient qu'à Dalida. Elle pousse la porte de la loge, ôte sa robe de mousseline transparente ornée d'or. De ce lamé finement brodé sa peau retrouvera bientôt la caresse, à l'heure du sommeil éternel. Sa peau glacée par cette mort qu'elle aura choisie, trois jours plus tard, le samedi 2 mai dans la soirée.

Elle s'éteint vers onze heures du matin le dimanche. Jacqueline la découvre à dix-sept heures. Elle paraît apaisée, ses cheveux en couronne, à demi assise contre ses oreillers. On la parera de sa robe d'or et de lumière pour le grand voyage d'une rive à l'autre du monde. Selon un rite très ancien et parce qu'elle s'en est allée au chant du printemps, on déposera sur son sarcophage une branche de cerisier en fleur. *Ciao amore, ciao…*

Épilogue

Avec le suicide on transforme les murs du destin
en chemin de la liberté.
Sénèque.

Les 8 et 9 mai 1987, Dalida aurait dû rentrer en studio pour enregistrer les chansons que lui avait destinées Jacques Morali. Le 12, elle se serait pliée de bonne grâce à la séance photos reportée, elle aurait pris la pose devant les grands monuments de Paris. Pour l'un de ces clichés, elle aurait porté une perruque courte, comme si elle s'était fait couper les cheveux. Le 14, elle aurait reçu à sa table rue d'Orchampt Nadine de Rothschild et Philippe Baron, directeur commercial de la Cinq, tous deux rencontrés lors de sa récente cure à Quiberon. En septembre de cette même année 1987, elle aurait débuté les répétitions de *Madame Philomène*, la pièce de théâtre d'Eduardo De Filippo dont avait été tiré le film *Mariage à l'italienne* avec Sophia Loren. Ugo Tognazzi aurait sans doute été son partenaire ; on parlait aussi de Michel Galabru. Ensuite elle se serait envolée au Maroc pour tourner un nouveau film et aurait même été la vedette d'une série télévisée, *La Gloire de Dina*. Elle avait tant aimé le roman de Michel del Castillo ! L'agent artistique Dominique Besnehard, que sa prestation dans *Le Sixième Jour* avait bouleversé, croyait beaucoup en sa nouvelle carrière de comédienne. De son côté, Roland Ribet avait décroché des galas en Corée, en Chine, à Moscou – de vrais challenges. Peu de temps avant son départ en Turquie, elle avait fait poser de nouveaux miroirs dans son salon et sa salle à manger. Elle envisageait pour juin quelques travaux dans la maison.

Le suicidaire est ambivalent, il veut vivre et mourir. Vivre éperdument, mourir follement. Il surfe sur des vagues de désespoir, il dépense une énergie folle pour garder la tête hors de l'eau, pour échapper à l'une de ces lames de fond. Mais c'est la suivante qui sournoisement l'attrape et l'engloutit. « Elle avait brûlé toutes ses réserves, elle est partie sur un accident de chagrin », écrira l'historien Claude Manceron.

Ce week-end de 1er Mai trop long et silencieux, Dalida a préféré déchirer les pages pourtant déjà noircies de son calendrier. Le 2 mai, elle s'endort, le 3 elle sera partie. Ce chiffre 3 n'aura cessé de croiser sa route… Naissance en 1933. Yolanda et Dalida, deux noms de trois syllabes. Femme de trois pays : originaire d'Italie, née en Égypte, adoptée par la France. Trois trios d'hommes : le Français, l'Égyptien et l'Américain qui lui donnent sa chance au cinéma lors de ses débuts en Égypte ; Morisse, Barclay et Coquatrix qui la découvrent et lui ouvrent les portes du succès dans la chanson ; enfin ses trois amours, Morisse, Tenco et Chanfray, tous trois suicidés. Trois carrières aussi : la chanson légère, la chanson à texte, le disco. Toute sa vie arc-boutée sur une trinité : la recherche du père, l'attente du fils, la conquête de l'esprit.

À la Madeleine sont célébrées des obsèques de souveraine. Une haie d'honneur sur une place exceptionnellement privée de sa circulation accueille le Tout-Paris. Un seul absent : François Mitterrand. Une rancunière : l'Église. Le Bon Dieu refuse l'eucharistie à une femme morte d'avoir souffert, à celle qui n'a cessé de chercher la foi. N'a-t elle pas eu raison de douter de ce Dieu-là ? On dépose son cercueil sur un tapis de roses tendres au cimetière Montmartre, non loin de la rue d'Orchampt. Graziano le restaurateur a décrété un deuil de quarante jours. Personne ne prend plus place à la table numéro un, qui était celle de Dali et que l'on continuera de fleurir. Le 15 mai, son idole de toujours, Rita Hayworth, succombe après avoir enduré une longue et pénible maladie d'Alzheimer.

Dalida, bien des années se sont écoulées depuis ces jours de mai 1987. Bientôt trente. Les temps changent. Max Guazzini a quitté NRJ et Graziano son restaurant pour retrouver l'Italie, Danièle Gilbert joue en province dans des pièces de boulevard, Maritie et Gilbert Carpentier nous ont quittés pour faire danser les étoiles et chanter la lune, Pascal Sevran a perdu son combat contre le cancer, François Mitterrand aussi, après avoir été longtemps surnommé Dieu et non plus Mimi l'Amoroso, Roger Hanin les a rejoints, Bertrand Delanoë a été maire de Paris et une place du dix-huitième arrondissement porte votre nom, Jacqueline est décédée en septembre 2003, votre frère aîné n'est plus de ce monde non plus et ses deux grands fils, Luigi et Roberto, ont 50 et 43 ans. Orlando ne fume plus, il porte des lunettes teintées et grâce à lui vous chantez encore et les jeunes vous adorent. Vous inspirez les actrices, deux femmes déjà ont emprunté vos parures : Sabrina Ferilli dans un téléfilm franco-italien en 2005 et Sveva Alviti, début 2017, pour un grand biopic de cinéma réalisé par Liza Azuelos, la fille d'une collègue chanteuse, Marie Laforêt. Et vos robes de scène rejoindront bientôt le musée Galliera, une institution de la mode. Vous voyez, vous n'êtes jamais loin de nous.

Dans *Bravo* vous redoutiez qu'en l'an 2000 on ne chante plus ; je vous le dis : on chante encore. Vous craigniez que l'Olympia ne tombe en ruine ; vous aviez en partie raison : en 1997 on en a construit un nouveau et les Coquatrix n'y habitent plus. *Que sont devenues les fleurs ?* chantiez-vous ; ne vous faites pas de souci, elles refleuriront longtemps encore.

2 octobre 2016.

CHRONOLOGIE

17 janvier 1933 : naissance de Yolanda Gigliotti au Caire.
1954 : Yolanda est Miss Égypte.
25 décembre 1954 : sous le nom de Dalila, Yolanda arrive à Paris.
1955 : Dalila devient Dalida.
1956 : premier succès avec *Bambino*.
1957 : premier Olympia.
1958 : Oscar de Radio Monte-Carlo.
1959 : première tournée triomphale en Italie.
8 avril 1961 : mariage avec Lucien Morisse.
Mai 1961 : rencontre avec Jean Sobieski.
1962 : Dalida s'installe au 11 *bis*, rue d'Orchampt où elle vivra vingt-cinq ans.
1963 : Oscar mondial du succès du disque et relation avec Christian de La Mazière.
13 août 1964 : à Draguignan Dalida apparaît en blonde.
Janvier 1967 : participation au festival de San Remo avec la chanson *Ciao amore, ciao* et suicide de Luigi Tenco.
février 1967 : tentative de suicide.
1969-1971 : Dalida partage la vie d'Arnaud Desjardins et séjourne à trois reprises en Inde dans un ashram.

11 septembre 1970 : suicide de Lucien Morisse.

1972-1980 : relation avec Richard Chanfray, dit le comte de Saint-Germain.

1973 : triomphe international de *Paroles, paroles* en duo avec Alain Delon.

1974 : succès colossal de *Il venait d'avoir dix-huit ans* et deuxième Oscar mondial du succès du disque avec *Gigi l'Amoroso*.

1976 : tournage du documentaire de Michel Dumoulin *Dalida pour toujours*.

1977 : première chanson en arabe, *Salma ya salama*.

1978 : Dalida se produit au Carnegie Hall de New York.

1980 : show à l'américaine au Palais des Sports.

Juillet 1983 : suicide de Richard Chanfray.

1984 : show télévisé de Jean-Christophe Averty, *Dalida idéale*.

3 décembre 1986 : sortie en France du film *Le Sixième Jour* de Youssef Chahine.

3 mai 1987 : suicide de Dalida au 11 *bis*, rue d'Orchampt.

BIBLIOGRAPHIE

BARCLAY (Eddie), *Que la fête continue*, Robert Laffont, 1988.

BARNEL (Jeff), *Dalida. Histoire d'une femme*, Lattès, 1994.

BEN HAMMED (Hammadi), *Oum Kalsoum. L'astre de l'Orient*, Éditions du Layeur, 2000.

BRACHET (Jacques), *Du Nil à la scène*, Éditions de la Courtine, 2002.

CARPENTIER (Maritie et Gilbert), *Merci les artistes !*, Anne Carrière, 2001.

CHEDID (Andrée), *Le Sixième Jour*, Flammarion, 1986.

COQUATRIX (Paulette), *Les Coulisses de ma mémoire*, Grasset, 1984.

– avec François JOUFFA, *Mes Noces d'or avec l'Olympia*, Le Castor astral, 2001.

DACCACHE (Camilio) et SALMON (Isabelle), *Dalida*, Vade-retro, 1997.

FARCET (Gilles), *Arnaud Desjardins ou l'Aventure de la sagesse*, Albin Michel, 1992.

GALLIMARD (Anne) et Orlando, *Dalida, mon amour*, NRJ, 1989.

HATTE (Hélène) et TRAN (Frédéric), *Une journée à Montmartre*, C. Bonneton, 1999.

LAMBERT (Edwige) et VINATIER (Isabelle) dir., *Le Caire*, Autrement, 1985.

LESUEUR (Daniel), *Hit-Parades 1950-1998*, Alternatives, 1999.

PAGE (Christian), *Dalida. Vingt-cinq ans de triomphe*, Bordeaux, Delmas Éditeur, 1981.

PASQUALINI (Jean-Pierre), *Chanson française. Stars et légendes des années 1970*, Sélection du Reader's Digest, 2003.

PAVESE (Cesare), *Le Métier de vivre*, Folio, 1977.

PESSIS (Jacques), *Chronique de la chanson française*, Dargaud, 2003.

RAVIER (Ariane), *Dalida, passionnément*, Zélie, 1994.

RHÉAULT (Michel), *Dalida. Une œuvre en soi*, Nota bene, 2002.

RIHOIT (Catherine) et Orlando, *Dalida. Mon frère, tu écriras mes mémoires*, Plon, 1995.

ROSSANT (Colette), *Mémoires d'une Égypte perdue*, Albin Michel, 1999.

SERVAT (Henry Jean) et Orlando, *Dalida. Ciao, ciao, bambina*, Albin Michel, 2003.

SOLÉ (Robert), *Dictionnaire amoureux de l'Égypte*, Plon, 2001.

TABLE DES MATIÈRES

Cet ouvrage a été composé par IGS-CP
à L'Isle-d'Espagnac (16)

Achevé d'imprimer en novembre 2016
par La Tipografica Varese Srl, Varese, Italie